国家职业教育金融科技应用专业教学资源库配套教材

TDIF

U0751023

# 大数据金融

主　编　余大杭　易晓明

副主编　黄焕宗　李　馨　黄鹏程　许雅妮

BIG DATA
FINANCE

厦门大学出版社　国家一级出版社
XIAMEN UNIVERSITY PRESS　全国百佳图书出版单位

## 内容提要

本书为国家职业教育金融科技应用专业教学资源库配套教材，系"十四五"校企共建校级规划教材。

该教材是大数据时代背景下高职高专互联网金融、金融管理等经济管理类的专业拓展与创业创新课程，既高度契合金融业服务经济改革需求，又紧密联系数据科学发展方向。该课程探讨大数据时代背景下金融行业如何运用大数据技术提高金融服务效率，是一本集金融、金融数据处理及应用基本知识和实践技能相结合的专业教材。

教材共包括大数据金融概述、金融大数据的获取与整理、大数据背景下的平台金融、大数据与商业银行、大数据与保险、大数据与证券、供应链金融、大数据与征信、大数据与金融安全九个项目。

## 图书在版编目（CIP）数据

大数据金融 / 余大杭，易晓明主编. -- 厦门：厦门大学出版社，2022.2（2023.1 重印）
ISBN 978-7-5615-8379-1

Ⅰ．①大… Ⅱ．①余… ②易… Ⅲ．①金融－数据管理－研究 Ⅳ．①F830.41

中国版本图书馆CIP数据核字(2021)第221731号

| | |
|---|---|
| 出 版 人 | 郑文礼 |
| 责任编辑 | 施建岚 |
| 美术编辑 | 李嘉彬 |
| 技术编辑 | 朱 楷 |

出版发行 厦门大学出版社

| | |
|---|---|
| 社 址 | 厦门市软件园二期望海路 39 号 |
| 邮政编码 | 361008 |
| 总 机 | 0592-2181111　0592-2181406(传真) |
| 营销中心 | 0592-2184458　0592-2181365 |
| 网 址 | http://www.xmupress.com |
| 邮 箱 | xmup@xmupress.com |
| 印 刷 | 厦门市明亮彩印有限公司 |

| | |
|---|---|
| 开本 | 787 mm×1 092 mm　1/16 |
| 印张 | 15.25 |
| 插页 | 1 |
| 字数 | 282 千字 |
| 版次 | 2022 年 2 月第 1 版 |
| 印次 | 2023 年 1 月第 3 次印刷 |
| 定价 | 46.00 元 |

# 总　序

现代信息与互联网技术的进步,特别是云计算、移动互联网、大数据、搜索引擎、社交网络的发展,颠覆了许多传统行业,金融业也不例外。近年来,大量基于信息技术的金融服务模式应运而生,并对传统金融业产生了深刻而长远的影响,"金融科技"逐渐成为社会各界关注的焦点。2019 年 8 月,《金融科技发展规划(2019—2021 年)》发布,明确了金融科技行业发展的指导思想、基本原则、发展目标、重点任务和保障措施,坚持创新驱动发展,加快金融科技战略部署与安全应用,已成为深化金融供给侧结构性改革、增强金融服务实体经济能力、打好防范化解金融风险攻坚战的内在需要和重要选择。

国家职业教育金融科技应用专业教学资源库项目自 2017 年开始筹建,2019 年获教育部、财政部正式立项。项目由中国特色高水平学校浙江金融职业学院主持,黎明职业大学、广东番禺职业技术学院、安徽国际商务职业学院、保险职业学院、长春金融高等专科学校、扬州工业职业技术学院、浙江同济科技职业学院、北京经济职业管理学院、广西国际商务职业技术学院、河北软件职业技术学院、无锡商业职业技术学院、长江职业学院、武汉职业技术学院、台州科技职业学院等高校参与,在全国金融职业教育教学指导委员会、高等教育出版社以及金融和金融科技企业的支持下开展建设与应用。项目响应国家"一带一路"倡议,服务"信息技术"赋能"金融"国家战略,适应"互联网＋教育"融合发展趋势,发挥信息技术在金融科技职业教育专业教学改革中的关键作用,把握金融科技行业发展趋势及人才需求,以大数据、云计算、人工智能等先进技术为指引,以金融科技主要业务模式及核心技术为主线,依托金融科技应用专业人才培养模式相关研究成果,融合互联网行业的最新技术应用,融入创新创业教育,充分推广应用,实现线上线下混合式教学的资源应用模式。项目打造体现职业教育特色的"互联网＋金融"复合型、创新型、专业型人才培养的教育资源体系,在资源建设领域、资源应用领域、资源管理领域充分运用"互联网＋"思维与最新技术,创新"常态有效管理＋联盟共建共享＋校企深度融合"的资源库应用与更新管理机制,建成国家急需、设计一流、结构合理、素材丰富、资源优质、广泛使用、持续更新、深度应用的全国一流的互联网金融专业教学资源库。项目遵循"一体化设计、结构化课程、颗粒化资源"建构逻辑,构建"一体两翼三保障四用户"的资源体系,建立从资源建设到资源应用与再生的良性循环。"一体"即资源建设主体,以专业资源中心、课程资源中心、创新资源中心、培训中心、运行保障中心为平台,建设2门专业基础课程、7门专业核心课程、7门专业拓展课程、1门国际化课程、1门社会培训课程、1门对接专业的创新创业课程,以及7个专业素材库和11个特色资源中心。"两翼"即支撑,是服务于"一体"的两大支撑系统,包括外部评估系统、内部共建系统。"三保障"是为了保障资源库建设的组织保障、资金保障、技术保障体系。"四用户"是指最终建设的资源库能够满足学生、教师、企业员工、社会学习者四类用户的需求。

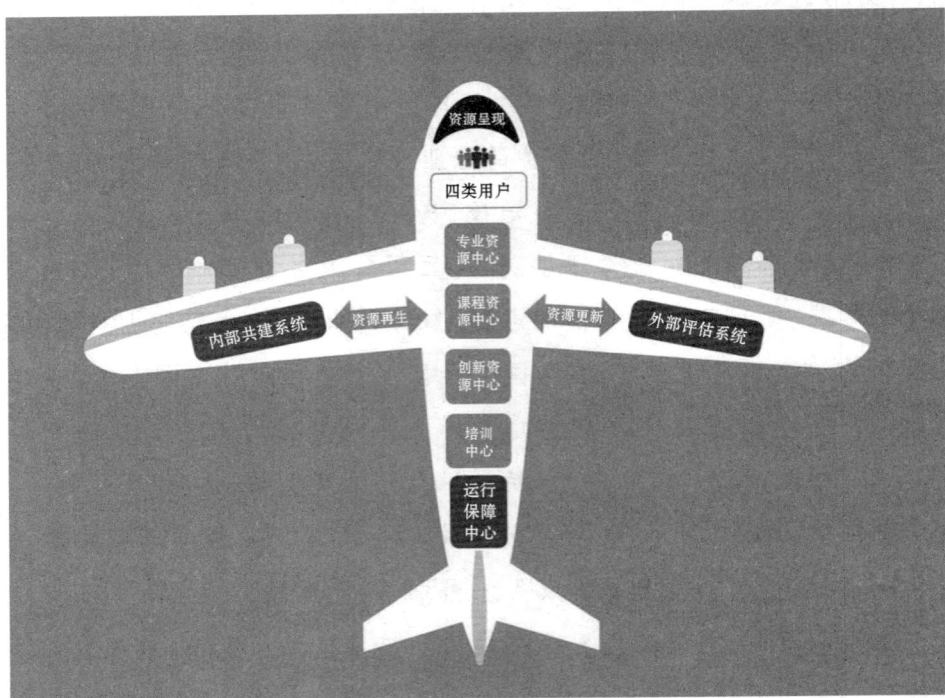

项目总体框架图

　　本系列教材根据 2021 年教育部高职专业目录和 2019 年教育部发布的职业教育国家教学标准要求，结合高职高专学生学情，在内容选取上结合金融科技发展态势增加了新兴业态；在体例上采取理实一体化、项目化等形式组织教学内容，符合职业教育人才培养要求。教学资源库数字化资源丰富多样，在数量和类型上超出标准化课程调用的资源范围，实现资源冗余，以方便教师自主搭建课程，同时方便学生开展拓展学习。资源文件标注元数据，标注资源适用的课程、使用主体、教学应用类型等应用建议，实现多方需求主体对颗粒化资源的个性定制需求，系列化纸质教材直接链接相关数字化教学资源，实现资源库"能学辅教"的功能目标。

高等职业教育金融科技应用专业教学资源库项目组
2021 年 5 月 13 日

# 前　言

　　《大数据金融》是大数据时代背景下高职高专金融科技应用专业、金融服务与管理等经济管理类的专业拓展与创业创新课程，既高度契合金融业服务经济改革需求，又紧密联系数据科学发展方向。该课程探讨大数据时代背景下金融行业如何运用大数据技术提高金融服务效率，是一门金融、金融数据处理及应用基本知识和实践技能相结合的专业课程。

　　本课程是金融科技应用专业的一门子课程，目标是不仅培养具有大数据思维，而且具有金融专业知识，更懂大数据金融应用原理，适应经济社会发展需要的高素质经管类专业人才。因此，本教材编写从该目标出发，结合高职高专的教育理念，以任务驱动、项目导向为教材改革方向，结合专业建设方案与专业教学标准，并根据教学特点设计，重点锻造学生的数据思维、培养学生的金融大数据应用能力，以必需、够用的基本经济理论，培养学生"看""听""读""说"金融数据的能力。本教材共包括大数据金融概述、金融大数据的获取与整理、大数据背景下的平台金融、大数据与商业银行、大数据与保险、大数据与证券、供应链金融、大数据与征信、大数据与金融安全九个项目。教材围绕上述九个项目展开设计教学内容，理实结合，既包括传统的经济金融理论及大数据理论，又包括大量大数据金融实践案例及简单的数据处理方法，注重培养学生的思维能力及创新能力，提高学生提出问题、分析问题及解决问题的能力，让学生学会相关的数据收集、整理及分析的技能，使学生能够适应新时代背景下社会对数据化人才的要求。

　　《大数据金融》教材是金融科技应用专业国家资源库建设子项目，其编写充分体现了校企合作、校际合作的特点；编写人员包括黎明职业大学专任教师（余大杭、易晓明、黄焕宗、钟鸣长、许雅妮等）、兄弟院校专任教师（泉州经贸职业技术学院黄鹏程、陈茹云，四川财经职业学院李馨、王倩倩，内蒙古财经大学职业学院冯红英、辛桂华、王妍，广州番禺职业技术学院杜小青、张曦，北京经济管理职业学院王雅蔷等）以及金融机构行业人士（泉州银行数字金融部吴耀东、王晓峰先生等）；教材编写打破了以知识体系为线索的传统编写模式，采用项目引导、任务驱动的方式,让学生能够带着目标和任务有的放矢地学习,充分体现了职业院校"工学结合、任务驱动、项目教学"的理念;教材编写过程中,经各个兄弟院校、行业专家反复斟酌和修改,希望能够呈现较为完整和丰富的内容。在此向所有校内外编写人员表示感谢。

由于编者水平所限,专业发展快,难免有疏漏和不成熟之处,敬请金融科技应用专业人士和广大读者批评指正!

黎明职业大学《大数据金融》

校企合作教材编写组

2021 年 7 月 28 日

# 目　录

# 项目一 大数据金融概述

## 知识脉络图

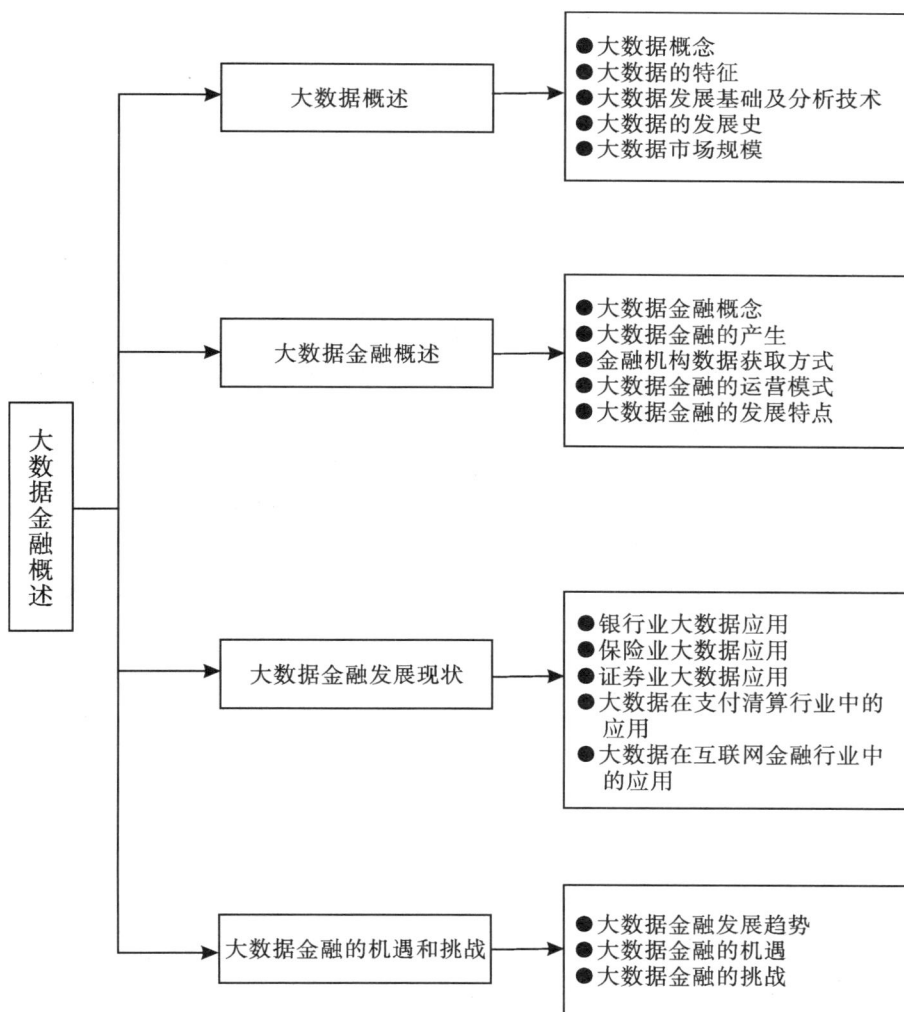

## 🔆 学习目标

通过本项目的学习,学生能够掌握大数据的概念、特征及分类,大数据金融的概念、内容、运营模式、影响及其特征;了解大数据金融产生的经济与技术背景;熟悉大数据在银行、保险、证券及其他行业的发展与应用情况;了解大数据金融的发展动向及其面临的机遇与挑战。

随着信息时代的到来,各种数据围绕在我们身边,大数据浪潮迅速席卷全球。在短短的几年里,大数据应用在各个领域蓬勃发展,取得了累累硕果。为了发挥大数据对社会经济的推动作用,发达国家相继实施了大数据发展规划,开启了国家间的"大数据竞赛"。我国也在近年实施了大数据战略,敏锐的金融行业正在积极拥抱大数据技术,大数据金融应运而生,为金融行业带来了广泛而深远的变革。本项目主要介绍大数据金融的内涵、产生背景、发展状况及机遇与挑战。

# 任务 1.1   大数据概述

## 📋 案例导入

2013 年 4 月 15 日,美国波士顿正在举行第 117 届马拉松大赛,在美东部时间下午 2 时 50 分突然发生两起爆炸,发生地点位于美国马萨诸塞州波士顿科普里广场。爆炸案发生后,美国联邦调查局立即着手调查。调查部门在 4 月 16 日表示,至少有一枚炸弹是日常就可购得的压力锅改造而成的,推测爆炸案可能是国内恐怖分子所为。

2013 年 7 月,在波士顿爆炸案发生 3 个月后,纽约萨克福马县一对夫妻因为妻子用谷歌搜索了"高压锅",而丈夫在同一时段用谷歌搜索了"背包",结果,一个由 6 人组成的联合反恐部队,利用"查水表"的名义对这对夫妻进行盘问:"你们有炸弹吗? 你们有高压锅吗? 为什么只有电饭煲? 能拿来做炸弹吗?"

案例分析:美国政府之所以知道他们的有关搜索情况,一切都归功于"棱镜"和谷歌的数据监视,这是大数据应用的一个典型案例。大数据涉及各种数据类型,在金融领域也有广泛的应用。

### 一、大数据概念

作为一个包罗万象的术语,"大数据"(big data)这一概念相当含糊不清,以至于迄今为止对其并没有一个权威性的定义。不同组织从不同角度给出了不同的定义,根据不完全统计至少有 10 种以上大数据的定义,这使得大数据成为一个较为混乱的技术概念,但这并不影响人们对大数据的研究和探讨。以下给出各方的定义和观点,帮助读者了解与认知大数据的相关内容。

1. 百度百科

大数据,或称巨量资料,指的是所涉及的资料量规模巨大到无法透过主流软件工具,在合理时间内达到撷取、管理、处理,并整理成为帮助企业达到经营决策更积极目的的资讯。

2. 咨询机构

麦肯锡:大数据指的是大小超出常规的数据库工具获取、存储、管理和分析能力的数据集。

赛迪顾问:大数据是指需要通过快速获取、处理、分析,以从中提取价值的海量、多样化的交易数据、交互数据与传感数据。

3. 公司企业

ORACLE 公司:大数据通常是指传统企业数据、机器生成的数据/传感器数据、社交数据等,具有数据量、速度、种类和价值等关键特性。

Informatica 公司:大数据由三项主要技术趋势汇聚组成,即海量数据交易、海量数据交互和海量数据处理。

Gartner:需要运用新处理模式才能具有更强的决策力、洞察发现力和流程优化能力的海量、高增长率和多样化的信息资产。

## 二、大数据特征

大数据具备 Volume(大量)、Velocity(高速)、Variety(多样)、Value(低价值密度)、Veracity(真实性)的特点(IBM 提出)。随着信息技术不断发展,互联网快速普及,大数据与人们的生产、生活日益紧密,全球数据亦呈现倍数级增长的特点,对经济发展、社会治理、国家管理、人民生活都产生了重大影响。

1. 数据量大

互联网数据中心(Internet Data Center,IDC)曾预计,2020 年,全球创建和复制的信息量将达到 44 ZB,中国数据量将超过 8 ZB。

数据量的大小是用计算机存储容量的单位来计算的,最小的基本单位是 bit,各单位的名称按从小到大的顺序依次为:bit、Byte、KB、MB、GB、TB、PB、EB、ZB、YB、BB、NB、DB。它们按照进率 1 024(2 的十次方)来计算:

> 1 Byte＝8 bit
>
> 1 KB＝1 024 Bytes＝8 192 bit
>
> 1 MB＝1 024 KB＝1 048 576 Bytes
>
> 1 GB＝1 024 MB＝1 048 576 KB
>
> 1 TB＝1 024 GB＝1 048 576 MB
>
> 1 PB＝1 024 TB＝1 048 576 GB
>
> 1 EB＝1 024 PB＝1 048 576 TB
>
> 1 ZB＝1 024 EB＝1 048 576 PB
>
> 1 YB＝1 024 ZB＝1 048 576 EB
>
> 1 BB＝1 024 YB＝1 048 576 ZB
>
> 1 NB＝1 024 BB＝1 048 576 YB

1 DB＝1 024 NB＝1 048 576 BB

目前,传统企业的数据量基本在 TB 级以上,一些大型企业达到了 PB 级,谷歌、百度、新浪、腾讯、淘宝这些企业的数据量在 PB 级以上。大数据技术和应用擅长处理的数量级一般都在 PB 级以上。

2.数据流转快

1 秒定律,要在秒级时间范围内给出分析结果,超出这个时间,数据就失去价值了。

3.数据类型多

除文本为主的结构化数据、网页数据为代表的半结构数据,也存在大量网络日志、音频、视频、图片、地理位置信息等非结构化数据。

4.价值密度低

海量数据中,如何通过强大的机器算法,更迅速有效地完成数据的价值"提纯",已成为目前大数据背景下亟待解决的难题。

5.数据真实

大数据中的内容是与真实世界息息相关的,研究大数据就是从庞大的网络数据中提取能够解释和预测现实事件的过程。

## 三、大数据发展基础及分析技术

大数据是一门比较新兴的数据分析技术,需要新兴的软件、硬件以及最基本的数据发展基础。以下我们将介绍大数据发展基础和分析技术。

### (一)大数据发展的基础

在互联网快速普及、物联网加速渗透的背景下,PC、手机、传感设备等全面兴起,推动全球数据呈现倍数增长、海量集聚的特点,为大数据产业发展奠定了庞大的数据基础。根据 IDC 统计,2011 年全球创建和复制的数据总量为 1.8 ZB,2016 年这一规模为 16.1 ZB,在《数据时代 2025》白皮书(希捷赞助)中,更是预测到 2025 年,全球创建和复制的数据总量将扩展至 163 ZB(1 ZB 等于 1 万亿 GB)。

如图 1-1 所示,从全球规模上看,到 2025 年预计会有 160 ZB 的数据,其中超级重要的数据占 40%左右,重要的数据占 20%左右,比较重要的数据占比小于 10%。

同时,处理如此规模的数据量也对算力提出了巨大的挑战。所幸,摩尔定律推动处理器性能不断提升,GPU、FPGA、TPU 等高算力芯片不断涌现,为大数据产业发展保障了迅速的处理能力。在 Google I/02018 开发者大会上,谷歌发布了第三代 TPU 处理器,基于 TPU3.0 的新运算阵列 TPU v3 Pod 性能相比 TPU v2 Pod 有 8 倍提升,运算速度可超 100 PFlops(PFlops:每秒千万亿次浮点计算)。再者,云计算、人工智能等新技术的出现也为大数据产业发展提供了技术支撑。云计算为企业实现了更为便捷的大数据解决方案,其按用量付费、可扩展的存储计算能力、便捷易部署等特点,大大降低了企业应用大数据的难度与成本,促进大数据产业加快推广。人工智能通过深度置信神经网络等领先算法,自动处理、分析大规模数据,从而获得预测性的洞察,指导或直接替代人工决策,提高大数据核心——预测的效率性。

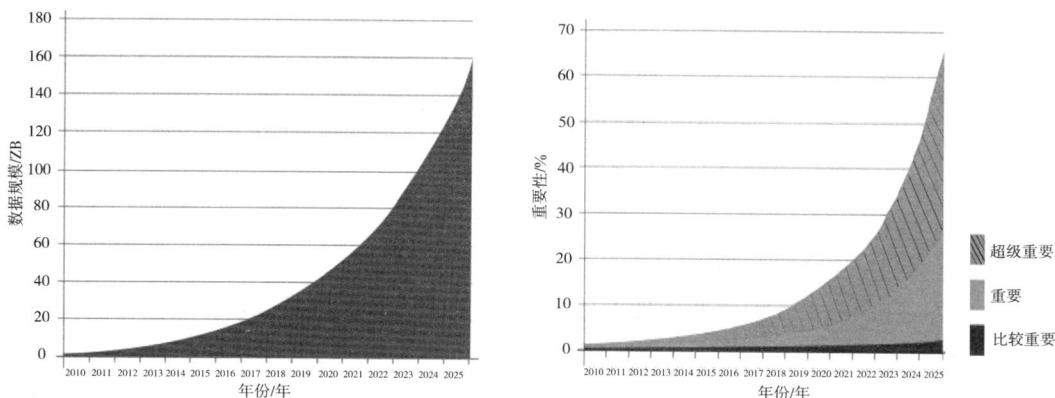

**图 1-1　全球数据规模和数据的重要性归类**

资料来源：IDC、希捷、国联证券研究所。

### (二)大数据分析技术

大数据分析技术主要有 5 个发展方向,分别为:数据采集与传输、数据存储与管理、计算处理、查询与分析、可视化展现。

1.数据采集与传输

主要有 Sqoop、Flume、Kafka 等一系列开源技术,可离线和实时采集和传输数据。

2.数据存储与管理

HDFS 已经成为大数据磁盘存储的实施标准,针对关系型以外的数据模型,开源社区形成了 K-V(key-value)、列式、文档、图四类 NoSQL 数据库体系,Redis、HBase、Cassandra、MongoDB、Neo4j 等是数据库领先者。

3.计算处理

Spark 已经取代 MapReduce 成了大数据平台统一的计算平台,在实时计算领域,Flink 是 Spark Streaming 强力的竞争者。

4.查询与分析

SQL on Hadoop 是最流行的做法,另外还有 Hive、HAWQ、Impala、Presto、Spark SQL 等技术。

5.可视化展现

有敏捷商业智能(BI)的分析工具,Tableau、SAS、Python、R 语言等大数据分析软件。

## 四、大数据的发展史

1980 年,著名未来学家阿尔文·托夫勒在其著作《第三次浪潮》中,将"大数据"描绘为"第三次浪潮的华彩乐章"。

2003 年 *The Google File System*、2004 年 *MapReduce：Simplified Data Processing on Large Clusters*、2006 年 *Bigtable：A Distributed Storage System for Structured Data* 谷歌大数据三大论文发布,以及 2005 年 Hadoop 项目的诞生,使得大规模处理结构化、半结构化、非结构化数据的廉价方案成为可能,为大数据产业的快速普及创造了基础条件。

2008年，大数据得到部分美国知名计算机研究人员的认可。业界组织计算社区联盟 (Computing Community Consortium)发表白皮书《大数据计算：在商务、科学和社会领域创建革命性突破》，详尽阐述了大数据对社会治理的推动作用及其潜在的商业价值。大数据正式进入世界最具有价值和影响的技术行列。

2009年，美国政府为构建开放、透明的机制，启动 Data.gov 网站向公众开放多种政府数据，包括交通、经济、医疗、教育和人口服务等。

2012年，Data.gov 已累积来自172个政府机构的数据集，数量从2009年的47个暴增至40万个以上，催化美国政府推出相关政策，加速大数据技术发展。至此，大数据产业迎来其发展的大时代。

2014年，我国大数据首次写入政府工作报告，这一年，被称为"中国大数据政策元年"。从这一年开始，政府数据开发共享、数据流通与交易、各个地方政府纷纷建立大数据基地。

2015年8月31日，国务院正式印发了《促进大数据发展的行动纲要》，成为我国发展大数据产业的战略性指导文件，为我国大数据应用、产业和技术的发展提供了行动指南。

2016年，《"十三五"规划纲要》正式发布，第二十七章为"实施国家大数据战略"，成为各级政府制定大数据发展规划和配套措施的重要指导。

2016年底，工业和信息化部正式发布《大数据产业发展规划（2016—2020年）》。农业林业、环境保护、国土资源、水利、交通运输、医疗健康、能源等主管部门纷纷出台了各自行业的大数据相关发展规划，大数据的政策布局逐渐得以完善。

2016年北京市市级基金、海淀区政府引导基金等8家机构共同出资设立北京市大数据基金，重点支持大数据交易平台、数据资源、技术及行业应用等领域发展。

2017年12月8日，中共中央政治局就实施国家大数据战略进行第二次集体学习，习近平总书记在主持学习时，深刻分析了我国大数据发展的现状和趋势，对我国实施国家大数据战略提出了五个方面的要求：一是推动大数据技术产业创新发展；二是构建以数据为关键要素的数字经济；三是运用大数据提升国家治理现代化水平；四是运用大数据促进保障和改善民生；五是切实保障国家数据安全与完善数据产权保护制度。

2017年，中国信通院调查数据显示：50%的受访企业对大数据投入增加超过50%，32.7%的企业在数据方面的投入增加在50%以内。

2018年，我国各地方政府对外公布了超过110份大数据相关的政策文件。银监会出台《银行业金融机构数据治理指引》，要求银行金融机构建立自上而下、协调一致的数据治理体系。企业的数据资产管理也正在从理论走向实践，为大数据应用打下了坚实的基础。为应对大数据发展带来的各种问题和需求，各国政府在立法方面也动作频频，在政府数据开放、个人信息保护和数据跨境流动方面都有了一些进展。无论是政策还是立法，都旨在实现数据价值的安全释放，提升数据管理的科学化水平。

2019年6月5日，美国发布了《联邦数据战略第一年度行动计划》草案，这个草案包含了每个机构开展工作的具体可交付成果，以及由多个机构共同协作推动的政府行动。

2019年中国信通院对5 273家企业进行问卷调查，结果显示：有56.1%的企业采用了云上平台，37.5%的企业开展了基于平台的数据分析业务。这些平台对大数据的采用极大地促进了生产流程的优化。

图 1-2 为编者综合大数据发展历史绘制的时间图，将比较重要的事件放在年度介绍里。

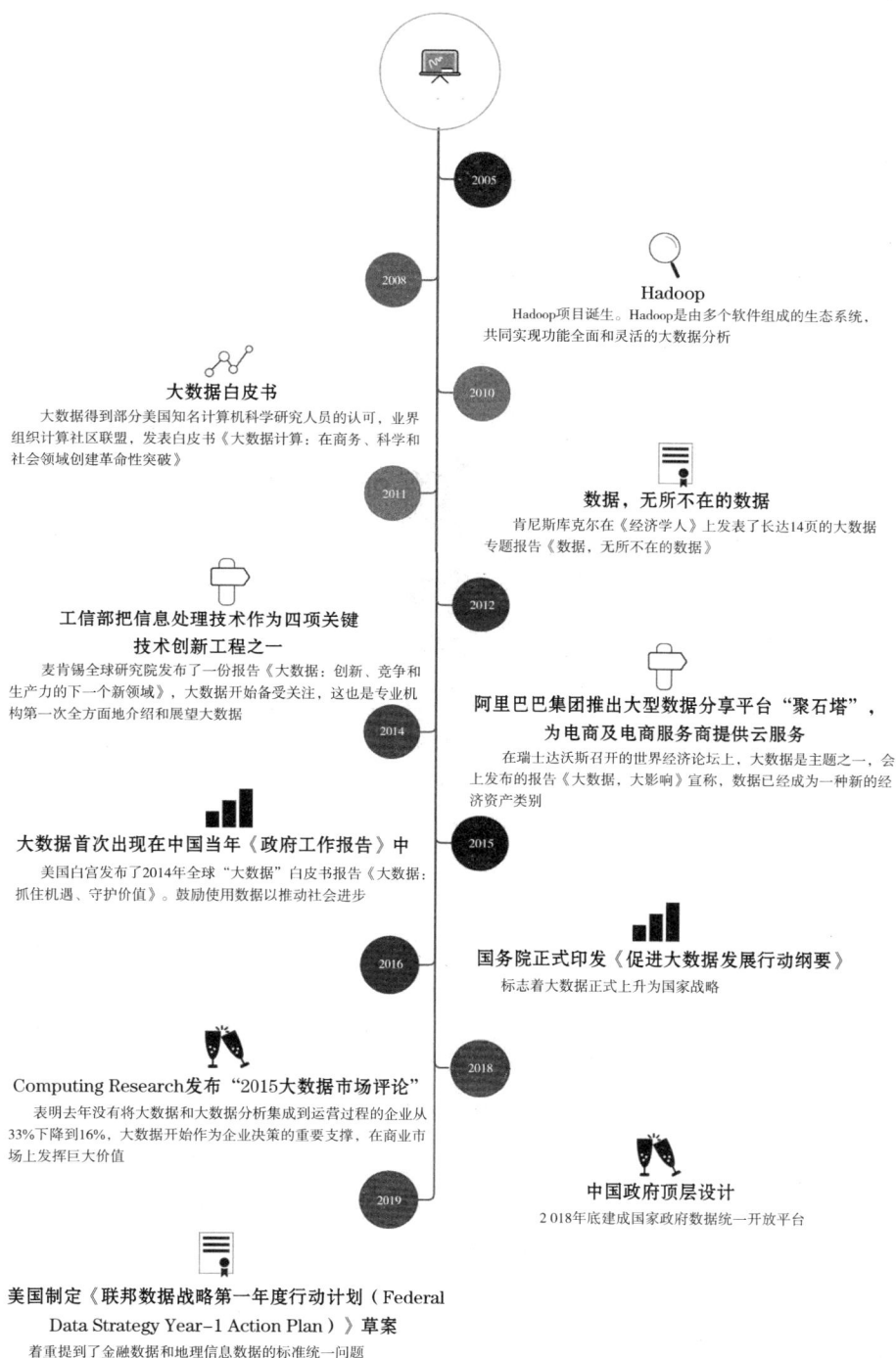

**Hadoop**

Hadoop项目诞生。Hadoop是由多个软件组成的生态系统，共同实现功能全面和灵活的大数据分析

**大数据白皮书**

大数据得到部分美国知名计算机科学研究人员的认可，业界组织计算机社区联盟，发表白皮书《大数据计算：在商务、科学和社会领域创建革命性突破》

**数据，无所不在的数据**

肯尼斯库克尔在《经济学人》上发表了长达14页的大数据专题报告《数据，无所不在的数据》

**工信部把信息处理技术作为四项关键技术创新工程之一**

麦肯锡全球研究院发布了一份报告《大数据：创新、竞争和生产力的下一个新领域》，大数据开始备受关注，这也是专业机构第一次全方面地介绍和展望大数据

**阿里巴巴集团推出大型数据分享平台"聚石塔"，为电商及电商服务商提供云服务**

在瑞士达沃斯召开的世界经济论坛上，大数据是主题之一，会上发布的报告《大数据，大影响》宣称，数据已经成为一种新的经济资产类别

**大数据首次出现在中国当年《政府工作报告》中**

美国白宫发布了2014年全球"大数据"白皮书报告《大数据：抓住机遇、守护价值》。鼓励使用数据以推动社会进步

**国务院正式印发《促进大数据发展行动纲要》**

标志着大数据正式上升为国家战略

**Computing Research发布"2015大数据市场评论"**

表明去年没有将大数据和大数据分析集成到运营过程的企业从33%下降到16%，大数据开始作为企业决策的重要支撑，在商业市场上发挥巨大价值

**中国政府顶层设计**

2018年底建成国家政府数据统一开放平台

**美国制定《联邦数据战略第一年度行动计划（Federal Data Strategy Year-1 Action Plan）》草案**

着重提到了金融数据和地理信息数据的标准统一问题

**图 1-2　大数据发展简介**

资料来源：根据各种资料整理。

### 五、大数据市场规模

国际权威机构 Statista 在 2019 年 8 月发布的报告显示,预计到 2020 年,全球大数据市场的收入规模将达到 560 亿美元,较 2018 年的预期水平增长约 33.33%,较 2016 年的市场收入规模翻一倍(见图 1-3)。随着市场日渐成熟和新兴技术不断融合发展,未来大数据市场将呈现稳步发展的态势,增速维持在 14% 左右。在 2018—2020 年的预测期内,大数据市场整体收入规模将保持每年约 70 亿美元的增长,复合年均增长率约为 15.33%。

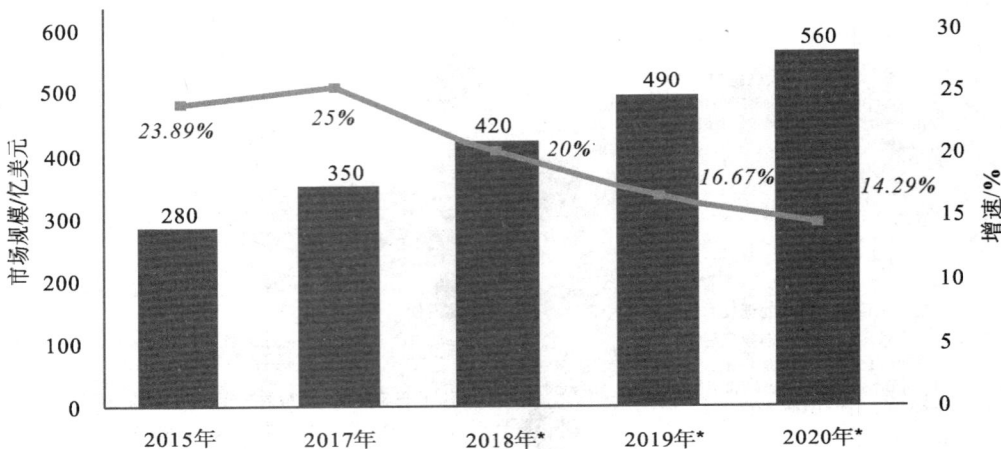

图 1-3　全球大数据市场规模

资料来源:中国信息通信研究院。

注:* 为预测值。

其中,《大数据白皮书(2016 年)》中预计,到 2026 年,全球大数据市场将达到 900 亿美元的规模。各国政府均不断推出有利于大数据发展的政策,企业也纷纷布局大数据,2018 年 10 月,美国大数据技术巨头 Cloudera 和 Hortonworks 宣布合并。在 Hadoop 领域,两家公司的合并意味着强强联手。2019 年 8 月,惠普(HPE)收购著名大数据技术公司 MapR 的业务资产,包括 MapR 的技术、知识产权以及多个领域的业务资源等。

### 📋 资料传真

#### 为什么要研究大数据

2015 年,亚马逊市值第一次超越沃尔玛,2018 年前者市值更是后者的 3 倍多,而亚马逊销售额中有 1/3 是依托大数据精准营销产生的。通过记录顾客浏览网站时的行为数据,如所搜关键词、到访页面、关注商品、购买订单,以及不定期举行活动引导客户明确喜好,如主题投票,亚马逊搜集并分析客户属性、兴趣、需求,利用聚类等大数据模型为客户群体推荐合适商品。

以色列的环境比中国大西北更恶劣,但将大数据引入农业后,以色列成了"欧洲的厨房"。凭借较高的信息化和数字化基础，以色列农业技术公司利用大数据帮助农民根据农场的具体情况采用更加个性化的耕种方案。例如 Taranis 公司利用大数据分析法推出包括预测天气、灌溉和病虫害状植物模型技术，指导农民合理灌溉、杀虫；AKOL 公司更是将不同区域农民工作习惯等人为因素纳入农作物生长及环境状况的大数据分析范畴，进一步优化方案。

更甚者，在体育界，植入科技和大数据之后，美国金州勇士队在短短几年内就实现了从一个"烂"球队到 NBA 总冠军的飞跃。勇士队老板拉科布作为数据分析的坚实拥趸，把数据分析思想充分融入球队的训练之中，最先引入球馆录像和分析系统，同时其团队统计历年 NBA 比赛发现最有效的进攻是眼花缭乱的传球和准确的投篮，并创造了三分球新打法，助力勇士队快速成长。

正如《大数据时代》所言，大数据开启了一场重大的时代转型，就像望远镜让我们感受到宇宙，显微镜让我们观测微生物一样，大数据收集、分析海量数据帮助我们更好地理解世界，是众多新发明和新服务的源泉。如今，数据已经成为重要的商业资本，可以作为前期投入创造实际经济价值。此外，大数据也撼动着医疗、教育、人文社交等世界的方方面面，其社会价值亦不可估量。

# 任务 1.2　大数据金融概述

## 案例导入

### 数据挖掘助力银行营销

蒙特利尔银行(Bank of Montreal)是加拿大历史最悠久的银行，也是加拿大第三大银行，至今已有 180 多年的历史。

20 世纪 90 年代中期，行业竞争的加剧导致蒙特利尔银行需要通过"交叉销售"来锁定 1 800 万客户。"交叉销售"是指借助客户关系管理(CRM)，发现顾客的多种需求，并通过满足其需求而销售多种相关服务或产品的一种新兴营销方式。

"交叉销售"体现了银行的一个新焦点——客户，而不是商品。银行应该认识到客户需要什么产品以及如何推销这些产品，而不是等待人们来排队购买。然后，银行需要开发相应商品并进行营销活动，从而满足这些需求。

在应用数据挖掘之前，银行的销售代表必须于晚上 6 点至 9 点在特定地区通过电话向客户推销产品。但是，正如每个处于接收端的人所了解的那样，大多数人在工作结束后对于兜售并不感兴趣。因此，在晚餐时间进行电话推销的反馈率非常低。

为了改变这种不利的局面，银行开始采用 IBM DB2 Intelligent Miner Scoring 系统，基于银行账户余额、客户已拥有的银行产品以及所处地点和信贷风险等标准来评价档案，这些评价可以用于确定客户购买某一具体产品的可能性。另外，该系统能够通过浏览器窗口进行查看，这使得管理人员不必分析基础数据，因此非常适用于非统计专业的人员。

蒙特利尔银行的数据挖掘工具为管理人员提供了大量信息,从而帮助他们对从营销到产品设计的任何事情进行决策。现在,当进行更具针对性的营销活动时,银行能够区别对待不同的客户群,以提升产品和服务质量,同时还能制定适当的价格和设计各种奖励方案,甚至确定利息费用。

案例分析:"交叉销售"的核心是向原有顾客销售多种相关的产品和服务,但并不是简单地将顾客还没有购买的本企业的产品和服务推销给顾客,而是通过对顾客数据的分析和应用,发现顾客的不同需求并满足其需求的营销方式。企业进行"交叉销售"首先要分析现有顾客消费行为的数据,进行顾客盈利性分析,使用数据挖掘进行交叉规则的提取并锁定目标顾客,因此大数据分析意义重大。

## 一、大数据金融概念

大数据金融是指集合海量非结构化数据,通过对其进行实时分析,可以为互联网金融机构提供客户全方位信息,通过分析和挖掘客户的交易和消费信息掌握客户的消费习惯,并准确预测客户行为,使金融机构和金融服务平台在营销和风控方面有的放矢。

基于大数据的金融服务主要指拥有海量数据的电子商务企业开展的金融服务。大数据的关键是从大量数据中快速获取有用信息的能力,或者是从大数据资产中快速变现利用的能力,因此,大数据的信息处理往往以云计算为基础。

## 二、大数据金融的产生

金融数据产生的主体有三种:"人""机""物"。"人"指的是人类活动的数据,它是人类在活动过程中所产生的各类数据,包括评论、通话记录、照片、网页浏览痕迹、交易记录等信息。"机"指的是信息系统产生的数据,这些信息主要以文件、多媒体等形式存在,包括审计、日志这样自动生成的信息。"物"指的是物理世界产生的数据,是通过摄像头、传感器等数字设备在监测中采集的数据,例如服务器运行监控数据、押运车监控数据等。

## 三、金融机构数据获取方式

金融机构有三种数据获取方式:在自有系统中沉淀数据、在网上采集数据和从第三方购买数据。

(1)在自有系统中沉淀数据。金融机构通常会部署数百个应用系统,这些系统在日常经营中持续产生和储存数据,经过长期的数字化运营积累,数据的规模已经较为庞大。以银行业为例,目前中国单家股份制商业银行累积的数据已经达到上百TB。波士顿咨询调研表示,银行业每创收100万美元,平均就会产生820 GB的数据。

(2)在网上采集数据。金融机构在网上主要采集企业的舆情数据和个人的行动数据。企业舆情数据包括两大方面:一是政府公开数据,如工商、司法、行政和一行三会的处罚、涉诉数据等;二是企业经营动态数据,如资产重组、投融资、高管变动、员工招聘、新产品发布和产品销售情况等。个人行动数据也包括两大方面:一是基本属性数据,如性别、年龄、学历、职业等;二是喜好数据,如浏览页面、浏览商品、页面停留时间、关注的商品、支付的商品、产品评分、产品投诉、产品建议、加入的社群、经常互动的话题等。

（3）从第三方购买数据。金融机构购买的主要是企业的数据，在个人数据购买上比较谨慎。如在个人数据交易上，大型金融机构普遍认为比较敏感，一般会谨慎对待。目前，大型金融机构从第三方购买个人数据的行动基本停滞，而主要从政府侧购买公共数据，例如公积金、社保和税务数据等。

### 四、大数据金融的运营模式

大数据金融分为平台金融和供应链金融两大模式。

（1）平台金融模式，是指平台企业对其长期以来积累的大数据通过互联网、云计算等信息化方式对数据进行专业化的挖掘和分析。譬如现在众所周知的阿里金融，以及未来可能进入这一领域的电信运营商等。

（2）供应链金融模式，是指核心龙头企业依托自身的产业优势地位，通过对其上下游企业现金流、进销存、合同订单等信息的掌控，依托自己资金平台或者合作金融机构对上下游企业提供金融服务的模式，譬如京东金融平台、华胜天成供应链金融模式等。

### 五、大数据金融的发展特点

1. 金融云快速落地奠定大数据应用基础

金融云具备的快速交付、高扩展、低运维成本等特性，能够在充分考虑金融机构对信息安全、监管合规、数据隔离和中立性等要求的情况下，为机构处理突发业务需求、部署业务快速上线、实现业务创新改革提供有力支持。因此，金融业一直较为积极地推动云计算的落地。

目前，大型金融机构纷纷开启了基于云计算的信息系统架构转型之路，逐步将业务向云迁移。大型金融机构普遍青睐混合云架构，将非核心应用迁移到公有云上，再将部分核心应用迁移到私有云平台上，关键业务上继续使用传统架构。新兴金融机构如蚂蚁金服、微众银行等在诞生之初就把所有 IT 系统架构在云上。

2. 实时计算分析能力是金融大数据应用的首要关注点

金融机构的业务要求大数据平台具有实时计算的能力。目前，金融机构最常使用的大数据应用场景为精准营销、实时风控、交易预警和反欺诈等业务，它们需要实时计算的支撑。

以精准营销和交易预警为例，精准营销要求在客户短暂的访问与咨询时间内发现客户的投资倾向，向其推荐适合的产品。交易预警场景要求大数据平台在秒级完成从事件发生，到感知变化，到输出计算结果的整个过程，识别客户行为的异常，并做出交易预警。因此，流式计算框架的实时计算大数据平台目前逐渐在金融机构得到应用，以满足低延时的复杂应用场景需求。

3. 金融业务创新越来越依赖于大数据应用分析能力

客户对服务体验的要求越来越高，需要金融机构随时随地都能提供服务，产品设计更易用、直观，响应速度更快速。金融机构提供产品和服务的重点，也从简单的标准化转变为个性化。

大数据能够在产品设计和客户服务两方面提高创新能力。在产品设计上，大数据能够更好地利用现有数据,进行全面的客户画像,识别客户的需求。基于精准的客户认知,金融机构可以细分客户的需求,从而有针对性地设计出符合客户个性化需求的、场景化的产品。在客户服务上,大数据可以提高产品的自动化程度,从而扩大产品和服务的范围、拓宽客户基础,使得金融机构得以覆盖以前服务不到的长尾客户。此外,产品自动化还能够快速地对客户需求做出反应,提高客户黏性。

4. 金融数据正在向金融科技行业巨头聚集

互联网和科技行业存在的"赢家通吃"模式,在金融行业继续上演。随着行业的快速整合,原来分散在各家金融机构的数据正快速向金融科技行业巨头集中,从而形成数据寡头。

以支付行业为例,原来分散在各家银行手中的支付数据正快速向支付宝和财付通集中。目前,支付宝和财付通已经覆盖了绝大多数消费场景,包括电商购物、餐饮、出行、航旅、公共事业缴费、线下购物等几乎所有消费场景。过去银行可以通过借记卡和信用卡的消费记录分析客户的消费行为,为金融企业的服务和产品设计提供支持,现在这些小额消费行为很多都通过第三方支付发生,银行无法获得具体的消费数据。客户消费数据的缺少,正在影响银行对个人客户的了解和分析。

## 📋 资料传真

### 用大数据打造新金融生态圈

自 2007 年就开始在大数据领域耕耘的金电联行,至今已经与中国民生银行、国家开发银行、广发银行、浦发银行等近 50 家银行合作,提供智能化的金融服务,基于企业数据的挖掘、利用,帮助企业获得信用贷款,帮助银行量化监管风险。时至今日,金电联行在大数据领域的地位已经通过 10 年的积累逐步显现。2016 年,毕马威中国首次发布中国领先金融科技 50 强榜单及报告(KPMG China Fintech50),作为大数据金融科技创新领域的领军企业,金电联行以多年积累大数据处理和建模的能力,以及科技金融应用落地实践经验上榜。

在 10 年的发展中,作为大数据理论与云计算技术在信用领域的革命性应用者,金电联行在中小企业信贷领域打开了缺口,寻找到了降低企业成本和缩短贷款时间的方法。

金电联行通过大数据的采集分析,利用大数据时代数据量无限扩大、链条无限延长、体系不断完善、捕捉难度日益降低的历史契机,建立了客观信用评价体系,从解决中小微企业融资的实体经济问题入手,打破了以财务信息为核心的传统信用评价思维,改变了以抵押担保为主的传统信贷方式,创建了一个低成本、大批量、高效能、全风控的纯信用贷款管理模式,破解了我国中小微企业信用融资的难题。

金电联行对于大数据的挖掘比大部分公司更早一些,始于 2007 年。那一年,清华大学计算机系毕业的范晓忻开了一家与金融无关的 IT 类公司,2007 年前主要为华北地区的汽车零部件企业做供应链管理系统。供应链经销商的融资难题给范晓忻提供了新的视野。

在美国,金融业 80% 以上靠的是信用贷款,而我国当时几乎为零,99% 以上通过抵押担保获得,因为中国的银行要将风险转化,要求有变现能力,而西方的金融风险则是成本,通过各种金融手段实现风险可控,这是中国和西方金融体系的区别。而这也预示了范晓忻选择的这条创业道路绝非坦途。

在发现零部件生产商总是在为流动资金短缺苦恼后,范晓忻开始意识到供应链数据中的金融价值尚未被充分开发。当时,绝大多数银行的贷款均需要抵押物,很多汽车零部件优质供应商尽管本身订单充足,只是缺少短期资金购买原材料,但受制于抵押物不足,很难获得贷款。在了解到这些小企业们饱受资金短缺之苦后,他开始考虑挖掘那些供应链数据背后的金融价值。

在"大数据"和"互联网金融"概念尚未兴起的 2007 年夏天,范晓忻和几个合伙人一起,成立了一家名叫金电联行的公司,取"金融电子化,联合银行"之意。金电联行想以数据分析连接银行和中小企业,起初是为所结识的汽车零部件供应商做客观信用计算,然后再把供应商作为客户介绍给银行,申请无抵押信用贷款。

2007—2010 年这个时间段,创业团队不断地建立、调整算法模型,花几年工夫去验证和试错,多少次推倒重来。金电联行在这期间,一直致力于对企业数据的研究,和银行合作帮助企业获得信用贷款。那个时代是大数据还在沉睡的时代。

2010 年之后,大概还可以分成三个阶段。第一个阶段,一些大数据的实践开始出现,很多大数据公司也逐渐在 2011 年、2012 年成立,说明 2010 年以后市场环境发生了变化,数据积累到了一定的程度,金电联行的第一笔 1 500 万元纯信用融资也是在这一时间(2010 年)达成的,之后陆续在 2012 年、2013 年进入量化风险管理领域。那几年的萌芽开始于实践,不是理念。第二个阶段,2012—2015 年,大数据概念的风口出现,那是一个大数据概念被疯炒的年代,这时候产生了大量的大数据公司,甚至出现了不具备条件的大数据创业公司。第三个阶段,到了 2016 年下半年,范晓忻记得,他当时在一次会议上认真地对公司的同事说:"我们要做好充分的准备,大数据真正的应用可能很快会到来。"

2016 年,"大数据＋纺织"模式成为金电联行"大数据＋"模式的一次成功实践。这个模式将纺织行业的全产业链数据打通、采集、清洗,形成闭环数据,打造数据驱动的金融生态圈,给传统行业的转型发展带来了新的思维和路径,引起了社会各界的强烈反响。

# 任务 1.3　大数据金融发展现状

## 案例导入

### 腾讯云"天御"大数据反欺诈平台

(1)项目背景。在金融领域互联网化的背景下,金融机构特别是互联网金融企业,更加追求便捷高效,简化手续,强调服务体验,而这一特点也易被不法分子利用,如虚假注册、利用网络购买的身份信息与银行卡进行套现,"羊毛党"通过低成本甚至零成本取得互联网平台奖励,"多头借贷"乃至开发电脑程序骗取贷款等已经形成了一条"黑色"产业链,互联网金融行业面临着严峻的挑战,对于互联网金融行业而言,欺诈风险高于信用风险。

（2）应用场景。应用于互联网金融行业贷前审核风控及贷后监控、支付行业防盗刷、互联网行业线上营销风控、网站及 App 安全风险防控等场景。

（3）成果概述。腾讯云"天御"大数据反欺诈平台（AF）是腾讯首次在云端输出反诈骗技术能力，依托 19 年安全积累、亿级体量的黑产数据，腾讯从计算力、算法、数据等三方面为反诈骗 AI 创新提供条件。腾讯云反欺诈产品包含有反薅羊毛、反骗贷、反洗钱、反骗保（保险）、移动银行 App 保护、防盗刷等众多应用程序接口（API），无须改动企业 IT 系统。"天御"系统数据来源包括支付画像、群组画像、社交画像、设备画像、行为画像等几大类别。主要应用于银行、证券、保险、P2P 等行业客户，准确识别恶意用户与行为，解决客户在支付、借贷、理财、风控等业务环节遇到的欺诈威胁，降低企业的损失。

（4）项目收益。贷前审核与贷后监控方面：微众银行微粒贷产品逾期率低于 0.3％。活动防刷方面：一是注册环节识别虚假注册；二是在登录场景，登录环节通过验证码、短信验证码等手段降低自动机登录的效率；三是在活动环节，通过短信、语音验证码降低黑产刷单的效率。黑产情报方面：全面掌握互联网金融黑产的行为特点、从业人员规模、团伙地域化分布以及专业化工具等情况，并制定针对性的打击策略。黑产风险防控方面：在黑产情报上，基于腾讯的生态系统，其积累了丰富情报收集和自动学习能力。

从金融行业大数据应用投资分布的情况看，银行将会成为金融类企业中大数据的重要投资方向，证券和保险分列第二和第三位（见图 1-4）。接下来，我们将分别介绍银行、保险、证券及跨行业的大数据应用情况。

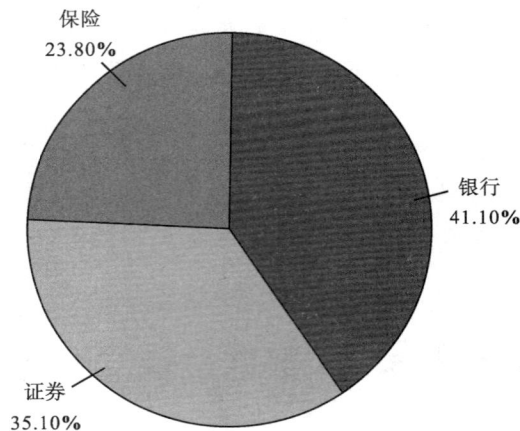

图 1-4    中国金融行业大数据应用投资结构图

资料来源：赛迪顾问 2012 年。

## 一、银行业大数据应用

国内不少银行已经开始尝试通过大数据来驱动业务运营，如中信银行信用卡中心使用大数据技术实现了实时营销，光大银行建立了社交网络信息数据库，招商银行则利用大数据发展小微贷款。中国工商银行则布局更早，2000 年就开始建立数据仓库，2007 年建立了全行统一的数据体系，2013 年研发了流数据平台，具备实时大数据应用能力。

总体来看银行大数据应用可以分为以下两个方面。

1. 信贷风险评估

在传统方法中,银行对企业客户的违约风险评估多是基于过往的信贷数据和交易数据等静态数据,这种方式的最大弊端就是缺少前瞻性。因为影响企业违约的重要因素并不仅仅是企业历史的信用情况,还包括行业的整体发展状况和实时的经营情况。而大数据手段的介入使信贷风险评估更趋近于事实。

内外部数据资源整合是大数据信贷风险评估的前提。一般来说,商业银行在识别客户需求、估算客户价值、判断客户优劣、预测客户违约可能的过程中,既需要借助银行内部已掌握的客户相关信息,也需要借助外部机构掌握的人行征信信息、客户公共评价信息、商务经营信息、收支消费信息、社会关联信息等。该部分策略主要目标为通过数据分析提供更广阔的数据维度和数据鲜活度,从而共同形成商业银行贷款风险评估资源。

信贷风险评估步骤如下:

(1)以客户级大数据为基础,为存量客户建立画像,使银行能够向各管辖机构、各业务条线、各产品条线进行内容全面、形式友好、敏捷的客户级大数据集中供给。

(2)建立专项集中的企业及个人风险名单库,统一"风险客户"等级标准,集中支持各专业条线、各金融产品对高风险客户的过滤工作。

(3)统筹各专业条线、各业务环节对大数据增量信息的需求优先序列,对新客户、高等级客户、高时效业务、高风险业务实现大数据实时采集式更新;对存量、一般、普通时效业务、低风险业务实现大数据集中、批量、排序、滚动更新。

2. 供应链金融

供应链金融的风险控制从授信主体向整个链条转变。供应链核心企业拥有良好的资产、充足的资金和高额的授信额度。而依附于核心企业的上下游企业可能需要资金,但是贷不到款,供应链金融可以由核心企业做担保,以产品或应收账款做质押,帮助上下游企业获得资金。

利用大数据技术,银行可以根据企业之间的投资、控股、借贷、担保以及股东和法人之间的关系,形成企业之间的关系图谱,用于关联企业分析及风险控制。知识图谱在通过建立数据之间的关联链接,将碎片化的数据有机地组织起来,让数据更加容易被人和机器理解和处理,并为搜索、挖掘、分析等提供便利。在风控上,银行以核心企业为切入点,将供应链上的多个关键企业作为一个整体,利用交往圈分析模型,持续观察企业间的通信交往数据变化情况,通过与基线数据的对比洞察异常的交往动态,评估供应链的健康度及为企业贷后风控提供参考依据。

## 📋 资料传真

花旗银行在亚洲有超过250名数据分析人员,并在新加坡创立了一个"创新实验室",进行大数据相关的研究和分析。花旗银行所尝试的领域已经开始超越自身的金融产品和服务营销。比如新加坡花旗银行会基于消费者的信用卡交易记录,有针对性地给他们提供商家和餐馆优惠信息。如果消费者订阅了这项服务,刷了卡之后,花旗银行系统将会根据此次刷卡的时间、地点和消费者之前的购物、饮食习惯,为其进行推荐。比如此时接近午餐时间,而消费者喜欢意大利菜,花旗银行就会发来周边一家意大利餐厅的优惠信息,更重要的是,这个系统还会根据消费者采纳推荐的比率,进行不断学习从而提升推荐的质量。通过这样的方式,花旗银行保持客户的高黏性,并从客户刷卡消费中获益。

美国信用卡企业 Visa 和休闲品牌商 Gap 合作,给在 Gap 店附近进行刷卡的消费者提供折扣优惠。美国另一家信用卡企业 MasterCard 分析信用卡用户交易记录,预测商业发展和客户消费趋势,并利用这些结果策划市场营销策略,或者把这些分析结果卖给其他公司受益。

## 二、保险业大数据应用

过去,由于保险行业代理人的特点,所以在传统的个人代理渠道,代理人的素质及人际关系网是业务开拓最为关键的因素,而大数据在新客户开发和维系中的作用就没那么突出。但随着互联网、移动互联网以及大数据的发展,网络营销、移动营销和个性化电话销售的作用将会日趋显现,越来越多的保险公司注意到大数据在保险行业中的作用。

蚂蚁金服"车险分"服务借助大数据等技术,将车主潜在风险量化为"车险分",保险公司在获得用户授权的情况下,依据"车险分"进行更为公平的车险定价,使长期安全驾驶的车主买车险更便宜。

中国保险巨头中国平安在大数据领域投入非常巨大,截至 2017 年拥有 2.2 万多名技术员工,500 多名大数据科学家,2 000 多项全球专利,居全球金融机构前列。平安脸谱准确率达 99.8%,为世界第一,有 8 亿脸谱调用,可应用于 200 多个场景,平安声纹准确率超过 99%,声纹库 5 000 万个,平安大数据拥有 8.8 亿人的大数据。

平安的生物识别于金融场景、小额贷款业务上,已对 3 000 多万例人脸识别核身,将冒办率由 29% 降至 0;对大额贷款做出 30 多万表情面审,效率提升了 10%;于医疗场景体检核身逾 5 万人次。

中国平安已拥有 4.3 亿互联网用户,3.1 亿个 App 用户,140 多万寿险代理人。金融业务则拥有 8.8 亿多人的信用信息,1.43 亿多名线上金融客户,400 多家银行和 2 000 多家非银行机构合作伙伴。医疗健康业务则拥有 1.8 亿用户,覆盖 257 个医保城市,有 4.2 万多家诊所和逾 2 000 家医院合作伙伴。汽车业务拥有 3 800 万产险用户数据,逾 10 亿张理赔照片,与 2.6 万个 4S 店、10 万个修理裸、3.4 万个二手车厂合作。房产业务,拥有 2 100 万个客户。

保险行业的大数据应用可以分为三个方面:客户细分和精细化营销、欺诈行为分析和精细化运营(见图 1-5)。

1.客户细分和精细化营销

(1)客户细分和差异化服务

风险偏好是确定保险需求的关键。风险喜好者、风险中立者和风险厌恶者对保险需求有不同的态度。一般来讲,风险厌恶者有更大的保险需求。在客户细分的时候,除了风险偏好数据外,还要结合客户职业、爱好、习惯、家庭结构、消费方式偏好数据,利用机器学习算法对客户进行分类,并针对分类后的客户提供不同的产品和服务策略。

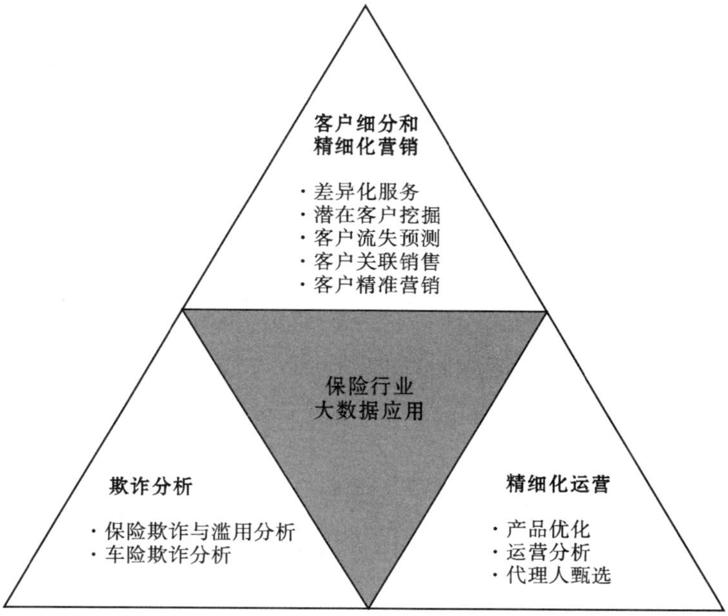

图 1-5 保险行业大数据应用

（2）潜在客户挖掘及流失用户预测

保险公司可通过大数据整合客户线上和线下的相关行为，以及数据挖掘手段对潜在客户进行分类，细化销售重点。通过大数据进行挖掘，保险公司可综合考虑客户的信息、险种信息、既往出险情况、销售人员信息等，筛选出影响客户退保或续期的关键因素，并通过这些因素和建立的模型，对客户的退保概率或续期概率进行估计，找出高风险流失客户，及时预警，制定挽留策略，提高保单续保率。

（3）客户关联销售

保险公司可通过关联规则找出最佳险种销售组合、利用时序规则找出顾客生命周期中购买保险的时间顺序，建立既有保户再销售清单与规则、把握保户提高保额的时机，从而促进保单的销售。除了这些做法以外，借助大数据，保险业还可以直接锁定客户需求。以淘宝运费退货险为例，据统计，淘宝用户运费险索赔率在 50％以上，该产品对保险公司带来的利润只有 5％左右，但是有很多保险公司都有意愿去提供这种保险。这是因为客户购买运费险后保险公司就可以获得该客户的个人基本信息，包括手机号和银行账户信息等，并能够了解该客户购买的产品信息，从而实现精准推送。假设该客户购买并退货的是婴儿奶粉，就可以估计该客户家里有小孩，可以向其推荐关于儿童疾病险、教育险等利润率更高的产品。

（4）客户精准营销

在网络营销领域，保险公司可以通过收集互联网用户的各类数据，如地域分布等属性数据，搜索关键词等即时数据，购物行为、浏览行为等行为数据，以及兴趣爱好、人脉关系等社交数据，便可以在广告推送中实现地域定向、需求定向、偏好定向、关系定向等定向方式，实现精准营销。

2.欺诈行为分析

欺诈行为分析是基于企业内外部交易和历史数据,实时或准实时预测和分析欺诈等非法行为,如医疗保险欺诈与滥用分析以及车险欺诈分析等。

(1)医疗保险欺诈与滥用分析

医疗保险欺诈与滥用通常可分为两类:一类是非法骗取保险金,即保险欺诈;另一类则是在保额限度内重复就医、浮报理赔金额等,即医疗保险滥用。保险公司能够利用过去数据,寻找影响保险欺诈最为显著的因素及这些因素的取值区间,建立预测模型,并通过自动化计分功能,快速将理赔案件依照滥用欺诈可能性进行分类处理。

(2)车险欺诈分析

保险公司可利用过去的欺诈事件建立预测模型,将理赔申请分级处理,可以很大程度上解决车险欺诈问题,如车险理赔申请欺诈侦测、业务员及修车厂勾结欺诈侦测等。

3.精细化运营

(1)产品优化,保单个性化

过去在没有精细化数据分析和挖掘的情况下,保险公司把很多人都放在同一风险水平之上,客户的保单并没有完全解决客户的各种风险问题。现在,保险公司可以通过自有数据以及客户在社交网络的数据,解决现有的风险控制问题,为客户制定个性化的保单,获得更准确以及更高利润率的保单模型,给每一位顾客提供个性化的解决方案。

(2)运营分析

运营分析是基于企业内外部运营、管理和交互数据分析,借助大数据平台,全方位统计和预测企业经营和管理绩效,以及基于保险保单和客户交互数据进行建模,借助大数据平台快速分析和预测再次发生或者新增的市场风险、操作风险等。

(3)代理人(保险销售人员)甄选

根据代理人员(保险销售人员)业绩数据、性别、年龄、入职前工作年限、其他保险公司经验和代理人思维性向测试等,找出销售业绩相对较好的销售人员的特征,优选高潜力销售人员。

## 三、证券业大数据应用

大数据时代,券商已意识到大数据的重要性,对大数据的研究与应用正处于起步阶段。相对于银行和保险业,证券行业的大数据应用起步相对较晚。目前国内外证券行业的大数据应用大致有以下三个方向。

1.股价预测

2011年5月英国对冲基金 Derwent Capital Markets 建立了规模为4 000万美金的对冲基金,该基金是首家基于社交网络的对冲基金。它通过分析 Twitter 的数据内容,感知市场情绪,从而指导投资。利用 Twitter 的对冲基金 Derwent Capital Markets 在首月的交易中确实盈利了,其以1.85%的收益率,让平均数只有0.76%的其他对冲基金相形见绌。

麻省理工学院学者,根据相关情绪词将 Twitter 内容标定为正面或负面情绪。结果发现,无论是如"希望"的正面情绪,或是"害怕""担心"的负面情绪,其占总 Twitter 内容数的比例,都预示着道琼斯指数、标准普尔 500 指数、纳斯达克指数的下跌。

美国佩斯大学的一位博士则采用了另外一种思路,他追踪了星巴克、可口可乐和耐克三家公司在社交媒体上的受欢迎程度,同时比较它们的股价,发现,Facebook 上的粉丝数、Twitter 上的听众数和 YouTube 上的观看人数都和股价密切相关。另外,通过品牌的受欢迎程度,还能预测股价在 10 天、30 天之后的上涨情况。

但是,Twitter 情绪指标,仍然不可能预测出会冲击金融市场的突发事件。例如,在2008 年 10 月 13 日,美国联邦储备委员会突然启动一项银行纾困计划,令道琼斯指数反弹,而 3 天前的 Twitter 相关情绪指数毫无征兆。而且,研究者自己也意识到,Twitter 用户与股市投资者并不完全重合,这样的样本代表性有待商榷,但仍无法阻止投资者对新兴的社交网络倾注更多的热情。

2. 客户关系管理

(1)客户细分

通过分析客户的账户状态(类型、生命周期、投资时间)、账户价值(资产峰值、资产均值、交易量、佣金贡献和成本等)、交易习惯(周转率、市场关注度、仓位、平均持股市值、平均持股时间、单笔交易均值和日均成交量等)、投资偏好(偏好品种、下单渠道和是否申购)以及投资收益(本期相对和绝对收益、今年相对和绝对收益,以及投资能力等),可以进行客户聚类和细分,从而发现客户交易模式类型,找出最有价值和盈利潜力的客户群,以及他们最需要的服务,更好地配置资源和政策,改进服务,抓住最有价值的客户。

(2)流失客户预测

券商可根据客户历史交易行为和流失情况来建模从而预测客户流失的概率。例如2012 年海通证券自主开发的"给予数据挖掘算法的证券客户行为特征分析技术",主要应用在客户深度画像以及基于画像的用户流失概率预测。海通通过对 100 多万样本客户、半年交易记录的海量信息分析,建立了客户分类、客户偏好、客户流失概率的模型。该项技术最大初衷是希望通过客户行为的量化分析,测算客户将来可能流失的概率。

3. 智能投顾

普华永道对智能投顾做出如下定义:智能投顾(Robo-advisor)是指通过使用特定算法模式管理账户,结合投资者风险偏好、财产状况与理财目标,为用户提供自动化的资产配置建议。

招商证券的报告指出,典型的智能投顾服务过程主要包含以下步骤:

(1)客户画像:系统通过问卷调查评价客户的风险承受能力和投资目标。

(2)投资组合配置:系统根据用户风险偏好从备选资产池中推荐个性化的投资组合。

(3)客户资金托管:客户资金被转入第三方托管。

(4)交易执行:系统代理客户发出交易指令,买卖资产。

(5)投资组合再平衡:用户定期检测资产组合,平台根据市场情况和用户需求变化实时监测及调仓。

(6)平台收取相应管理费。

综上所述,智能投顾是指利用大数据分析、量化金融模型以及智能化算法,根据投资者的风险承受水平、预期收益目标以及投资风格偏好等要求,运用一系列智能算法、投资组合优化等理论模型,为用户提供投资参考,并监测市场动态,对资产配置进行自动再平衡,提高资产回报率,从而让投资者实现"零基础、零成本、专家级"动态资产投资配置。

### 四、大数据在支付清算行业中的应用

目前,支付服务操作十分便捷,客户已经可以做到随时、随地进行转账操作。面对盗刷和金融诈骗案件频发的现状,支付清算企业交易诈骗识别挑战巨大。

大数据可以利用账户基本信息、交易历史、位置历史、历史行为模式、正在发生行为模式等,结合智能规则引擎进行实时的交易反欺诈分析(见表1-1)。整个技术实现流程为实时采集行为日志、实时计算行为特征、实时判断欺诈等级、实时触发风控决策、案件归并形成闭环。

表 1-1　大数据交易欺诈识别

| 欺诈方式 | 欺诈场景 | 处理方式 |
|---|---|---|
| 盗刷 | 客户账号于多个手机上登录 | 身份再验证 |
| | 客户从一个不经常出现的地区进行大额转账操作 | |
| | 在1小时内于不同的城市进行消费 | |
| 诈骗 | 发现多个客户在短时间内向单个账户转账 | 提醒客户 |
| | 发现钓鱼网站 | |

资料来源:中国信息通信研究院。

### 五、大数据在互联网金融行业中的应用

在移动互联网时代,客户在消费需求和消费行为上快速转变。首先,在消费需求上,客户的需求更加细化,急需个性化的金融产品。其次,在消费行为上,互联网金融企业很难接触到消费者及了解客户的需求并推销产品,营销资源和营销机会极其宝贵。因此,为了降低对用户的打扰和营销成本,提高营销转化率以面对日趋激烈的行业内部竞争,互联网金融企业急需一种更为精准的营销解决方案。

目前中国的消费数据绝大部分在腾讯和阿里巴巴两大巨头手中,这两家企业分别成立了各自的小贷公司,根据客户日常消费习惯,进行数据挖掘,最后给予每个客户相匹配的借款额度,并且可以按照风险偏好智能化给客户推荐货币基金、债券型基金以及股票型基金。

2004年阿里巴巴开始建立数据仓库;2008年,建立数据平台,将交易核心过程进行重组,成立用户中心开展数据应用;2008年确定了数据和云计算两个重要战略,建立全球顶尖团队,搭建全新技术架构;2010年引入 Hadoop&Hive 平台进行新一代的数据平台构建。

## 资料传真

Facebook、苹果、阿里巴巴、腾讯等互联网企业的大数据策略如表 1-2 所示。

表 1-2 互联网巨头大数据策略

| 互联网企业 | 大数据策略 |
| --- | --- |
| Facebook | 依靠其强大的社交网络,已然成为业界第一个生成大数据的"巨鳄" |
| 苹果 | 依靠操作系统和颠覆性的终端,正在努力打造大数据的生成之地 |
| 谷歌 | 主要依靠操作系统、搜索引擎和平台整合终端产品,以储备可以利用的大数据 |
| 亚马逊 | 作为云计算的最早倡导者之一,通过网络平台、云计算平台和阅读终端,期望建立一个电子商务垂直领域的大数据汇集地 |
| 阿里巴巴 | 依靠淘宝购物数据、支付宝的支付数据、蚂蚁金服、菜鸟网络、阿里云五大核心数据资源,成为中国大数据巨头 |
| 腾讯 | 依靠微信的社交、支付数据、理财通、公众号、小程序、腾讯游戏以及 QQ、腾讯地图、滴滴等一系列软件,形成一个数据超级大巨头 |
| 百度 | 百度没有阿里巴巴的购物和支付,没有腾讯的社交、阅读、出行等,但是百度依靠最大的搜索引擎,做广告的智能推荐,成为中国大数据的第三巨头 |

资料来源:根据网络资源整理。

# 任务 1.4 大数据金融的机遇和挑战

## 案例导入

### 金融大数据在风险管理中的应用

大数据风险控制的逻辑是"未来是过去的重复",即用已经发生的行为模式和逻辑来预测未来。统计学规律告诉我们,在实验条件不变的情况下,重复实验多次,随机事件的频率等于其概率。这意味着随着随机事件的大量发生,我们是可以发现其内在规律的。而大数据里面包含的海量数据,为我们发现隐藏在随机事件后面的规律提供了条件。大数据风险控制的两个应用——信用风险和欺诈风险,背后都是这个逻辑,通过分析历史事件,找到其内在规律,建成模型,然后用新的数据去验证和调整这个模型。

以美国主流的个人信用评分工具 FICO 信用分为例,其基本的思路便是:把借款人过去的信用历史资料与数据库中的全体借款人的信用习惯相比较,检查借款人的发展趋势和经常违约、随意透支,甚至申请破产的各种陷入财务困境的借款人的发展趋势是否相似。FICO 信用分的分布举例如图 1-6 所示。

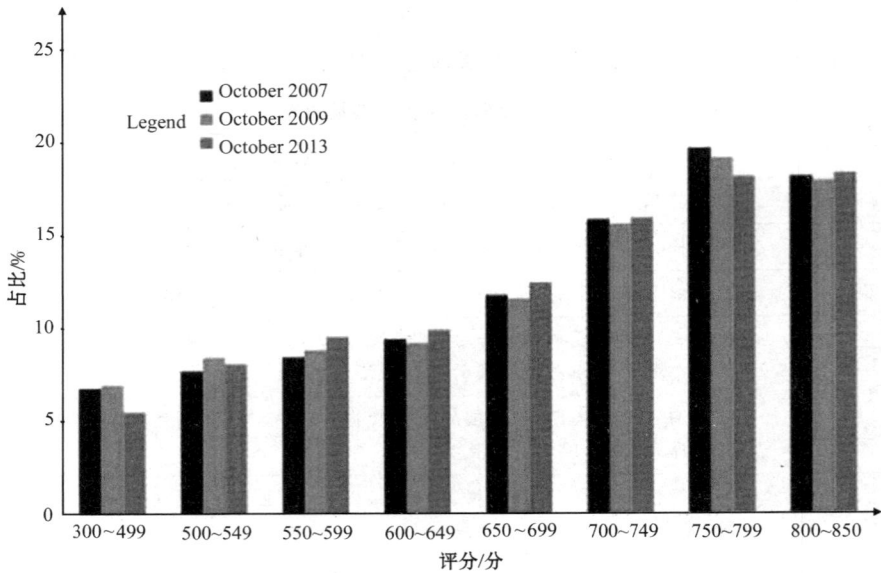

图 1-6　FICO Score Distribution

　　FICO 评分是传统金融机构对大数据的运用,再看看典型互联网金融机构 ZestFi-nance 对大数据的运用。ZestFinance 的客户群主要就是 FICO 评分难以覆盖的人群,要么是在 FICO 得分过低、金融机构拒绝放贷的人,要么是 FICO 得分适中、金融机构同意放贷但放贷利率较高的人(表 1-3)。

表 1-3　大数据应用的金融服务机构

| FICO评分人群 | 金融服务机构 |
| --- | --- |
| >650分 | 美国大银行<br>(花旗、大通、富国、美国银行等) |
| 600～720分 | 互联网P2P网贷Lending club等 |
| 500～700分 | 小贷公司Spring leaf等 |
| <500分 | 新兴的互联网金融公司<br>ZestFinance、Turbofinance、Thinkfinace等 |

　　在 ZestFinance 的评分模型中,会大量应用到非征信数据(50%～70%)。在其官方宣传中,提到会用到 3 500 个数据项,从中提取 70 000 个变量,利用 10 个预测分析模型,如欺诈模型、身份验证模型、预付能力模型、还款能力模型、还款意愿模型以及稳定性模型,进行集成学习或者多角度学习,并得到最终的消费者信用评分(见图 1-7)。

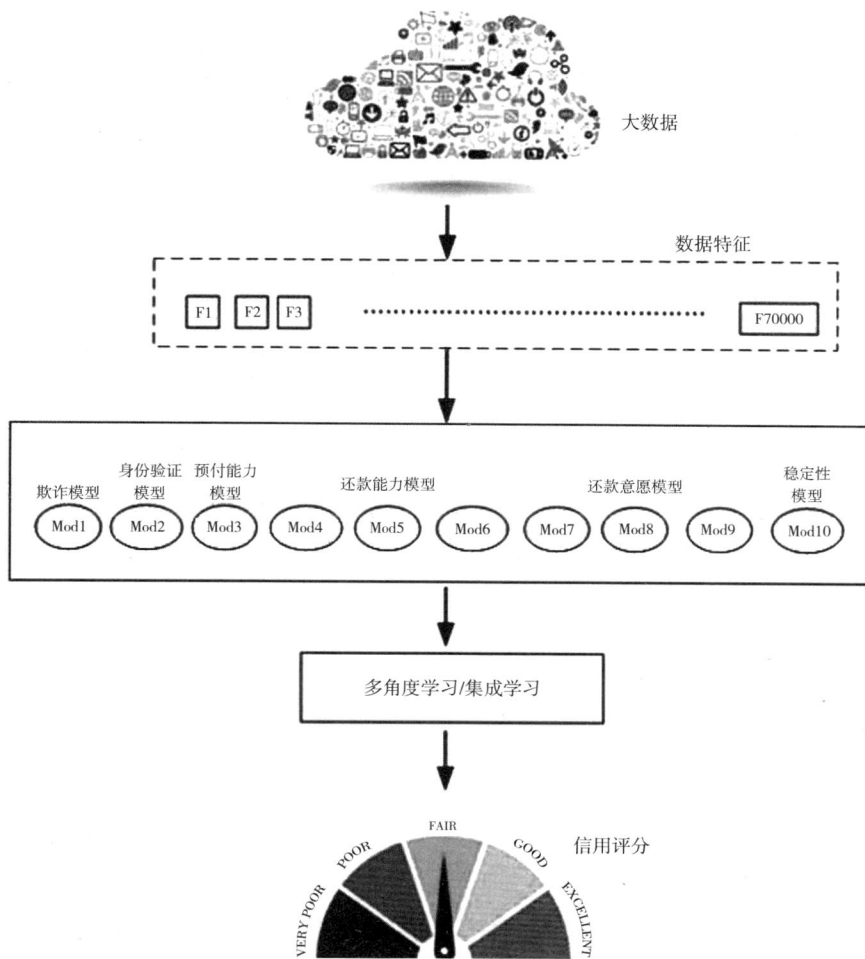

图 1-7    ZestFinance 评分模型

　　而欺诈风险的防控,本质上也是通过对历史欺诈行为的分析,不断梳理完善风险特征库,比如异地登录、非常用设备登录等行为——这些都是一种风险信号,并据以建立一系列的风险规则判定集,预测用户行为背后的欺诈概率。

## 一、大数据金融的发展趋势

　　1.大数据应用水平正在成为金融企业竞争力的核心要素

　　金融的核心就是风控,风控以数据为导向。金融机构的风控水平直接影响坏账率、营收和利润。经过长期的数字化改造,金融机构积累了大量的信息系统,通过这些系统积累了海量的数据,但是这些数据是分散在各个系统中,不能实现集中分析。金融机构已经意识到需要有效地管理其日益重要的数据资产,正在主动思考和实践数据资产治理的方法。目前,金融机构正加大在数据治理项目中的投入,结合大数据平台建设项目,构建企业内统一的数据池,实现数据的"穿透式"管理。大数据时代,数据治理是金融机构需要深入思考的命题,有效的数据资产管控,可以使数据资产成为金融机构的核心竞争力。

在中国,金融机构对大数据的认知已经从探索阶段进入认同阶段。普华永道研究显示,83％的中国金融机构表示希望在大数据上进行投资。金融行业对大数据的需求属于业务驱动型,其迫切希望应用大数据技术使营销更精准、风险识别更准确、经营决策更具针对性、产品更具吸引力,从而降低企业成本,提高企业利润。越来越多金融机构基于大数据获得了丰厚的回报,打消了它们对未来的顾虑,从而加速了大数据的普及。

2. 金融行业数据整合、共享和开放成为趋势

数据越关联越有价值,越开放越有价值。随着各国政府和企业逐渐认识到数据共享带来的社会效益和商业价值,全球已经掀起一股数据开放的热潮。大数据的发展需要所有组织和个人的共同协作,将个人私有、企业自有、政府自有的数据进行整合,把私有大数据变为公共大数据。

目前,美欧等发达国家和地区的政府都在数据共享上做出了表率,开放大量的公共事业数据。中国政府也着力推动数据开放,一方面,国家带头着力推动政府数据公开,国务院《促进大数据发展行动纲要》提出,到 2018 年,中央政府层面实现金税、金关、金财、金审、金盾、金宏、金保、金土、金农、金水、金质等信息系统通过统一平台进行数据共享和交换。另一方面,国家还通过推动建设各类大数据服务交易平台,为数据使用者提供更丰富的数据来源。国家发改委发布的《国家发展改革委办公厅关于请组织申报大数据领域创新能力建设专项的通知》中明确提到要建设大数据流通与交易平台,用以支撑数据共享。

3. 金融数据与其他跨领域数据的融合应用不断强化

2015 年以前,金融机构主要基于金融业自有信息进行分析。金融机构主要基于自身静态数据,通过人工对内进行经营分析、产品设计、营销设计等;对外进行客户分析和行情分析。从 2016 年开始,大数据技术逐渐成熟,数据采集技术快速发展,通过图像识别、语音识别、语义理解等技术实现外部海量高价值数据收集,包括政府公开数据、企业官网数据、社交数据。金融机构得以通过客户动态数据的获取更深入地了解客户。

未来,数据流通的市场会更健全。金融机构将可以方便地获取电信、电商、医疗、出行、教育等其他行业的数据,一方面会有力地促进金融数据和其他行业数据融合,使得金融机构的营销和风控模型更精准。另一方面,跨行业数据融合会催生跨行业的应用,使金融行业得以设计出更多的基于场景的金融产品,与其他行业进行更深入的融合。

4. 人工智能正在成为金融大数据应用的新方向

新兴技术高速发展,大数据和人工智能技术正在快速融合。大数据技术强调数据的采集、存储、处理和展现。人工智能可以在各个阶段助力大数据发挥更大的作用。

在采集上,图像识别、语音识别、语义理解等人工智能认知技术实现海量非结构化数据采集。在数据的储存和管理上,人工智能技术可以实现自动为数据打标签,自动将数据归类。在数据处理上,人工智能深度学习、机器学习、知识图谱技术可以提高算法模型的数据处理效率和准确度。数据展现上,智能可视化大屏技术可以实现数据实时监控和可视化呈现。大数据与人工智能正在进行多维度的深度融合,拓展了金融大数据的应用价值和应用场景。

5.金融数据安全问题越来越受到重视

大数据的应用为数据安全带来新的风险。数据具有高价值、无限复制、可流动等特性,这些特性为数据安全管理带来了新的挑战。

对金融机构来说,网络恶意攻击成倍增长,组织数据被窃的事件层出不穷。这对金融机构的数据安全管理能力提出了更高的要求。大数据使得金融机构内海量的高价值数据得到集中,并使数据实现高速存取。但是,如果出现信息泄露可能一次性泄露组织内近乎全部的数据资产。数据泄露后还可能急速扩散,甚至出现更加严重的数据篡改和智能欺诈的情况。

对个人来说,金融信息的泄露会暴露大量的个人基本信息和消费信息等,大数据技术可以便捷地大批量收集这些信息并进行画像,这使得公民更容易受到欺诈,造成经济损失。

## 二、大数据金融的机遇

面对新的历史机遇,全球主要国家纷纷将数字经济视为实现经济复苏和推动可持续发展的关键依托,聚焦关键环节、强化政策引导,着力推动技术创新突破、产业融合应用、数字治理完善、数字技能提升,以战略制高点驱动数字经济腾飞。与此同时,各国际组织也义不容辞地承担起推动全球数字经济发展的重担。

联合国发布《数字经济报告2019》审视全球数字经济发展态势,G20、金砖、OECD等国际组织纷纷将数字经济作为重要议题,通过一系列成果性文件,携手推动全球数字经济迎来更广阔的发展空间。

2021年8月2—3日,由北京市政府与国家发展和改革委员会、工业和信息化部、商务部、国家互联网信息办公室共同主办的2021全球数字经济大会在北京举行。在8月2日下午的主论坛上,中国信息通信研究院(以下简称"中国信通院")院长余晓晖发布了《全球数字经济白皮书——疫情冲击下的复苏新曙光》(以下简称"白皮书")。

白皮书分析了全球数字经济发展新态势。2020年,全球数字经济规模达到32.6万亿美元,同比名义增长3.0%,占GDP比重为43.7%。发达国家数字经济规模大、占比高,2020年规模达到24.4万亿美元,占GDP比重为54.3%;发展中国家数字经济增速更快,2020年增速达到3.1%。美国数字经济蝉联世界第一,规模达到13.6万亿美元;中国位居世界第二,规模为5.4万亿美元。

白皮书研究了全球主要国家数字经济发展模式。中国立足产业基础并发挥市场活力,有效市场和有为政府相互促进;美国依托持续领先的技术创新,打造数字经济全球优势;欧盟以数字治理规则的领先探索和数字单一市场建设为双轮驱动,打造强大统一的数字经济生态;德国依托强大制造优势,打造全球制造业数字化转型标杆;英国完善数字经济整体布局,以数字政府引领数字化转型。

白皮书探索了数字经济典型领域全球发展格局。5G领域,5G网络全面建设,全产业链技术进步和产品创新快速演进,加速与垂直行业深度融合。数据要素市场领域,各国强化数据要素战略布局,推动数据开发利用及市场化流通,建设数据要素市场。在人工智能领域,全球人工智能产业迎来发展机遇,产业规模平稳增长,技术创新迭代、应用场景进发。在制造业数字化转型领域,工业互联网引发制造业系统性变革,推动传统产业新兴裂变和升级演进。在金融科技领域,发展金融科技已成为全球共识,老牌金融强国力推金融业全面转型,金融科技用户渗透不断提升。在网络安全领域,全球强化网络安全部署,网络安全产业发展进入快车道。

### 三、大数据金融的挑战

在大数据时代,传统金融业也面临着以下挑战。

1. 自身能力的挑战

实践证明,基于数据分析的决策行为更加有效,更具有预见性。金融机构对于传统的结构化数据的分析和挖掘处于领先水平,但是对于非结构化的异构数据的分析却缺乏有效方式。例如,金融机构有客户的资金交易信息、语音通话信息、ATM 录像等信息,却无法从这些信息中挖掘出有价值的信息,无法打破"信息孤岛"的格局。数据将是未来金融机构的核心竞争力之一,因此对于各类金融机构来说,构建强大的大数据处理能力是目前亟待解决的难题。

2. 互联网公司的挑战

大数据技术的发展使得以前认为不相关的行业有了相通的渠道。互联网公司、电子商务等新兴企业对于市场的敏锐性、产品的创新能力、大数据的处理能力方面都有显著优势。它们涉足金融领域对传统金融机构的威胁不容忽视。Google 是大数据的开拓者,2012 年 Google 在英国推出为企业用户提供贷款帮助其购买搜索本公司广告的服务。Facebook 为与澳大利亚联邦银行开发在线金融服务,使拥有银行账户的 Facebook 用户通过社交媒体渠道向第三方及 Facebook 好友进行支付。国内三大互联网公司阿里巴巴、腾讯和百度都已经开始利用大数据提供金融服务,互联网公司这种基于大数据分析能力的竞争优势已经显示出对金融机构的威胁。

3. 信息安全的挑战

金融机构采集的数据涵盖了个人或企业各个方面的信息,如身份信息、交易数据、企业运营数据等。现代金融机构通常采用集中存储的方式保存数据,将数据集中存储的同时也加大了数据泄露的风险;此外将各种各样的数据如开发数据、账户信息和生产数据存储在一起,也增加数据管理的难度。由于传统的漏洞扫描技术的更新速度远不及数据量爆炸式的增长,导致大数据的漏洞极有可能暴露在互联网上,金融业不能容忍信息安全问题,一旦出现问题,必然会给社会和个人造成巨大的损失。

4. 金融监管的挑战

新金融的监管制度应根据不同的业务性质和风险水平,以透明化、市场化、规范化为方向,兼顾创新与公平。互联网公司创造的新金融模式去中心化、交互性,注重创新和体验,可以弥补传统金融的不足。但由于不了解金融行业,因此在创新了金融业态的同时,也造成了一定的监管真空和风险隐患。新金融产业亟须匹配合理的监管制度,一方面,通过引导给予传统金融创新空间,激发创新积极性,加快信息网络技术和金融业务的结合。另一方面,制定针对性监管制度,尊重互联网金融自身规律的同时,保证资金和信息安全。

5.金融大数据分析人才的挑战

大数据时代,数据作为一种"新世纪的石油",需要不断挖掘。为解决大数据特征新衍生出的问题,需要在系统架构、存储器、人工智能、数据仓库、数据挖掘分析等方面有所突破,对人才素质的要求也更高。对金融业大数据人才而言,他们不仅要对金融业务有较深入的了解,还要具备很强的数据建模、数据挖掘和数据分析的能力。金融业大数据人才要能够利用大数据平台和大数据分析工具从大量数据中提炼有效数据,并能将有效数据快速转化成决策依据,帮助金融机构及时应对市场变化,快速制定应对策略。大数据时代,综合性的大数据分析人才培养对金融机构来说也是一种挑战。

## 资料传真

### 数字金融欺诈手法分析

目前,腾讯开通人工客服、社交保障系统和商业保障系统三个渠道对诈骗案件进行监测。人工客服渠道是指致电腾讯客服进行欺诈投诉;社交保障渠道是指在C2C(用户与用户)交易过程中,对出现的欺诈行为,利用交易发生的社交工具进行欺诈投诉;商业保障渠道是指在C2B(用户与商家)交易过程中,对出现的欺诈行为,利用交易发生的社交工具进行欺诈投诉。其中,社交保障渠道和商业保障渠道属于自助渠道,举报量级比人工客服渠道更大。

通过对近两年各渠道的诈骗数据统计分析发现,诈骗团伙在数字金融常用诈骗手法中,最主要的三类诈骗方式为退款诈骗、刷单兼职诈骗和仿冒各种身份诈骗。具体到各个渠道来看:

人工客服渠道统计的诈骗手法主要有退款诈骗、刷单诈骗、冒充好友诈骗、冒充公安诈骗、付款码诈骗、好友账号被盗诈骗、商户交保证金诈骗以及冒充客服诈骗。社交保障系统渠道统计的诈骗手法有刷单兼职、仿冒身份、冒充微粒贷骗钱、诈骗保证金、虚假投资理财、假冒客服、假冒共享单车欺诈等。商业保障系统渠道统计的诈骗手法有兼职、返利和诱导三大类。

**参考文献**

[1]汤凌冰.互联网金融技术与应用[M].北京:电子工业出版社,2015.

[2]赵刚.大数据技术与应用实践指南[M].北京:电子工业出版社,2013.

[3]李军.大数据:从海量到精准[M].北京:清华大学出版社,2014.

[4]庞引明,张绍华,宋俊典.互联网金融与大数据分析[M].北京:电子工业出版社,2016.

[5]张尼,张云勇,胡坤,等.大数据安全技术与应用[M].北京:人民邮电出版社,2014.

[6]李勇,许荣.大数据金融[M].北京:电子工业出版社,2015.

[7]陈云.金融大数据[M].上海:上海科学技术出版社,2015.

[8]傅志华.大数据在金融行业的应用[EB/OL].(2014-11-05)[2020-12-30].http://www.leiphone.com/news/201411/BW3iFXbV2mdPrIDt.html.

[9]刘晓星.大数据金融[M].北京:清华大学出版社,2018.

[10]中国支付清算协会金融大数据研究组.金融大数据创新应用[M].北京:中国金融出版社,2018.

[11]刘世平.大数据在金融行业实用案例剖析:系列之三[M].北京:经济科学出版社,2018.

[12]中国信息通信研究院.大数据白皮书2019[EB/OL].(2019-12-10)[2020-01-30].http://www.caict.ac.cn/kxyj/qwfb/bps/201912/t20191210_271280.htm.

[13]中国信息通信研究院.大数据在金融领域的典型应用研究[EB/OL].(2018-04-28)[2020-01-30].http://www.caict.ac.cn/kxyj/qwfb/ztbg/201804/t20180426_158545.htm.

[14]腾讯大金融安全,中国信通院.数字金融反欺诈:洞察与攻略[EB/OL].(2018-11-27)[2020-01-30].http://www.caict.ac.cn/kxyj/qwfb/bps/201811/t20181127_189555.htm.

[15]中国信息通信研究院.全球数字经济新图景(2019年)[EB/OL].(2019-10-11)[2020-01-30].http://www.caict.ac.cn/kxyj/qwfb/bps/201910/t20191011_214714.htm.

# 项目二　金融大数据的获取与整理

## 知识脉络图

```
                    ┌──────────────────┐      ┌───────────────────────────┐
                    │  大数据金融的理论基础  │ ───→ │ ●大数据在金融业的数据价值       │
                    └──────────────────┘      │ ●大数据带来的思维变革          │
                                              │ ●金融大数据应用的基本流程       │
                                              └───────────────────────────┘

┌──────┐
│ 金融  │
│ 大    │
│ 数    │
│ 据    │            ┌──────────────────┐      ┌───────────────────────────┐
│ 的    │ ──────────→│  金融大数据的存在形态   │ ───→ │ ●金融大数据的数据范围         │
│ 获    │            └──────────────────┘      │ ●金融大数据的类型和应用时间轴   │
│ 取    │                                       └───────────────────────────┘
│ 与    │
│ 整    │
│ 理    │
└──────┘            ┌──────────────────┐      ┌───────────────────────────┐
                    │  金融大数据的获取与      │ ───→ │ ●金融大数据关键技术概览       │
                    │  整理技能            │      │ ●金融数据获取              │
                    └──────────────────┘      │ ●数据清洗                 │
                                              │ ●数据制图                 │
                                              └───────────────────────────┘
```

## 💡 学习目标

通过本章节的学习,学生能够了解大数据金融的数据价值和基本特征,以及金融数据应用的基本流程;了解金融大数据的数据范围和类型,以及应用时间轴;重点熟知金融大数据关键技术包含的内容,掌握金融数据获取的三种途径,了解数据清洗中,残缺数据和重复数据的四种清洗方法,了解数据制图的类型及应用。

# 任务 2.1 大数据金融的理论基础

## 📋 案例导入

### 阿里巴巴通过公益大数据平台帮助更多的人

阿里巴巴是超级电商平台,旗下的天猫、淘宝基本上实现了全品类覆盖。随着天猫出海计划的实施,移动支付的全球布局,使阿里的全球化进程一日千里。除了电商,阿里云是马云的另外一个骄傲,数据显示,2017 年阿里云业务的增速在阿里系其他业务中保持遥遥领先地位,其为国内众多企业提供底层技术与完善解决方案的同时,大数据价值更加凸显! 2017 年互联网公益事业发展很快,基于移动互联网的快速深层次传递的特点,已经有越来越多需要帮助的人得到了大家的及时帮助。作为一个有责任有担当的互联网企业,阿里巴巴联合全国 100 多家主流媒体打造"天天正能量"公益平台,推出了中国公益领域首个大数据开放平台——网络公益大数据平台。

借助阿里的公益大数据平台,可以做更多有益的事情。首先,它对全国各地公益动态和热点事件进行实时监测,将公众的公益偏好、不同地区的公益需求和特点,以可视化的方式动态呈现出来;整合企业、专业机构、公益组织和个人志愿者等各方资源,解决公益组织难以信息化的问题。此外,通过云计算可以挖掘数据中的潜在动向,为公益组织带来新的视角突破! 而且通过阿里大数据公益平台,可以降低普通用户参与公益的门槛,增强公益的针对性,让每一个人都能方便、准确地参与公益活动,使每一个需要帮助的人都能更迅速、安全地得到帮助,为公益事业提供全新的思路和方法!

(案例根据"中国大数据"网站资料整理。)

## 一、大数据在金融业的数据价值

### (一)精准营销

大数据可以提供某些企业交易特点和资金需求特点,帮助业务部门对企业的资金需求进行分析和筛选,提供现金管理产品,帮助企业解决资产流动性问题。大数据还可以帮助信用卡中心追踪热点信息,针对特定人群提供精准营销产品,增加新卡用户,例如热映电影、娱乐活动、餐饮团购营销等。

### (二)社交化营销

人们的社交行为产生了巨大的数据,金融行业利用社交平台,结合大数据分析,可以开展成本较低的社交化营销,借助开放的互联网平台,依据大量的客户需求数据,进行产品和渠道推广。通过互联网社交平台返回的海量数据,评测营销方案的阶段成果,实时调整营销方案,利用口碑传播帮助金融行业快速进行产品宣传、品牌宣传、渠道宣传等。

### (三)提升客户体验

金融企业通过大数据分析,对进入网点的客户提供定制服务和问候,在节假日为客户提供定制服务,预知企业客户未来资金需求,提前进行预约,提高客户体验。私人银行还可以通过大数据分析报告,帮助客户进行金融市场产品投资,赚取超额利润,形成竞争优势。保险公司可以通过大数据预测的结果,提前为客户提供有效服务,同时增加商业机会。证券公司可以利用大数据分析,快速推出行业报告和市场趋势报告,帮助投资者及时了解热点,提高客户满意度。

### (四)需求分析和产品创新

大数据提供了整体数据,金融企业可以从整体样本数据中筛选数据。例如从客户年龄、职业、收入、习惯爱好、居住地、资产、信用等各个方面对客户进行分类,依据其他的数据输入纬度来确定客户的需求以便定制产品。金融企业还可以依据企业的交易数据预测行业发展特点,为企业客户提供更好的服务。保险行业可以依据外部数据导入的热点词汇判断市场对保险产品的需要。证券公司也可以依据外部数据辨别投资者喜好,定制投资产品,实现产品创新。

### (五)运营效率提升

大数据可以展现不同产品线的实际收入和销售成本,帮助金融企业提高产品管理的效率。同时,大数据为管理层提供全方位的财务报表信息,揭示企业内部运营管理效率,有利于内部效率的提升。大数据可以帮助市场部门有效监测营销方案的执行和市场推广的情况,提高营销精度,降低营销费用。大数据可以展现风险视图,控制信用风险,同时加快信用审批。大数据还可以帮助保险行业快速为客户提供合适的保险方案,提高效率,降低成本。证券行业也可以利用大数据动态提供行业报告,快速帮助投资人做出有效的决策。

### (六)决策支持

大数据可以帮助金融企业,为即将实施的决策提供数据支撑,同时也可以依据大数据分析归纳出规律,进一步演绎出新的决策。基于大数据和人工智能技术的决策树模型,将会有效帮助金融行业分析信用风险,为业务决策提供有力支持。金融行业新产品或新服务推向市场前,可以在局部地区进行试验,大数据技术可以对采集的数据进行分析,通过统计分析报告为新产品的市场推广提供决策支持。

总之,进入大数据时代,金融行业的客户信息、交易信息、资产信息、信用信息等数据经过有效采集和整理分析,将会成为具有价值的数据信息。内部数据结合外部数据将形成具有重要价值的数据资产,可以有效帮助金融企业进行精准营销,降低运营费用,提高信用风险管理水平,为决策提供有效支持,同时帮助金融企业了解客户需求,开发出符合客户需要、具有创新精神的新产品。简言之,大数据将帮助金融行业提高运转效率,降低支出成本,提高风险管理水平,基于客户需求进行产品创新。

## 📋 资料传真

### 淘宝网掘金大数据金融市场

随着国内网购市场的迅速发展,淘宝网等众多网站的市场份额争夺战已进入白热化状态,因此,购物网站也开始推出越来越多的特色产品和服务。

1. 余额宝

以余额宝为代表的互联网金融产品在2013年刮起一股旋风,截至2013年底,规模超1 000亿元,用户近3 000万。相比普通的货币基金,余额宝鲜明的特色当属大数据。以基金的申购、赎回预测为例,基于淘宝和支付宝的数据平台,可以及时把握申购、赎回变动信息。另外,利用历史数据的积累可了解客户的行为规律。

2. 淘宝信用贷款

淘宝网在聚划算平台推出了一个奇怪的团购"商品"——淘宝信用贷款。开团不到10分钟,500位淘宝卖家就让这一团购"爆团"。他们有望分享总额约3 000万元的淘宝信用贷款,并能享受贷款利息7.5折的优惠。淘宝信用贷款是阿里金融旗下,专门针对淘宝卖家进行金融支持的贷款产品。淘宝平台通过以卖家在淘宝网上的网络行为数据做一个综合的授信评分,卖家纯凭信用拿贷款,无须抵押物,无须担保人。由于其非常吻合中小卖家的资金需求,且重视信用,无担保、无抵押的门槛,再加上申请流程非常便捷,仅需要线上申请,几分钟内就能获贷,被不少卖家戏称为"史上最轻松的贷款",也成为众多淘宝卖家进行资金周转的重要手段。

3. 阿里小贷

淘宝网的"阿里小贷"更是得益于大数据,它依托阿里巴巴(B2B)、淘宝、支付宝等平台数据,不仅有效识别、分散风险,提供更有针对性、多样化的服务,而且批量化、流水化的作业使得交易成本大幅下降。每天,海量的交易和数据在阿里的平台上跑着,阿里通过对商户最近100天的数据分析,就能知道哪些商户可能存在资金问题,此时的阿里贷款平台就有可能出马,同潜在的贷款对象进行沟通。

(资料来源:搜狐财经。)

## 二、大数据带来的思维变革

牛津大学教授维克托·迈尔·舍恩伯格在其著作《大数据时代》中说道:"大数据是人们获得新的认知、创造新的价值的源泉,还是改变市场、组织机构,以及政府与公民关系的方法。"大数据给我们的生活带来了巨大变革,它已经成为一项重要的经济投入,可以为个人或集体创造新的经济利益。因此,我们需要转变思维,充分利用数据为我们的生活创造更多新型的产品和服务。以前,人们的逻辑思维都是知道做什么,还要知道为什么要这样做。但是,大数据的今天,我们不需要把因果关系理解透彻,只需要把更多的时间和精力花费在相关关系上面,即表明你只需要知道是什么,而不需要知道为什么,这种做法将会带来根本的思维变革,主要包括以下三个方面。

### 1.更多——不是随机样本，而是全量数据

传统的预测方法采用的是随机抽样，大数据背景下，预测方法发生了巨大的转变。我们需要的数据不再只是部分，即"样本＝总体"。传统的统计学通过样本事件的概率及预测结果，推测全集发生的概率。显然，如果仍然采用抽样分析，必然存在各种误差，误差的大小直接影响预测结果，因此，所有的数据分析都不够精准。随着信息数据采集的便捷性，数据的规模也远远超过我们的想象。采样分析的精确性随着采样随机性的增加而大幅提高，但与样本数量的增加关系却不大，而样本选择的随机性比样本数量更重要。但这又提出了新的问题，即如何有效地选择样本，如何选择样本和全量数据更匹配。在我们遇到各种各样问题的同时，增加样本空间，看似一个解决问题的办法，但这同样会出现上面的问题。那我们接下来要做什么？大数据是指不再采用随机分析法，而是采用所有数据的方法。其实，这样的处理方法，在具体实现的过程中也会遇到一些问题，但相比于随机抽取"样本"，准确率已不可同日而语。

### 2.更杂——不是精确性，而是混杂性

在以前，信息不对称，我们通过简单模拟进行实验，所以，当时大家都执着于精确性。传统数据分析利用的是极少结构化的数据。如果不接受混乱，剩下的绝大多数的非结构化数据都无法被利用，只有接受不精确性，我们才能打开一扇从未涉足的世界窗户。"大数据"所有的结论都是利用大规模的数据预测得到的概率，与以前的小规模数据截然不同。整个社会要习惯这种思维需要很长的时间，其中也会出现一些问题。但现在，有必要指出的是，当我们试图扩大数据规模的时候，要学会拥抱混乱。这里谈到数据的混杂，必然会牵扯到混杂数据的存储。传统关系型数据库已经无法满足我们的需求，随之 NoSQL（非关系型数据）应运而生。随着待处理数据量逐渐增多，大家越来越需要一种在集群环境中易于编程且执行效率高的大数据处理技术。NoSQL 不再局限于传统关系型数据库的条条框框，其最大的特点是准许数据的冗余与混杂。大数据要求我们有所改变，我们必须能够接受混乱和不确定性。

### 3.更好——不是因果关系，而是相关关系

在大数据时代，我们不必再苦苦探寻现象背后的本质是什么，原因是什么，大量的数据结果已经自己说出原因。我们只需要寻找数据间的关联，比如是正相关、负相关或者其他相关关系，关联程度将是决定预测结果的关键。相关关系的核心是量化两个数据值之间的数理关系。它强调的是指一个数据值增加时，另一个数据值很有可能随着增加，也有可能随着减少，或者是始终不变。例如，谷歌流感趋势：在一个特定的地理位置，越多的人利用谷歌搜索特定的词条，该地区就有更多的人患了流感。相反，相关关系弱即表明在一个特定的位置，一个数据值增加时，另一个数据值不会发生变化。例如，我们可以寻找关于个人的鞋码和幸福的相关关系，但会发现几乎扯不上什么关系。当我们找到一个现象良好的关联物，相关关系可以帮助我们捕捉现在和预测未来。如果，A 和 B 经常一起发生，我们只需要注意到 B 发生了，就可以预测 A 也发生了。当我们不是有了想法，然后才收集数据去测试想法的可行性的时候，我们已经有了太多的数据和更好的工具，我们要找到它们之间的相关性，就变得更容易、更快。这也意味着我们必须关注：当数据点以数量级方式增长的时候，我们会观察到许多似是而非的相关关系。而如何获得可利用的相关

关系,就是我们再进一步探讨的问题了。建立在相关关系分析法基础上的预测是大数据的核心。在大数据的背后,我们关注的"是什么",而不再是"为什么"。我们跳开追本溯源的探究,开始了不再纠结于因果的论断,颠覆了传统的理念,从关系入手,开启大数据的探索。

大数据改变了人类探索世界的方法。我们需要改变我们的操作方式,即不再只使用数据样本量,而是充分利用我们能收集到的所有数据。我们不能再把精确性作为探究的重心,我们需要慢慢接受数据的混乱和错误的存在。另外,我们不要再执着于寻求每个预测背后的原因,而是应该侧重于分析数据变量之间的相关关系。如果我们能跳出传统的思维模式和特定领域里隐含的固有偏见,大数据就能为我们提供更多更新的深刻洞见。大数据时代将要释放出的巨大价值使得我们选择大数据的理念和方法不再是一种权衡,而是通往未来的必然转变,是我们在未来生存的一种必须技能。但是在我们到达目的地之前,有必要了解怎样才能到达。在高科技行业里的很多人认为是依靠新的工具,从高速芯片到高效软件等。当然,这样的理解主要是因为他们自己是工具创造者。这个问题固然重要,但不是我们要考虑的问题。大数据趋势的深层原因,就是海量数据的存储以及越来越多的事物是以什么样的数据形式存在的。

## 💡 知识拓展

### IBM 用大数据预测股价走势

IBM 使用大数据信息技术成功开发了"经济指标预测系统"。借助该预测系统,可通过统计分析新闻中出现的单词等信息来预测股价走势。

IBM 的"经济指标预测系统"首先从互联网上的新闻中搜索和"新订单"等与经济指标有关的单词,然后结合其他相关经济数据的历史数据分析与股价的关系,从而得出预测结果。

在"经济指标预测系统"的开发过程中,IBM 还进行了一系列的验证工作。IBM 以美国"ISM 制造业采购经理人指数"为对象进行了验证试验,该指数以制造业中的大约 20 个行业、300 多家公司的采购负责人为对象,调查新订单和雇员等情况之后计算得出。实验前,首先假设"受访者受到了新闻报道的影响",然后分别计算出约 30 万条财经类新闻中出现的"新订单""生产""雇员"等 5 个关键词的数量。追踪这些关键词在这段时期内的搜索数据变化情况,并将数据和道指的走势进行对比,从而预测该指数的未来动态。

IBM 研究称,一般而言,当"股票""营收"等金融词语的搜索量下降时,道指随后将上涨,而当这些金融词语的搜索量上升时,道指在随后的几周内将下跌。

据悉,IBM 的试验仅用了 6 小时,就计算出了分析师需要花费数日才能得出的预测值,而且预测精度几乎一样。

(资料来源:搜狐财经。)

### 三、金融大数据应用的基本流程

金融大数据的应用流程主要包括如下几个步骤：

#### (一)数据获取

金融数据获取是大数据生命周期中的第一个环节，是金融大数据应用的基础。这些数据可能存在于金融行业，比如客户信息数据、交易信息数据和资产数据等，也可能需要我们通过数据采集和数据交换从其他行业获取，比如行为数据、位置信息和供应链数据。也许我们现在的技能还不能很好地开发和利用这些数据，但在大数据时代，我们必须认识到这些数据可能存在的重要价值，并且妥善地加以采集和保存。

#### (二)数据清洗

在对数据进行进一步处理之前，我们需要认识到所采集的数据由于种种客观原因，可能存在重复、缺失、错误等问题，我们有必要对数据进行重新审查和校验。目的在于删除重复信息、纠正存在的错误，并保证数据一致性。

#### (三)数据处理

可视化和公式化的数据往往能够显示更多的直观信息，为使用者做出有效决策提供更多的可靠依据。因此，我们还需要对数据进行变换、融合等，提炼出有实际应用价值的内容，采用图形、表格、公式等形式进行展现。

#### (四)数据应用

大数据在金融方面的应用发展非常迅速，例如建立客户预警模型可以留住最容易流失的客户等。可见，只有当我们通过数据分析、数据分享、数据查询、结果反馈等形式把数据处理结果应用于实际业务场景，大数据才能够创造价值。

### 资料传真

#### Kabbage 用大数据开辟新路径

Kabbage 是一家为网店店主提供营运资金贷款服务的创业公司，总部位于美国亚特兰大，于 2010 年 4 月上线。Kabbage 的主要目标客户是 eBay、亚马逊、雅虎、Etsy、Shopify、Magento、PayPal 上的美国网商。

Kabbage 与"阿里小贷"的经营模式类似，通过查看网店店主的销售和信用记录、顾客流量、评论以及商品价格和存货等信息，来最终确定是否为他们提供贷款以及贷多少金额，贷款金额上限为 4 万美元。店主可以主动在自己的 Kabbage 账户中添加新的信息，以增加获得贷款的概率。Kabbage 通过支付工具 PayPal 的支付 API 来为网店店主提供资金贷款，这种贷款资金到账的速度相当快，最快 10 分钟就可以搞定。

Kabbage 用于贷款判断的支撑数据的来源除了网上搜索和查看外，还来自网上商家的自主提供，且提供的数据多少直接影响着最终的贷款情况。同时，Kabbage 也通过与物流公司 UPS、财务管理软件公司 Intuit 合作，扩充数据来源渠道。

Kabbage 的服务范围目前仅限于美国境内，不过公司打算利用这轮融资将服务拓展至其他国家。

金融是服务于实体经济的,随着大数据时代的到来,传统的实体经济形态正在向融合经济形态转变,同时虚拟经济也快速兴起,金融的服务对象必将随之发生变化,这种转变为金融业带来了巨大的机遇和挑战。

(资料来源:搜狐财经。)

# 任务 2.2　金融大数据的存在形态

## 一、金融大数据的数据范围

金融行业使用的大数据覆盖范围较广,但从整体而言可以分为业内数据和其他数据两个部分。

### (一)业内数据

业内数据指的是金融行业内部能够获取的数据,主要包括客户信息数据、交易信息数据和资产信息数据三类。

1. 客户信息数据

客户信息数据也称为基础数据,是客户资源管理中重要的组成部分,主要是指描述客户自身特点的数据。

个人客户信息数据包括:个人姓名、性别、年龄、身份信息、联系方式、个人爱好、生活城市、家庭地址、职业、收入、工作地点、所属行业、社会关系、婚姻状况、子女信息、教育情况、工作经历、工作技能、账户信息、产品信息等。

企业客户信息数据包括:企业全称、注册资本、所属行业、企业规模、企业地点、主营业务、法人信息、关联企业、销售金额、账户信息、分公司情况、客户和供应商、信用评价等。

金融业的信息来源于多个系统,主要包括客户管理系统、信贷管理系统、核心金融企业系统、贸易系统、保付代理系统、融资管理系统、信息卡系统等。金融企业将这些割裂的数据整合到大数据平台,形成全面数据。对企业所有客户数据进行汇总,按照自身需要进行归类和标注值标签。由于都是结构化数据,因此,这样的数据整合有利于数据的深度分析。

金融行业将这些客户信息全部整合到大数据管理平台,根据交易情况,对客户进行分类。不同的客户类型需求不同,根据需求进行产品开发。例如可以依据客户年龄、职业、收入、资产等,针对部分群体推出信用消费、抵押贷款、教育储蓄、投资产品、养老产品等,为客户提供不同阶段的金融服务。利用大数据管理平台,也可以检验已有产品的占有率,推广效果,以及采集客户的自身产品需求。没有大数据进行深入分析之前,企业客户的产品开发主要依赖于产品经理自身能力和风险偏好,或者模仿同行业其他竞争对手的产品。但是,有了大数据的分析之后,管理层可以根据客户需求决定推出何种产品,针对这类特定用户进行推广,降低营销费用,有利于降低风险。可见,客户信息数据主要用于精准营销、产品设计、产品反馈、降低风险等。

2.交易信息数据

交易信息也可以称为支付信息,主要是指客户通过渠道发生的交易以及现金流信息。

个人客户交易信息数据包括:工资收入、其他收入、个人消费、公共事业缴费、信贷还款、转账交易、委托扣款、购买理财产品、购买保险产品等。

企业客户交易信息数据包括:供应链应收款项、供应链应付款项、企业运营支出、员工工资、理财产品买卖、外汇产品买卖、金融衍生产品购买、与分公司之间交易、与总公司之间交易、税金支出、公共费用支出、其他转账等。

这些信息大多存在于金融企业的渠道系统里,如网上金融企业、借记卡系统、信用卡系统、保付代理系统、核心金融企业系统、保险销售平台、外汇交易系统、贸易系统等。这些交易数据容量巨大,只能借助大数据技术进行分析,才能形成全局数据、整体数据。

金融企业可以充分利用这些数据,提高企业的服务水平。首先,可以对个人进行消费行为分析,针对这些行为特征,开发产品,提供金融服务。其次,可以利用这些数据提供供应链金融服务,建立自己的商品交易生态圈。再次,可以依据交易数据为企业提供贸易融资或设备融资服务。最后,可以利用数据,使金融企业对信贷企业进行信用评价,并且通过交易数据进行风险管理,提前介入风险事件,降低债务违约风险。

交易信息数据量庞大,使用之前,一般需要进行数据分类整理,便于金融企业根据自身的商业需求,进行有效的数据采集和使用。

3.资产信息数据

资产信息主要是指客户在金融企业端的资产和负债信息,同时也包含金融企业自身资产和负债信息。

个人客户资产负债信息包括:购买的理财产品、定期存款、活期存款、信用贷款、抵押贷款、信用卡负债、抵押房产、企业年金等。

企业客户资产负债信息包括:企业定期存款、活期存款、信用贷款、抵押贷款、担保额度、应收账款、应付账款、理财产品、票据、债券、固定资产等。

金融企业自身的资产负债信息包括:活期存款、定期存款、借入负债、结算负债、现金资产、固定资产、贷款、证券投资等。

资产信息的数据来源主要是核心金融企业系统和总账系统。通过资产数据的集中整合,金融企业可以快速地对个人客户或企业客户进行有效的风险评估和风险管理,提高客户体验,并结合现金流往来数据、资产交易数据、供应链的往来数据等,为客户提供定制的理财产品或贷款产品。资产数据可以用于金融企业完整的风险视图,帮助金融企业进行有效的风险管理。金融企业也可以利用自身资产负债信息来提高资金利用率;通过调整资产负债比例,降低资金成本,提高资本收益。金融企业还可以对客户及其自身资产负债配置信息进一步分析,通过调整产品来解决存款和贷款之间的时间匹配问题,降低资金链的流动性风险,提高资金利用效率。资产信息主要用于金融企业自身风险管理和资本效率提升,同时也可以帮助金融企业通过产品推广合理调整资产负债,提高自身盈利能力、偿债能力和运营能力等。

**(二)其他数据**

金融企业仅仅只有自身的数据是不够的,因为这些数据同行都有,为了赢得差异化的发展机遇,必须考虑输入其他行业、其他方向的数据。金融企业在了解自身的业务需求、数据需求的前提下,可以采用同大数据厂商合作的方式,借助于其他的数据平台和技术来完善自身的大数据平台和分析技术。

其他数据主要包括行为数据、位置信息和供应链数据三类。

#### 1. 行为数据

行为数据主要是指客户在互联网上的行为数据,包括 App 应用上的点击数据,社交媒体和社交网络数据,电商平台的消费数据等。

金融企业可以购买这类行为数据,用消费者的行为数据来完善自己的大数据分析输入。行为数据作为补充数据,可以为金融企业的数据营销、产品设计、数据反馈、风险管理等提供数据支持。但是,值得金融企业引起重视的是,行为数据可能涉及消费者的个人隐私,因此,金融企业在购买此类数据时,最好能与数据拥有者达成一致意见,并得到客户的授权。

#### 2. 位置信息

位置数据主要是指金融企业客户使用的移动设备位置信息,客户自己所处的地理空间数据,多频率的位置往返数据等。

金融企业可以利用位置数据进行精准营销,结合不同的商家推出具有针对性的优惠服务。金融企业之间也可以利用位置数据,提供同行理财产品介绍会,或针对特殊人群的财富管理会议。金融企业也可以利用位置数据,为新增网点或者撤销网点提供决策支持等。

#### 3. 供应链数据

供应链数据主要是指企业同上游和下游企业之间的商品或货物的交易信息。金融企业由于自身条件的限制,供应链的信息不完全,无法完全支撑企业的供应链金融服务。因此,金融企业需要和具有供应链数据的企业合作,尤其突出的是电商平台的供应链数据。

总之,金融企业在实施大数据战略时,应当先了解企业内部的数据需求,进行内部数据的采集、整理之后,明确需要的外部数据及内外数据整合的方式。只有这样,金融企业才能充分利用大数据分析,满足市场需求,完善消费者体验,为企业管理层的有效决策提供依据。

### 二、金融大数据的类型和应用时间轴

#### (一)金融大数据的类型

金融企业的数据类型可分为结构化数据、半结构化数据和非结构化数据三大类型。

#### 1. 结构化数据

结构化数据主要有两大类:企业运营数据仓储(ODS)、数据仓库(EDW)。数据仓库主要为企业提供分析决策服务。数据仓储主要实现企业数据整合、共享和准实时运营监控等功能。

#### 2. 半结构化数据

半结构化数据的整合在数据整合中是最复杂的。金融企业根据自身的需求,可对接来源于其他金融机构或数据平台提供的不同类型数据库。整合多源异构的数据是数据处理最困难的部分,只有顺利整合完毕,金融企业才可以根据自身的需求进行建模分析。

3.非结构化数据

非结构化数据涵盖的范围非常广,包括新闻、视频、图片以及社交网络等各类平台的数据,此类数据的数据量相当大,格式又各有不同,因此处理难度非常大,但是这类数据以后对企业的增值作用是难以估量的。

**(二)金融大数据的应用时间轴**

大数据应用中,可依照非实时到实时为时间轴,分为离线分析、实时分析、流处理与数据服务接口服务。

1.离线分析

离线分析目前在金融企业中的应用比较落后陈旧,而且大多数采用的是海量历史数据进行离线分析,一般以分析现有客户为主,包括对客户进行细分。若金融企业过度依赖离线分析,不仅会错过很多未来的投机机会,包括错过客户购买时机,而且会错失抢占市场的先机。

2.实时分析

实时分析比离线分析的总投入量要多,主要用于提升计算能力。实时分析可以为业务人员提供自定义查询,即根据金融企业的分析需求,选择时间段查询客户信息,分析客户的行为数据,并迅速给出结果展示图表。

3.流处理

流处理最大的特点是让金融企业与客户更直接地交流。比如当客户消费时,消费记录便会记录在企业的消息队列,通过大数据平台运算出用户符合某项活动的活动规则,1秒内反馈结果,活动与人会自定义匹配,在用户操作付款动作时,实时减免相关用户等级的费用,而且此活动会比提供优惠券更能吸引客户。通过流处理,企业会在一天之内得到推广活动的活动结果,根据对结果的评估对活动进行调整。在整个活动的过程中,流处理大大减少了企业等待时间,及时调整活动策略,无须等待;并在活动结束后将数据反补到离线处理,为用户画像提高精度。

4.数据服务接口

数据服务接口可以增强金融企业经营模式转型的竞争力。金融企业通过数据采集、数据整合、数据模型分析等流程,对大量的数据进行加工、分析,以数据服务商的角色为政府等部门提供数据、咨询服务等,除此之外,金融企业也可以跟其他企业、研究机构等交换数据,实现多赢。

# 任务 2.3　金融大数据的获取与整理技能

## 一、金融大数据关键技术概览

金融大数据关键技术包括数据存储、数据处理、数据应用等多方面的技术。根据大数据的处理过程,可将其分为大数据采集、大数据预处理、大数据存储及管理、大数据分析及挖掘等环节。

### (一)大数据采集

大数据整个生命周期的第一个环节是数据采集。数据采集的方式主要包括社交网络数据、移动互联网数据、传感器数据、RFID 射频数据等。通过这些采集方式获得数据类型包括结构化数据、半结构化数据及非结构化数据等海量数据。用户每时每刻都有可能进行操作,因此,成千上万的用户有可能同时进行访问和操作。因此,要采集这样的大数据,必须采用专门针对大数据的方法,主要包括以下三种。

**1. 数据库采集**

企业经常使用传统类型的数据库包括 MySQL、Oracle、Redis 和 MongoDB 构成的 NoSQL 数据库等。数据库可部署的数据量一般比较庞大,因此,企业必须思考、设计这些数据库之间的数据均衡及分类。其中,比较常用的数据库工具包括 Sqoop 和结构化数据库间的 ETL。当然当前对于开源的 Kettle 和 Talend 本身也集成了大数据集成内容,可以实现和 hdfs,hbase 和主流 Nosq 数据库之间的数据同步和集成。

**2. 网络数据采集**

网络数据采集是指借助网络爬虫或网站公开 API 等方式,从网站上获取数据信息的过程。网络数据采集的方法可以将网络上非结构化数据、半结构化数据从网页中提取出来,并将其存储为结构化的本地数据文件,这样的处理方法可以大大增加数据量,为金融企业的大数据分析提供更多的参考依据。

**3. 文件采集**

文件采集主要是指借助 flume 进行实时的文件采集和处理。除此之外,以处理日志为主的 ELK(Elasticsearch、Logstash、Kibana 三者的组合)也有基于模板配置的完整增量,实现实时文件采集。

### (二)大数据预处理

庞大复杂的数据世界,也存在虚假数据、缺失值和过期数据。因此,为了确保数据挖掘出来的结果能达到预期的质量要求,通常都要先对数据进行预处理。一般情况下,我们要对原始数据进行清洗、填补、平滑、合并、规格化以及检查一致性等,将那些数据转化为相对单一且便于处理的构型,为后期的数据分析奠定基础。数据预处理主要包括:数据清理、数据集成、数据转换以及数据规约四大部分。

**1. 数据清理**

数据清理主要包含缺失值处理、无效值处理(数据中存在着错误或偏离期望值的数据)、不一致数据处理。主要的清洗工具是 ETL 和 Potter's Wheel。

缺失值可用全局常量、属性均值、可能值填充或者直接忽略该数据等方法处理;无效值要分类(对原始数据进行分组,然后对每一组内的数据进行平滑处理)、聚类、计算机人工检查和回归等方法才能修正错误;对于不一致数据则可采用语法分析和模糊匹配技术进行更正。

**2. 数据集成**

数据集成是指将不同应用系统、不同数据形式,多个数据源中的数据合并存储的数据整合过程。这一过程着重解决三个问题:模式匹配、数据冗余、数据值的冲突检测与处理。

来自多个数据集合的数据会因为命名的差异导致对应的实体名称不同,通常涉及实体识别需要利用元数据进行区分,对来源不同的实体进行匹配。数据冗余可能来源于数据属性命名的不一致,在解决过程中对于数值属性可以利用皮尔逊积矩($Ra,b$)来衡量,绝对值越大表明两者之间相关性越强。数据值的冲突问题,主要表现为来源不同的统一实体具有不同的数据值。

3.数据转换

抽取上来的数据若存在不一致的现象,一般需要进行数据转换的过程。

数据转换一般包括两类:第一类,数据名称、格式的统一,即数据维度转换、数据规则计算、数据统一命名、数据格式、计量单位等;第二类,数据仓库中存在源数据库中可能不存在的数据,因此需要进行字段的组合、分割或计算。

其实,数据转换包含数据清洗的工作,根据业务规则对数据进行处理时,一旦发现异常数据,就要进行清洗,从而保证后续分析结果的准确性。

4.数据规约

数据规约是指在尽可能保持数据原貌的前提下,最大限度地精简数据量,保持数据的原始状态。

数据规约主要包括:特征规约、样本规约和特征值规约。由于在数据挖掘时会产生大量的数据信息,即使在少量数据上进行挖掘分析也需要很长的时间,而数据规约技术可以用来得到数据集的规约表示,使得数据集变小,同时仍然可以保持原数据的完整性。

**(三)大数据存储及管理**

在信息时代环境下,利用各种技术支持战略性存储并保护企业的数据,组织高效的存储系统,确保企业数据的管理和调用。大数据存储技术路线最典型的有以下三种。

1.MPP架构的新型数据库集群

采用MPP架构的新型数据库集群,重点面向行业大数据,采用Shared Nothing架构,通过列存储、粗粒度索引等多项大数据处理技术,再结合MPP架构高效的分布式计算模式,完成对分析类应用的支撑,运行环境多为低成本PC Server,具有高性能和高扩展性的特点,在企业分析类应用领域获得极其广泛的应用。这类MPP产品可以有效支撑PB级别的结构化数据分析,这是传统数据库技术无法胜任的。对于企业新一代的数据仓库和结构化数据分析,目前最佳选择是MPP数据库。

2.基于Hadoop的技术扩展和封装

Hadoop的技术扩展和封装,围绕Hadoop衍生出相关的大数据技术,应对传统关系型数据库较难处理的数据和场景,例如针对非结构化数据的存储和计算等,充分利用Hadoop开源的优势,伴随相关技术的不断进步,其应用场景也将逐步扩大。目前最为典型的应用场景就是通过扩展和封装Hadoop来实现对互联网大数据存储、分析的支撑。这里面有几十种NoSQL技术,也在进一步地细分。对于非结构、半结构化数据处理,复杂的ETL流程、数据挖掘和计算模型,Hadoop平台更擅长。

3.大数据一体机

这是一种专为大数据的分析处理而设计的软、硬件结合的产品,由一组集成的服务器、存储设备、操作系统、数据库管理系统以及为数据查询、处理、分析用途而预先安装及优化的软件组成,高性能大数据一体机具有良好的稳定性和纵向扩展性。

### (四)大数据分析及挖掘

大数据价值链最重要的一个环节就是数据分析。数据分析与挖掘主要是为了从海量、不完整、缺失的、模糊的、随机的大型数据,进行萃取、提炼,以找出潜在有价值的信息和所研究对象的内在规律的过程。目前,大数据的分析主要从五个方面进行:可视化分析、数据挖掘算法、预测性分析、语义引擎和数据质量管理。

#### 1.可视化分析

数据可视化的目标是以图形方式清晰有效地展示信息,从而便于解释数据之间的特征和属性情况。利用功能强大的可视化数据分析平台,可以将海量数据进行关联分析,并借助人工操作做出完整的分析图表,简单明了、清晰直观,更易于接受。目前,大数据的可视化已成为一个非常活跃的研究领域,它有助于软件的开发设计。

#### 2.数据挖掘算法

事实上,数据挖掘就是发现大数据集中数据模式的一种计算过程。为了创建数据模型,必须首先分析用户提供的数据,针对特定类型的模式和趋势进行查找,并使用分析结果定义用于创建挖掘模型的最佳参数,将这些参数应用于整个数据集,以便提取可行模式和详细统计信息。

数据挖掘的算法多种多样,目前已经在机器学习、人工智能、模式识别、统计和数据库领域得到了比较广泛的应用,而且这些算法之间的界限也在逐渐淡化。

#### 3.预测性分析

预测性分析是大数据分析的重要领域之一。它结合了多种高级分析功能,包括特别机器学习、统计分析、文本分析、预测建模、数据挖掘、实体分析、优化、实时评分等,从而对未来,或其他不确定的事件进行预测。

通过预测性分析,从纷繁的数据中挖掘出其特点,可以帮助我们了解目前状况,并且对未来不确定的事件进行预测,从而确定下一步的行动方案,从依靠猜测进行决策转变为依靠预测进行决策。

#### 4.语义引擎

语义引擎是把已有的数据加上语义,可以把它想象成在现有结构化或者非结构化的数据库上的一个语义叠加层。语义技术最直接的应用,可以将人们从烦琐的搜索条目中解放出来,让用户更快、更准确、更全面地获得所需信息,提高用户的互联网体验。

#### 5.数据质量管理

数据质量管理是指对数据从计划、获取、存储、共享、维护、应用、消亡生命周期的每个阶段里可能引发的各类数据质量问题,进行识别、度量、监控、预警等一系列管理活动,并通过改善和提高组织的管理水平使得数据质量获得进一步提高。

对大数据进行有效分析的前提是必须保证数据的质量,高质量的数据和有效的数据管理无论是在学术研究还是在商业应用领域都极其重要,各个领域都需要保证分析结果的真实性和价值性。

## 二、金融数据获取

金融数据的获取来源主要有三种,具体如下。

1.专业性网站

宏观金融数据主要来源于专业性网站,包括国家统计局网站、中国人民银行网站、中国证监会网站、世界银行网站、国家货币基金组织网站等。

2.专业数据公司或信息公司

微观金融数据主要来源于专业数据公司或信息公司。国外专业金融数据库主要有芝加哥大学商学院的证券价格研究中心、路透终端等;国内提供的金融数据库主要有中国经济金融数据库、国泰安数据库、万得金融数据库、锐思数据库等。

3.抽样调查

抽样调查是指针对某些专项研究而开展的一种获取数据的调查方式。其中,最常见的就是根据建模需求设计调查问卷,对不同投资群体进行数据采集。

### 三、数据清洗

数据清洗(Data cleaning)是对数据进行重新审查和校验的过程,目的是对数据进行一致性的检验、删除重复数据、纠正错误数据和处理缺失值。

数据仓库中的数据是因为某一主题而进行的数据集合,显然,这些数据从多个不同的业务系统中抽取而来,并且大部分的数据都包含历史数据。所以,这样背景下产生的数据集合,无法避免出现错误数据、数据冲突、残缺数据等问题。根据数据分析的需求,我们要按照一定的规则把这些不符合要求的数据进行清洗。在数据清洗过程中,针对数据类型的不同,大致可以将这些不符合要求的数据分为三大类,主要包括不完整数据、错误数据、重复数据。

#### (一)一致性检查

一致性检查(consistency check)是根据每个变量的合理取值范围和相互关系,检查数据是否合乎要求,如超出正常范围、逻辑上不合理或者相互矛盾的数据。例如,用 $1\sim7$ 级量表测量的变量出现了 0 值,体重出现了负数,都应视为超出正常值域范围。SPSS、SAS 和 Excel 等计算机软件都能够根据定义的取值范围,自动识别每个超出范围的变量值。具有逻辑上不一致性的答案可能以多种形式出现:例如,许多调查对象说自己开车上班,又报告没有汽车;或者调查对象报告自己是某品牌的重度购买者和使用者,但同时又在熟悉程度量表上给了很低的分值。发现不一致时,要列出问卷序号、记录序号、变量名称、错误类别等,便于进一步核对和纠正。

#### (二)无效值和缺失值的处理

由于调查、编码和录入误差,数据中可能存在一些无效值和缺失值,需要给予适当的处理。常用的处理方法有:估算、整例删除、变量删除和成对删除。

1.估算(estimation)

最简单的办法就是用某个变量的样本均值、中位数或众数代替无效值和缺失值。这种办法简单,但没有充分考虑数据中已有的信息,误差可能较大。另一种办法就是根据调查对象对其他问题的答案,通过变量之间的相关分析或逻辑推论进行估计。例如,某一产品的拥有情况可能与家庭收入有关,可以根据调查对象的家庭收入推算拥有这一产品的可能性。

### 2. 整例删除(casewise deletion)

整例删除是剔除含有缺失值的样本。由于很多问卷都可能存在缺失值,这种做法的结果可能导致有效样本量大大减少,无法充分利用已经收集到的数据。因此,它只适合关键变量缺失,或者含有无效值或缺失值的样本比重很小的情况。

### 3. 变量删除(variable deletion)

如果某一变量的无效值和缺失值很多,而且该变量对于所研究的问题不是特别重要,则可以考虑将该变量删除。这种做法减少了供分析的变量数目,但没有改变样本量。

### 4. 成对删除(pairwise deletion)

成对删除是用一个特殊码(通常是 9、99、999 等)代表无效值和缺失值,同时保留数据集中的全部变量和样本。但是,在具体计算时只采用有完整答案的样本,因而不同的分析因涉及的变量不同,其有效样本量也会有所不同。这是一种保守的处理方法,最大限度地保留了数据集中的可用信息。

采用不同的处理方法可能对分析结果产生影响,尤其是当缺失值的出现并非随机且变量之间明显相关时。因此,在调查中应当尽量避免出现无效值和缺失值,保证数据的完整性。

## 📋 资料传真

### 数据清洗工具介绍

常见的数据清洗工具包括特定功能的清洗工具、ETL 工具以及其他工具三大类。

特定的清洗工具主要处理特殊的领域问题,基本上是姓名和地址数据的清洗,或者消除重复。转换是由预先定义的规则库或者和用户交互来完成的。在特殊领域的清洗中,姓名和地址在很多数据库中都有记录而且有很大的基数。特定的清洗工具提供抽取和转换姓名及地址信息到标准元素的功能,与在基于清洗过的数据工具相结合来确认街道名称、城市和邮政编码。特殊领域的清洗工具现有 IDCENTRIC、PUREINTEGRATE、QUICKADDRESS、REUNION、TRILLIUM 等。消除重复的一类工具根据匹配的要求探测和去除数据集中相似重复记录。有些工具还允许用户指定匹配的规则。目前已有的用于消除重复记录的清洗工具有 DATACLEANSER、MERGE/PURGE LIBRARY、MATCHIT、ASTERMERGE 等。

现有大量的工具支持数据仓库的 ETL 处理,如 COPYMANAGER、DATASTAGE、EXTRACT、WERMART 等。它们使用建立在 DBMS 上的知识库以统一的方式管理所有关于数据源、目标模式、映射、教本程序等的原数据。模式和数据通过本地文件和 DBMS 网关、ODBC 等标准接口从操作型数据源收取数据。这些工具提供规则语言和预定义的转换函数库来指定映射步骤。ETL 工具很少内置数据清洗的功能,但是允许用户通过 API 指定清洗功能。通常这些工具没有用数据分析来支持自动探测错误数据和数据不一致。然而,用户可以通过维护原数据和运用集合函数(Sum、Count、Min、Max 等)决定内容的特征等办法来完成这些工作。这些工具提供的转换工具库包含了许多数据转换和清洗所需的函数,例如数据类转变,字符串函数,数学、科学和统计的函数等。规则语言包含 If-then 和 Case 结构来处理例外情况,例如,错误拼写、缩写、丢失或者含糊的值和超出范围的值。在我国,对数据清洗的研究甚少,还没有一个成型的完善的 ETL 工具应用于数据仓库的系统中。

(资料来源:百度文库。)

## 四、数据制图

目前,关于大数据可视化的图形已经非常多,包括 H 状树、圆锥树、气球图、放射图、三维放射图、双曲树等。可见,这些可视化之后的数据已经具备了初步应用的价值,但要真正让金融大数据发挥其应有的价值,还需要进一步的处理,比如数据共享、数据分析以及融入金融企业实际运营等。

## 资料传真

### 腾讯金融云

2016 年 7 月,"腾讯云＋未来"峰会上,腾讯云和腾讯金融云都已成为重点部署的业务。同年 9 月,百度世界大会金融科技分论坛上,百度金融云正式向业界开放。时任百度金融研发负责人沈抖表示,百度金融云将通过人工智能、安全防护、智能获客、大数据风控、IT 系统、支付六大技术能力给合作伙伴赋能。10 月,阿里云栖大会上,阿里金融云负责人则提出将会和生态合作伙伴、服务联盟为金融行业量身定制推出云增强服务。

大数据和云计算永远都是相伴相随的一对孪生兄弟。金融大数据核心工作包括三方面,即获取数据,建立模型,模型在实践中优化、迭代。而对于金融大数据而言,金融云才是它的地基。打个不恰当的比方,前文中说大数据是煤矿,而金融云其实就是矿井。矿井的安全性、可靠性决定了挖煤的效率和结果。

金融云把底层技术很多问题都解决了。大量金融模型都是金融云所引入的,如客户模型、产品模型、账务模型等。同时金融云关注金融本身的严谨性和周密性、安全性。

大数据必须跑在云端,而金融大数据更需要和业内其他企业展开数据、支付、业务等一系列的合作。金融云对可用性、安全性的要求严格,比如说对一个高度可控可信的云安全体系而言,基础环境安全、风控与审计、数据安全三者缺一不可。而金融云在未来的竞争中将发挥越来越重要的作用。

(本资料根据"搜狐财经"网站资料整理。)

**参考文献**

[1]维克托·迈尔-舍恩伯格,肯尼思·库克耶.大数据时代:生活、工作与思维的大变革[M].周涛,等译.浙江:浙江人民出版社,2013.

[2]涂新莉,刘波,林伟伟.大数据研究综述[J].计算机应用研究,2014,31(6):1612-1616.

[3]李春葆,李石君,李筱池.数据仓库与数据挖掘实践[M].北京:电子工业出版社,2014.

[4]陈封能,斯坦巴赫,库玛尔.数据挖掘导论:完整版[M].范明,等译.北京:人民邮电出版社,2011.

[5]DUFMAN. Thinking in BigData(四)大数据之"大"的来源与价值[EB/OL].(2014-01-27)[2020-

03-30]. https://blog.csdn.net/yczws1/article/details/18825059.

[6]李国杰.大数据的研究现状与科学思考[J].中国科学院院刊,2012,11(11):647-657.

[7]顾君忠.大数据与大数据分析[J].软件产业与工程,2013,4(4):17-21.

[8]宋建华.互联网金融时代的新市场研究[J].金融论坛,2014,7(7):10-16.

[9]佚名.IBM:用大数据预测股价走势[EB/OL].(2017-02-22)[2020-03-30].http://www.chinacp-da.com/news/6715.html.

[10]卢小宾,徐超.面向风险管理的银行大数据分析系统架构研究[J].信息资源管理学报,2018,2(2):4-12.

[11]陈东.数据仓库及数据挖掘技术在证券客户关系管理系统中的应用研究[J].数字技术与应用,2013,8(8):66+68.

# 项目三　大数据背景下的平台金融

## 知识脉络图

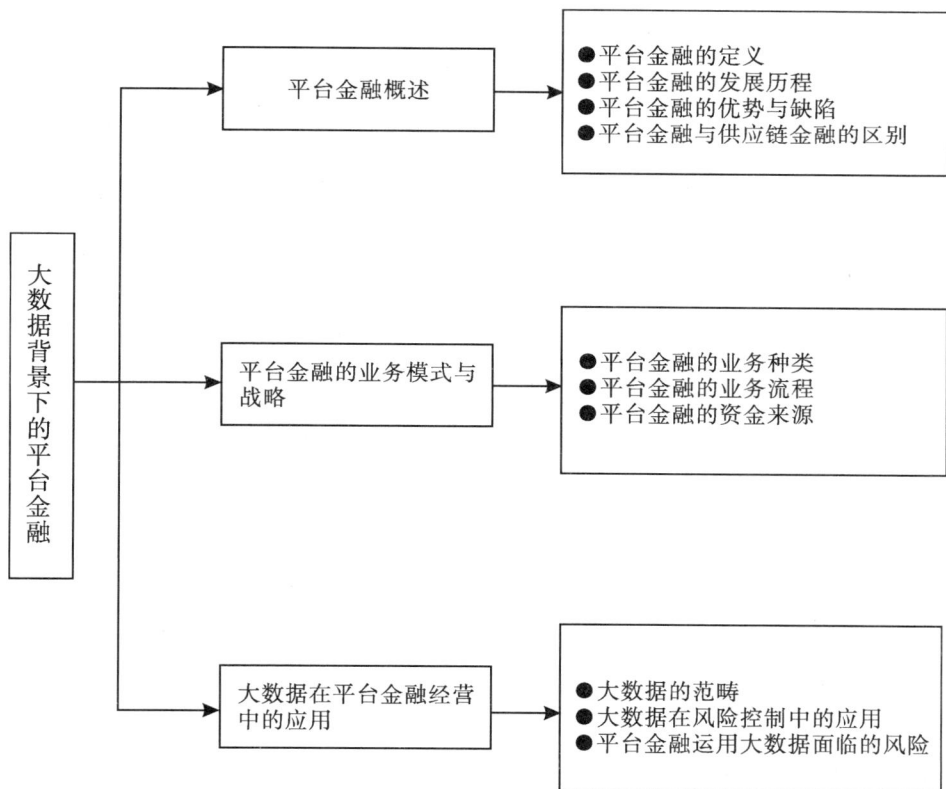

## 学习目标

通过本项目的学习，学生能够了解平台金融的特征和发展历程，掌握平台金融现阶段拥有的优势与存在的缺陷，明确平台金融与供应链金融的区别和联系，认识平台金融在未来的发展趋势和价值意义；了解平台金融现行模式下的业务种类，掌握平台金融日常运营的业务流程，明确平台金融合法融资的来源渠道；掌握大数据在金融平台经营和风控方面的应用。

在"互联网+"之后，随着世界正快速兴起"大数据+"，金融行业也在悄然发生着变化。随着大数据技术的不断发展，大数据在互联网金融领域的重要性也日益显现。如今，大数据金融被广泛应用于电商平台，通过对平台用户和供应商进行贷款融资，企业从中获得贷款利息以及流畅的供应链所带来的收益。因此，积极发展大数据，推动大数据与金融的深度融合，这对更精准地预测用户行为、改进平台服务等方面都有着十分重要的作用。大数据金融主要包含平台金融和供应链金融两大模式。本项目以阿里巴巴公司为例，以供应链金融为对比参照，详细地介绍了大数据背景下平台金融在中国的发展与应用。

# 任务 3.1　平台金融概述

## 案例导入

### 金融大数据平台助力中小企业融资

2019 年 2 月 28 日，北京金控集团宣布发起设立全国首家普惠型金融大数据公司，旨在解决民营和小微企业的融资难题。

众所周知，中小企业融资难一直是困扰我国金融行业的一大难题。由于信用风险大，小微企业经营的规范性相对较差，轻资产特征明显，抵质押物缺乏；同时交易成本较高，小微企业单笔融资规模小，对金融机构的利润贡献度低，但金融机构所付出的人力成本、运营成本等与发放一笔大规模贷款相差无几；再加上服务效率低，传统模式下的信贷审批程序多、周期长，与小微企业信贷规模小、速度快的需求特点不匹配。

对于解决中小企业融资难融资贵问题，中国人民银行党委书记郭树清曾表示，最重要的就是抓住解决信息不对称、激励机制不完善的问题。北京金融大数据公司的成立，则着力破解民营、小微企业融资多项机制性难题，打造以服务民营和小微企业为主要目标的金融综合服务平台。该公司主要整合公共信用信息和社会商业信息，综合运用大数据、云计算等现代金融科技手段，通过对数据和信息资源的加工、处理，为平台金融机构提供信用评估、风险预警等数据风控服务，解决信息不对称问题。北京金控集团将依托北京金融大数据公司，从健全小微企业信用信息征集、评价与应用机制，提高融资担保体系效能以及充分利用金融科技创新的新机遇等多方面推动平台建设。同时，以实现对全市民营、小微企业融资更广的覆盖面、更低的融资交易成本、更强的风险管控能力等作为目标,以金融大数据为核心技术降低融资成本,支持民营小微企业。

(资料来源:中国经济网。)

## 一、平台金融的定义

大数据下的平台金融是指电商企业利用其平台上积累的大量企业交易数据对其进行分析以便对平台上的企业进行信用评估和还款估计,从而对其提供必要的融资支持的行为。

与传统依靠抵押或担保的金融模式不同,平台金融的主要思路,就是利用中小企业在平台上长时间经营所积累的大量数据,包括交易数据、财务数据、信用数据等,对企业的经营状况和现金流进行估计,最后形成对客户信用水平和还款能力的评估报告,使之成为向其放贷的依据。

## 💡 知识拓展

### 阿里金融

阿里金融亦称阿里小贷,为小微金融服务集团(筹)下的微贷事业部,主要面向小微企业、个人创业者提供小额信贷等业务。目前阿里金融已经搭建了分别面向阿里巴巴B2B平台小微企业的阿里贷款业务群体,和面向淘宝、天猫平台上小微企业、个人创业者的淘宝贷款业务群体,并已经推出淘宝(天猫)信用贷款、淘宝(天猫)订单贷款、阿里信用贷款等微贷产品。截至2014年2月,阿里金融服务的小微企业已经超过70万家。

阿里小贷所开发的新型微贷技术是其解决小微企业融资的关键所在,数据和网络是这套微贷技术的核心。

阿里小贷利用其天然优势,即阿里巴巴B2B、淘宝、支付宝等电子商务平台上客户积累的信用数据及行为数据,引入网络数据模型和在线资信调查模式,通过交叉检验技术辅以第三方验证确认客户信息的真实性,将客户在电子商务网络平台上的行为数据映射为企业和个人的信用评价,向这些通常无法在传统金融渠道获得贷款的弱势群体批量发放"金额小、期限短、随借随还"的小额贷款。

同时,阿里小贷微贷技术也极为重视互联网技术的运用。其中,小微企业大量数据的运算即依赖互联网的云计算技术。阿里小贷的微贷技术包含了大量数据模型,需要使用大规模集成计算,微贷技术通过大量数据运算,判断买家和卖家之间是否有关联,是否炒作信用,风险的概率大小、交易集中度等。正是应用了大规模的云计算技术,使得阿里小贷有能力调用如此庞大的数据,以此来判断小微企业的信用。不仅保证其安全、效率,也降低阿里小贷的运营成本。

另外,对于网络的利用,也简化了小微企业融资的手续、环节,更能向小微企业提供$365 \times 24$的全天候金融服务,并使得同时向大批量的小微企业提供金融服务成为现实。这也符合国内小微企业数量庞大,且融资需求旺盛的特点。借助互联网,阿里小贷在产品设置中支持以日计息,随借随还,便利小微企业有效掌控融资成本,更提升了自身的资金运作效率,得以在有限资源内为更多小微企业提供融资服务。

(资料来源:百度百科。)

## 二、平台金融的发展历程

中国平台金融的发展史可以说就是阿里小贷的发展史。阿里巴巴集团于 2010 年 6 月成立阿里巴巴小额贷款有限公司。阿里小贷,是通过在平台上凝聚的资金流、物流、信息流组成的以大数据为基础的平台金融。阿里小额贷款无抵押、无担保,是阿里金融为阿里巴巴会员提供的一款纯信用贷款产品,其以借款人的信誉发放,借款人无须提供抵押品或者第三方担保,仅凭自己的信誉就能取得贷款,并以借款人信用程度作为还款保证。阿里小贷的产生标志着互联网金融正式步入信贷领域。

阿里巴巴最早开始积累相关的平台金融要素,最早开始尝试平台金融的业务探索,同时也是最早开始将平台金融完善成型的。而以阿里小贷为代表的中国大数据下的平台金融分为以下三个阶段。

### (一)2002—2006 年:要素准备阶段

2002 年,阿里巴巴推出诚信通业务,为从事国内贸易的中小企业建立诚信档案,通过雇佣第三方进行评估,连同阿里巴巴的交易诚信记录一起展示给买家,以增强卖方的信用。这一举措有效地增强了卖方信用,有助于买卖双方交易的进行。更为重要的是这一举措提供了一种对中小企业进行信用评级的思路,为解决中小企业由于信息不对称造成的信用缺失提供了途径。诚信通的创立开启了对中小企业征信的大门。

2004 年,阿里巴巴又进一步推出了诚信通指数用以衡量会员企业的信用状况,这比单纯采用评估和记录展示的方法更加直观地体现了会员的诚信情况。这为阿里巴巴日后建立中小企业信用模型奠定了翔实的基础。

阿里巴巴庞大的交易规模为阿里带来了源源不断的数据,这些都为日后阿里巴巴从事小贷业务沉淀了大量的价值数据。

### (二)2007—2009 年:平台初成阶段

阿里巴巴对平台企业的调研显示只有 12% 的小微型企业曾经获得过银行贷款融资,而另外的 88% 的小微型企业根本无法从银行获得贷款,这使得阿里巴巴萌生了从事小贷业务的想法,如何帮助小微企业获得贷款呢? 阿里有的只是平台沉淀的数据和小微型企业的信用指数。阿里想银行通过这些数据的分析就可以得出小微企业的经营状况和资金状况,近而可以在没有担保和抵押的情况下向其发放贷款。2007 年 5 月,阿里巴巴开始和建行、工行合作推出网络联保贷款服务,即三家或者三家以上的企业组成的联合体无须抵押便可申请贷款。阿里巴巴收到贷款申请后会将企业的交易数据和信用记录一并提交给银行。由银行进行审核和评估,再决定是否发放贷款。

阿里同建行、工行这次合作已经是大数据下的平台金融的雏形,因为这已经具备了大数据金融的思想,就是利用中小企业的交易数据信用数据等对其进行信用评估,降低信息不对称,控制企业融资风险,只不过在这个阶段进行风险评估的主体仍然是银行。

### （三）2010 年之后：平台发展阶段

在 2010 年，当阿里巴巴还在同建行和工行合作时，阿里巴巴就取得了小额贷款的牌照。2010 年 6 月阿里巴巴联合复星集团、银泰集团、万向集团成立了浙江阿里巴巴小额贷款股份有限公司，注册资本为 6 亿元。成立一年多的时间里，浙江阿里巴巴总共为 4 万家小微企业累计发放贷款 28 亿元，99.9% 的贷款都在 50 万以下。2011 年 6 月，阿里巴巴再次联合复星集团、银泰集团、万象集团共同创立了重庆市阿里巴巴小额贷款股份有限公司，注册资本为 10 亿元。重庆阿里小贷继续利用客户积累的信用数据及行为数据，结合先进的微贷技术和专业的风险控制经验，将电子商务行为数据映射为企业和个人的经营状况动态趋势等，致力于为平台商户提供 50 万以下的金额小、期限短、随借随还的纯信用小额贷款服务。浙江阿里小贷和重庆阿里小贷的成立标志着大数据金融平台的正式诞生。

阿里之后是苏宁，其在 2012 年的 9 月成立了重庆苏宁小额贷款有限公司，注册资金 3 亿元，香港苏宁和苏宁云商分别占比 25% 和 75%。重庆苏宁小贷主要为苏宁平台上的小微企业提供小额贷款服务。紧接着，阿里在 2013 年 8 月在重庆成立了第二家小贷公司——阿里小微小额贷款有限公司，注册资金 2 亿元。

百度、腾讯也不甘落后。2013 年 9 月，百度在上海成立了小贷公司，注册资金为 2 亿元。腾讯则于 2013 年 12 月在深圳成立了财付通网络金融小额贷款有限公司，注册资金 3 000 万，主要针对腾讯下属的电商提供小额贷款业务。除此之外，小米、网易、美团、乐视、奇虎 360 等国内互联网巨头在 2014—2018 年依次开展了自己的互联网小贷业务，至此我国互联网平台金融的发展和竞争趋势变得日益严峻与激烈。

### 📋 资料传真

#### 小额贷款公司的起源与发展

小额贷款起源于 20 世纪 70 年代孟加拉国著名经济学家穆罕默德·尤努斯教授的小额贷款试验。尤努斯教授针对穷人很难获得银行贷款来摆脱贫穷现状的问题，成立了互助组织的一种小额贷款模式。

1994 年，小额信贷的模式被引入中国。起初，只是国际援助机构和国内 NGO 针对中国政府 1986 年开始的农村扶贫贴息贷款计划中存在的问题而进行的一种尝试。从 1996 年开始受到政府重视，进入以政府扶贫为导向的发展阶段。到 1998 年底，仅联合国系统的组织在华援助的小额贷款项目资金就达 300 万美元。2000 年以来，以农村信用社为主体的正规金融机构开始试行并推广小额贷款，中国小额贷款发展开始进入以正规金融机构为导向的发展阶段。2005 年以来，全国部分省市县及县以下地区已经试点设立了小额贷款公司，小额贷款公司对于改进和完善农村金融服务、培育竞争性农村金融市场发挥着积极的作用。为引导民间资本向正规化转移，引导民企资本向金融服务业发展进行了有益的探索。

2008 年 5 月 4 日，中国银行业监督管理委员会、中国人民银行发布《关于小额贷款公司试点的指导意见》，定义小额贷款公司是由自然人、企业法人与其他社会组织投资设立，不吸收公众存款，经营小额贷款业务的有限责任公司或股份有限公司。并规定小额贷款公司的主要资金来源为股东缴纳的资本金、捐赠资金，以及来自不超过两个银行业金融机构的融入资金。规定贷款利率由借贷双方在限定范围内自主协商，最高不能超过中国人民银行规定的同期基准利率的 4 倍。小额贷款公司在发展农村金融和中小企业、规范民间借贷以及促进金融市场多元化中发挥了重要的作用。

2009 年 6 月，中国银监会发布了《小额贷款公司改制设立村镇银行暂行规定》，允许符合条件的小额贷款公司改制成立村镇银行，以银行身份参与金融市场的竞争。2013 年 7 月，国务院办公厅对外公布《关于金融支持经济结构调整和转型升级的指导意见》。其中第九条提出，要进一步推动民间资本进入金融业，发挥民间资本在村镇银行中的积极作用，尝试由民间资本发起设立自担风险的民营银行、金融租赁和消费金融公司等金融机构。这对于小额贷款公司的发展、转型都释放出了积极的信号。

2016 年 7 月，二十国集团领导人峰会(G20)财长和央行行长会发布公报指出，G20 通过了由普惠金融全球合作伙伴(Global Partnership of Financial Inclusion，GPFI)制定的《G20 数字普惠金融高级原则》《G20 普惠金融指标体系升级版》以及《G20 中小企业融资行动计划落实框架》。公报强调，G20 鼓励各国在制定其更广泛的普惠金融计划时考虑这些原则，特别是数字普惠金融领域的计划。

2017 年，国家互联网金融安全技术专家委员会的监测显示，目前从事现金贷业务的平台有两千多家，但拥有网络小贷牌照的公司只有 200 多家，因此绝大部分现金贷公司属于"无牌经营"。不少现金贷公司的从业人员没有从事金融服务的经历，其业务模式基本是无抵押、无工作证明、甚至零风控。现金贷使一些不具备偿还能力的人陷入债务陷阱，本质上有"次贷"特征。与此同时，由于现金贷还有资产证券化的操作，再不加强监管，就有可能酿成金融风险。针对网络小额贷款公司暴雷跑路事件频出，互联网金融专项整治工作领导小组办公室下发《关于立即暂停批设网络小额贷款公司的通知》，要求各级小额贷款公司监管部门一律不得新批设网络(互联网)小额贷款公司，禁止新增批小额贷款公司跨省(自治区、直辖市)开展小额贷款业务。

财政部、国家税务总局 2018 年 9 月 6 日发布通知明确，为进一步加大对小微企业的支持力度，自今年 9 月 1 日至 2020 年 12 月 31 日，对金融机构向小型企业、微型企业和个体工商户发放小额贷款取得的利息收入，免征增值税。将符合条件的小微企业和个体工商户贷款利息收入免征增值税单户授信额度上限由 100 万元提高到 500 万元。中国小额贷款的发展如图 3-1 所示。

随着互联网技术的发展及其向金融领域的渗透，相比互联网金融企业，传统小额贷款公司在其金融产品设计、融资服务、业务流程等方面都缺乏优化创新，为此小额贷款公司增速放缓，日趋乏力。基于互联网金融和 P2P 公司的快速发展，小贷从服务传统产业业务转向当前正在蓬勃发展的产业。"互联网＋小贷"看上去成为一个风口。网络贷款业务，是指小额贷款公司在网络平台上获取借款客户，综合利用网络平台积累的客户经营、消费、交易以及生活等行为大数据信息或即时场景信息，分析客户信用风险和进行预授信，并在线上完成贷款申请、风险审核、贷款审批和贷款发放甚至贷款收回等全流程的贷款服务。

随着参与主体的多元化、技术的成熟以及生态系统的完善，中国的在线信贷市场在

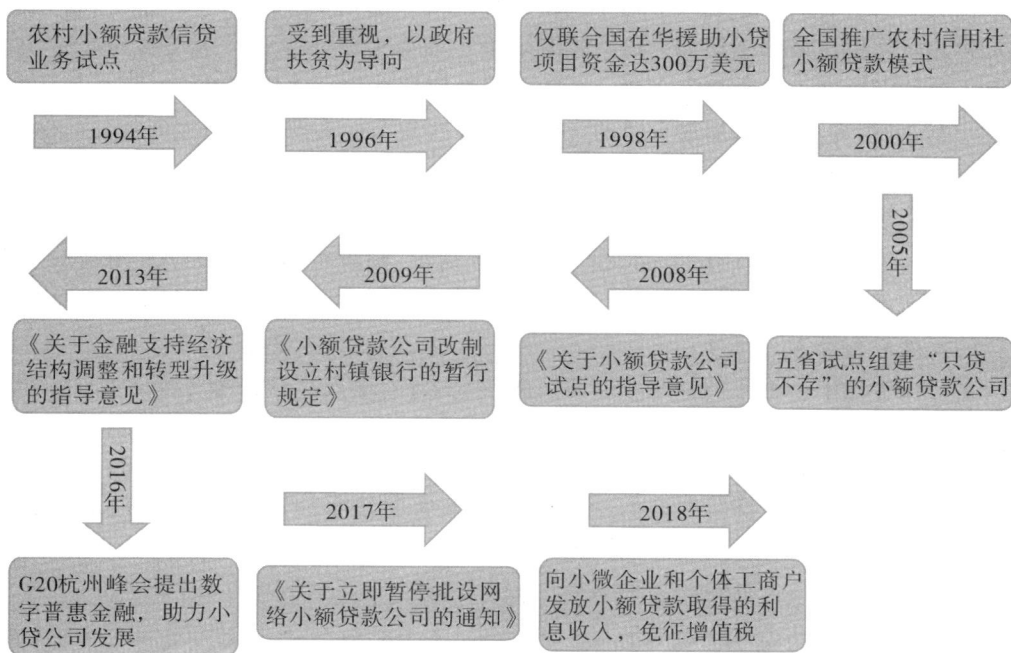

图 3-1　中国小额贷款的发展

2016 年爆发增长，随着蚂蚁金服、京东金融和微众银行的线上产品的爆发，整体线上贷款规模已经突破万亿元。随着广州恒大集团、TCL 集团、达安基因等发起设立的 7 家互联网小贷获核准，广州的互联网小贷公司达到 24 家，大部分是上市公司或国企背景公司发起设立。在重庆设立小额贷款公司的股东类型多种多样，包括阿里、平安、百度、京东、乐视、小米等互联网企业，海尔、苏宁、世茂集团等传统线下企业。另外黑龙江、海南、江西赣州、安徽芜湖都有互联网小贷牌照的发放。据不完全统计，截至 2019 年 1 月全国网络小贷牌照数量已经高达 300 张，这一数量还在快速增长中。

（资料来源：唯你网。）

### 三、平台金融的优势与缺陷

阿里小贷是我国最早的基于大数据的平台金融公司，其运行模式具有代表性。与商业银行繁杂的手续、严苛的信贷条件以及民间小贷公司难以获得涉及企业和个人相关征信数据相比，阿里小贷无疑优势明显。阿里小贷不仅拥有大量的中小企业用户，掌握他们的核心数据，另外还提供信贷支持，这三者的完美融合构成了在线平台金融的闭合。通过对线上数据的分析和挖掘形成中小企业的信用报告，利用互联网实现快速、及时的放款。这不仅解决了传统银行门槛高、手续烦琐的痼疾，也弥补了民间小贷公司缺乏数据支撑的劣势。但是，阿里小贷作为新生事物，还存在许多不完善的地方，通过分析它的发展路径，我们可以发现其发展过程中可能遇到的问题。

**（一）阿里小贷的主要优势**

1.客户资源巨大且具有持续性

发展和吸引客户是企业重要商业战略,在讲究客户至上、强调客户体验的互联网企业更是如此。阿里正是由于淘宝天猫有着海量销售者与买家并形成了很强的客户黏性,才获得了支付宝以及阿里小贷等金融业务的很好的客户资源。并且阿里能够整合这些客户交易信息,分析客户数据,形成自己的金融逻辑。这是企业实现商业模式创新并取得成功的根本保障。只有拥有大量的客户才能产生相应的客户需求,因此金融的产生才有意义。

近年来越来越多的个人和企业通过阿里巴巴进行交易,淘宝跟天猫积累了巨大的客户数量,光是这些客户就产生了庞大的融资贷款需求,随着电商的发展以及网购的兴盛,客户数还在不断增加。数据显示,单是1688平台就拥有800万企业客户,由此可见,阿里小贷的发展潜力巨大。

银行在传统中小企业贷款业务的营销成本很大,阿里巴巴却只服务于自己的会员企业、淘宝天猫卖家等可以清楚定位的客户。并且阿里巴巴可以从后台数据找到最需要贷款的客户,分析他们的贷款额度、贷款意愿等。这样就对营销客户有了提前的评估判断,可以将贷款服务信息准确推介给潜在目标客户,节约了大量的盲目宣传以及业务拓展成本,可以更加专注地服务好每一位客户。

2. 较低的坏账率以及贷款成本

贷款成本是制约银行发展小微企业信贷的一个重要因素,按照传统的审核流程,贷款的成本较大,在没有抵押物的情况下,500万元以下的贷款对于银行缺乏吸引力。同时,银行由于不是每天都能了解到小微企业的运行情况、资金往来,因此银行的小微信贷业务坏账率较其他业务高,这也是银行不愿意做这项业务的原因。

阿里巴巴由于积累了会员企业现金流、交易额以及信用记录等数据,对小微企业信息的了解和掌握要比银行好很多,并且能对小微企业的信用状况做定量分析,从而决定贷款的额度。阿里小贷利用其强大的数据模型做到了控制不良信贷率2013年在1%左右,远低于银行的小微企业不良贷款率,由此可见其风险控制的有效性。

此外阿里小贷可以很好地对贷款客户进行数据的查找调阅,了解其经营状况的好坏,进而控制贷款逾期不还与坏账的发生。同时,有着多种还款方式以及强大的惩罚机制,小微企业的坏账发生情况较少。

另外,阿里小贷的工厂化生产,使得客户的金融需求被极大地标准化,金融产品能够像工业产品一样批量化生产。这样的模式使得审批时效缩短、贷款成本下降、贷款效率提高。阿里小贷公司基于大数据的运用,通过风险模型的量化分析来控制风险,实现了贷款产品流程的工业化。

**(二)阿里小贷的主要缺陷**

1. 政策限制,转型困难

小额贷款公司在我国的历史并不长,是我国金融改革的阶段性产物。阿里小贷虽然目前从事小额贷款业务,但是又与传统的小额贷款公司不同。由于阿里主要通过网络审批发放贷款,这使得其身份特殊,定位也非常模糊不清。一直到2008年,银监会出台了《关于小额贷款公司试点的指导意见》,监管当局才算认可了小额贷款公司的法人身份。再加上我国处于市场经济改革的关键时期,金融改革、利率市场化都在有序地推进,类似阿里小贷这样的机构面临较大的监管风险。尤其是近年来兴起的互联网金融模式缺乏监管经验,阿里小贷可以说是开了网络借贷的先河,是我国进行下一步小额贷款公司改制的试水。

目前小额贷款公司虽然经营贷款业务,却不被认为是金融机构。阿里小贷作为小额贷款公司无法在税前提取风险准备金,而支付宝作为第三方支付公司并不是通过人民银行的结算系统支付结算,同时阿里小贷公司也不能像其他银行一样将人民银行的征信系统植入自身的审核系统。

小额贷款公司目前虽然可以改制为村镇银行,但其转型面临着诸多困难。在监管当局的要求中指出,只有在小额贷款公司的最大股东或唯一股东是银行业金融机构的情况下,小额贷款公司才可以转型为村镇银行。阿里小贷首先需要找到一家金融机构作为主发起人,即最大股东,才能设法完成转型银行之路,这无疑给阿里小贷的未来发展带来了更多的不确定性。

2. 可贷资金不足

资金来源是否充足是小额贷款公司能否持续稳定发展的重要条件。小额贷款公司依据相关规定不得吸收储蓄,不能变相筹集资金,这也为小额贷款公司发展乏力、资金难以周转、利润率难以维持埋下了伏笔。

根据相关规定,小额贷款公司从银行业金融机构融入的资金最多为其资本金额的一半,这明显不能满足小额贷款公司发展的需要。以阿里为例,阿里小贷作为注册资本只有24亿元的公司,其可运用的资金非常有限,通过其他诸如信托理财产品、资产证券化等方式进行融资,成本又较高,且审批流程较长,还面临监管不合规的风险。阿里集团虽然取得了第三方支付牌照,旗下的支付宝积淀了巨大的客户闲散资金,但是根据监管当局的规定,第三方支付机构必须依靠一家商业银行作为备付金的托管银行,因此,目前阿里集团包括阿里小贷都无法充分利用支付宝沉淀的客户资金,更多地只能是加快资金周转速度,以使得有限的资金得到更加高效的利用。

3. 信贷模式集中于产业链的一部分

以阿里为例,目前,阿里小贷的贷款人群多分布于产业链的销售与消费端,在产业链的其他环节,如生产、研发、采购、制造、物流等却缺少信贷客户,属于信贷服务的盲区,受制于电子商务的经营模式。阿里集团旗下的企业提供的多数都是消费、销售的服务平台,只有这一段的贸易行为、交易数据是可以获得的。因此信贷也集中于这一环节,这种模式还有待后续发展来更好地为更多的产业链端口企业服务,这对于数量庞大的制造业企业可能影响甚微,且阿里小贷目前服务的企业绝大多数为阿里巴巴的会员企业,未来能否实现所有企业的金融服务还需要时间的检验。

## 课堂讨论

与传统银行信贷相比,大数据背景下的平台金融信贷展现出了前所未有的活力与商机,基于现行平台金融所面临的优势与劣势,你认为例如阿里小贷一类的公司在未来的发展中将会面临着怎样的机遇与挑战?

### 四、平台金融与供应链金融的区别

平台金融和供应链金融在本质上是相同的,都是基于对大数据的分析而对融资企业进行信用评估,降低双方信息不对称、减少贷款风险,所以两者都属于大数据金融。同时,两者也都面临大数据金融所特有的风险,包括数据分析风险、信用风险和客户不足风险等。

同时,两者也有很多区别。平台金融中的电商平台一般不介入交易,仅仅提供交易双方的数据,在贷款时也仅仅关注卖方的情况。在供应链金融中,电商平台有时也会介入交易,例如京东,成为供应链的一环;在提供贷款时更多地从整个供应链的角度来审视企业的情况。具体如表 3-1 所示。

表 3-1　平台金融与供应链金融的对比

| 类别对比 | 平台金融 | 供应链金融 |
|---|---|---|
| 相同点 | 都属于大数据金融<br>都是以平台积累的大数据和信用来对企业进行评估和放贷<br>都面临数据分析风险、信用风险、客户不足风险 | |
| 不同点 | 一般不参与交易<br>仅提供双方交易数据<br>关注卖方 | 有的平台会介入交易<br>形成供应链的一环<br>从整个供应链的视角来审视贷款 |

## 💡 知识拓展

### 京东的供应链金融

供应链金融本质是基于对供应链结构特点、交易细节的把握,借助核心企业的信用实力或单笔交易的自偿程度与货物流通价值,对供应链单个企业或上下游多个企业提供全面金融服务。供应链金融并非某一单一的业务或产品,它改变了过去银行等金融机构对单一企业主体的授信模式,而是围绕某"1"家核心企业,从原材料采购,到制成中间及最终产品,最后由销售网络把产品送到消费者手中这一供应链链条,将供应商、制造商、分销商、零售商直到最终用户连成一个整体,全方位地为链条上的"N"个企业提供融资服务,通过相关企业的职能分工与合作,实现整个供应链的不断增值。供应链金融交易结构图如图 3-2 所示。

京东是我国供应链金融最早的布局者,其供应链金融布局始于 2012 年,目前业务模式较为成熟。京东供应链金融的主要业务范围是上游供应商提供贷款和融资服务,为下游消费者提供赊账和分期付款服务。

京东供应链金融分为四大模式。分别为"京宝贝"模式、"京小贷"模式、动产融资模式、对公理财模式。"京宝贝"模式是指中小企业拿账单和应收账款等作为质押担保物在京东供应链平台上面获取银行授信贷款的一种产品;在银行要求的高质量抵押物和一定额度的贷款金额的时候,很多中小企业是没办法成功融资的,这时候就可以选择"京小贷",其核心内容就是平台赋能,面对在京东商城有大量交易数据的第三方供应商家,在不需要抵押的情况下,提供不超过 200 万元的贷款;然后就是动产融资模式,基于京东自建物流的强大体系,京东推出电商平台的首个货物周转中的动产融资模式,很多企业不满足于信贷的额度,如果接受动产融资模式,将会获得更大的贷款额度;最后就是对公理财模式,理财,顾名思义就是企业如果有闲散的资金,就可以投入平台拿到比较满意的收益。

(资料来源:生意场、搜狐。)

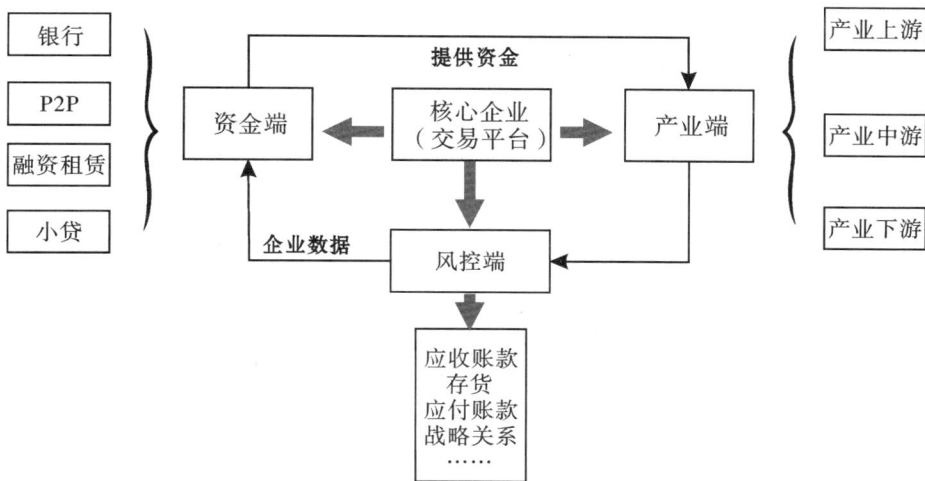

图 3-2　供应链金融交易结构图

# 任务 3.2　平台金融的业务模式与战略

## 案例导入

### 让天下没有难做的生意

从交易平台到支付工具再到平台金融,蚂蚁金服、网商银行和阿里小贷最为抢眼。

一、蚂蚁金服

蚂蚁金服集团起步于支付宝,2014 年 10 月正式成立,是一家旨在为世界带来普惠金融服务的创新型科技企业。蚂蚁金服集团与阿里巴巴集团一起,共同致力于让天下没有难做的生意。

蚂蚁金服的产品涵盖支付、理财、小额贷款、银行、征信、基金、保险、消费金融、现金贷以及众筹等(见图 3-3)。相关产品如支付宝、余额宝、芝麻信用、蚂蚁花呗等产品知名度和普及度比较高。

二、网商银行

网商银行是由蚂蚁金服作为大股东发起设立的中国第一家核心系统基于云计算架构的商业银行,其中蚂蚁金服占股 30%。它作为银监会批准的中国首批 5 家民营银行之一,于 2015 年 6 月 25 日正式开业。

| 支付 | 基金 |
|------|------|
| 支付宝——2004年10月 | 天弘基金——控股<br>数米基金——控股 |

| 理财 | 保险 |
|------|------|
| 余额宝——2013年6月<br>招财宝——2014年4月<br>蚂蚁财富——2015年8月<br>余利宝——2015年6月 | 众安保险——2015年9月<br>定损宝——2017年6月<br>国泰产险——控股 |

| 小额贷款 | 消费金融 |
|----------|----------|
| 蚂蚁小贷——2011年5月<br>网商贷——2010年3月 | 蚂蚁花呗——2014年12月 |

| 银行 | 现金贷 |
|------|--------|
| 浙商网商银行——2015年6月 | 蚂蚁借呗——2015年4月 |

| 征信 | 众筹 |
|------|------|
| 芝麻信用——2015年1月 | 蚂蚁达客——2015年5月 |

**图 3-3　蚂蚁金服产品**

网商银行是一家专注服务小微企业的银行。网商银行的使命和愿景是无微不至，未来五年网商银行的目标是服务 1 000 万家企业。截至 2018 年 6 月末，网商银行累计为 1 042 万家小微企业提供便捷金融服务，累计为用户提供信贷资金 1.88 万亿元。网商贷、旺农贷等产品深受小微企业信赖。

三、阿里小贷

阿里小额贷款是阿里金融为阿里巴巴会员提供的一款纯信用贷款产品。阿里小额贷款无抵押、无担保。阿里小贷成立时间早，稍晚成立的网商银行在客户数据、经营理念方面都继承了阿里小贷的精髓。

（资料来源：亿欧智库报告。）

## 一、平台金融的业务种类

阿里小贷主要有两种模式的产品，针对淘宝网、天猫 B2C 平台的贷款产品以及针对 B2B 平台企业客户的贷款产品。

### （一）淘宝网、天猫订单贷款

这种贷款不是信用贷款，是一种质押贷款，主要针对淘宝网、天猫上的卖家，通常适用于订单很多而又没有办法及时收到货款的商品销售旺季。这时候卖家需要一笔周转资金来囤货或者购买原材料，订单贷款很好地满足了这种需求。订单贷款的指向性很明确，需要以订单作为质押物，以未来订单的现金流作为还款来源，且授信额度也是由订单金额的大小决定的。订单贷款日利率为 0.05%,年化利率约 18%,最高额度为 100 万元,周期为 30 天。

订单贷款最大的特点就是资金周转率高。伴随着电子商务消费的增长,物流业也是飞速发展,物流速度的加快使得商品在卖家和买家之间的流转变得很高效,而卖家基于订单的贷款也由于买家确认付款时间的缩短而可以迅速还款,这样使得卖家的资金使用成本不是很高,而阿里小贷的资金运用次数变多,同时卖家也能接受较高的贷款利率,贷款的风险也较低。

### (二)淘宝网、天猫信用贷款

淘宝网、天猫的信用贷款,没有抵押物,所以对客户的信用审查更为严格。相比较订单贷款,信用贷款的额度较高,但是贷款的利率也更高。信用贷款日利率为 0.06%、年化利率约为 21%,最高额度是 100 万元,贷款周期最长为六个月。信用贷款有"循环贷"与"固定贷"两种类型。循环贷指的是阿里小贷给借款人设定一个贷款额度,并将贷款额度作为备用金,借款人可以随借随还;固定贷指的是借款人的授信额度在获得贷款后一次性发放和使用。

信用贷款的放款是依据企业在阿里平台的数据记录而运行的。首先,贷前调查团队通过平台导出企业的后台数据得出企业的财务指标、经营状况等,阿里对淘宝网和天猫的卖家有一套完整的信用评价体系,根据买家的评价、交易订单的数量给出卖家的信用等级。其次,通过外包考察得出企业的实际库存变化等信息。贷款的申请、审查、发放以及贷后管理都采用网络操作,客户可以 7×24 小时申请、收款和还款,且申请信用贷款多的客户可以获得优惠利率,为此通常为小企业所申请。最后,申请贷款需要与支付宝绑定,因为获贷后的金额需要通过支付宝进行还款,实行全线上操作贷款,这样阿里随时可以掌握借款人现金流量的变化,在放贷后能做到实时监督。

### (三)聚划算专项贷款

淘宝网天猫聚划算专项贷款是为了帮助众多商家能够更好地在聚划算板块做促销活动、缓解资金压力而设计的一种融资产品。阿里小贷会根据买家活动的具体情况以及店铺的日常经营流水等确定信用额度。这种贷款的使用途径有明确的规定,只能用于冻结聚划算保证金,最高额度是 100 万元,属于信用贷款,每日贷款利率为万分之五,贷款期限为成功申贷日至聚划算保证金实际解冻日,但最长不超过 45 天。

相对来说,这种贷款产品的风险较低。首先,它的申请条件较为严格,申请该类贷款,除了店铺注册时间一般要大于(含)六个月,还要求有很高的好评率,销售额也要求较高,且贷款只能用作于保证金,在发放的同时即被冻结。从实际使用来看,使用这类贷款的客户不多,更多的是那些既要备货又要做推广,还要保证金的卖家在周转资金时循环使用。

### (四)网商贷

网商贷是阿里小贷公司针对 B2B 平台商品开发的贷款产品,其特点是客户无须抵押、没有担保,是一种信用贷款,贷款利率大大低于市场同类产品,但略高于银行抵押贷款利率。它的申请条件是企业工商户注册时间满一年,申请人必须是企业法人或者个体工商负责人。贷款的最高额度为 100 万元,期限为 6 个月或者 12 个月。贷款采用浮动利率,根据企业的实际情况而定。

这种产品对客户的要求相比于前面的产品要高一些,其贷款的额度也较高,很多贷款企业都达到了银行的审批要求,申请这种贷款需要提供的资料包括:客户授权阿里在人民银行征信系统里查询客户信用状况的委托书、银行对账单、生产企业的电费单据、个人的身份证明材料等。这种产品对还款时间的要求也比较严格,如果客户需要提前还款,则需要额外支付本金3%的手续费。由于这种贷款主要面向B2B平台的企业,解决了很多小企业的融资问题。

### (五)网络联保贷款

这种贷款是向企业联合体发放的,想要贷款的客户首先需要找到另外两家或者更多的企业,一起提出申请。网络联保贷款也是信用贷款,不需要抵押物。联合体的企业最少为三家,他们之间需要共同承担风险,也就是说联合体中有一家企业倒闭或者发生贷款逾期违约等,其他剩余的联合体企业需要承担这家企业的贷款本息。对于违约的企业,阿里会选择限制贸易、订单或者注销账号、冻结支付宝资金、建立网络黑名单等方式给予惩罚,让企业付出高昂的违约成本。

这种贷款最大的特点是将企业绑定,是一种特殊的担保形式,这就要求企业之间要相互了解、相互制约,而且联合体企业之间不能为关联企业。需要说明的是,这款产品不仅仅是针对阿里巴巴集团的会员企业以及淘宝网、天猫的商家,阿里集团外的企业也可以申请,但是阿里要求这些申请企业在获得贷款的时候需要成为阿里巴巴集团的会员。贷款的利率为8%~12%、按日计息,贷款额度最高为200万元,期限为1年。

### 💡 知识拓展

#### 浅谈 O2O、B2C、B2B、C2C、P2C 的区别

相信有很多人对 O2O、B2C、B2B、C2C、P2C 不是很熟悉,甚至是云里雾里,每天看着这些常见又陌生的名词,如果有人跟你说让你解释它的含义,是不是欲言又止了,哑口无言了？它的概念意义你真的懂吗？接下来让我们一起来了解下它们的含义和区别。

O2O 是目前微信二维码营销的超火概念,即 Online To Offline,也即将线下商务的机会与互联网结合在一起,让互联网成为线下交易的前台。这样线下服务就可以在线上揽客,消费者可以在线上筛选服务,还有成交可以在线上结算,很快达到规模。该模式最重要的特点是:推广效果可查,每笔交易可跟踪。O2O 的优势在于把网上和网下的优势完美结合。通过网购导购机,把互联网与地面店完美对接,实现互联网落地。让消费者在享受线上优惠价格的同时,又可享受线下贴身的服务。同时,O2O 模式还可实现不同商家的联盟。O2O 营销模式的核心是在线预付,在线支付不仅是支付本身的完成,是某次消费得以最终形成的唯一标志,更是消费数据唯一可靠的考核标准。对提供 online 服务的互联网专业公司而言,只有用户在线上完成支付,自身才可能从中获得效益。

B2C 是 Business-to-Customer 的缩写,而其中文简称为"商对客"。"商对客"是电子商务的一种模式,也就是通常说的商业零售,直接面向消费者销售产品和服务。这种形式的电子商务一般以网络零售业为主,主要借助互联网开展在线销售活动。B2C 即企业通过互联网为消费者提供一个新型的购物环境——网上商店,消费者通过网络在网上购物、

在网上支付。B2C 电子商务网站由三个基本部分组成：为顾客提供在线购物场所的商场网站；负责为客户所购商品进行配送的配送系统；负责顾客身份确认及货款结算的银行及认证系统。

B2B（也有写成 BTB）是指企业对企业之间的营销关系，它将企业内部网，通过 B2B 网站与客户紧密结合起来，通过网络的快速反应，为客户提供更好的服务，从而促进企业的业务发展（Business Development）。近年来 B2B 发展势头迅猛，趋于成熟。B2B 进行电子商务交易的供需双方都是商家（或企业、公司），她（他）们使用了互联网的技术或各种商务网络平台，完成商务交易的过程。电子商务是现代 B2B marketing 的一种具体主要的表现形式。B2B 网站平台为消费者提供质优价廉的商品，吸引消费者购买的同时促使更多商家的入驻。与物流公司建立合作关系，为消费者的购买行为提供最终保障，这也是 B2B 平台硬性条件之一。物流主要是为消费者提供购买服务，从而实现再一次的交易。

C2C 实际是电子商务的专业用语，是个人与个人之间的电子商务。C 指的是消费者，因为消费者的英文单词是 Customer（Consumer），所以简写为 C，而 C2C 即 Customer（Consumer）to Customer（Consumer）。C2C 的意思就是个人与个人之间的电子商务。比如一个消费者有一台电脑，通过网络进行交易，把它出售给另外一个消费者，此种交易类型就称为 C2C 电子商务。

P2C 即 Production to Consumer 简称为商品和顾客，产品从生产企业直接送到消费者手中，中间没有任何的交易环节。是继 B2C、B2B、C2C 之后的又一个电子商务新概念。在国内叫作：生活服务平台。P2C 把老百姓日常生活当中的一切密切相关的服务信息，如房产、餐饮、交友、家政服务、票务、健康、医疗、保健等聚合在平台上，实现服务业的电子商务化。Personal（个人）to Company（公司）和 Platform（平台）to Credit Assignment（债权转让）是继 P2P 之后的又一个互联网金融新概念，该理论是国内首个 P2C 互联网金融服务，对债权转让企业进行资质审核、实地考察，筛选出具有投资价值的优质债权项目在平台上向投资者公开；并提供在线投资的交易平台，实时为投资者生成具有法律效力的债权转让及服务协议；监督企业的项目经营，管理评估风险，确保投资者的资金安全。

随着互联网功能的不断进步和强大，改变着消费者的消费观念和消费方式，互联网行业将逐步取代传统产业，无论是 O2O、B2C、B2B、C2C、P2C 都是为了更好地迎合经济发展趋势，随着全球化经济的深入影响，互联产业将会发展得更加迅速。只有抓住这个机遇，才能在这个互联时代越做越好，站稳脚跟。

（资料来源：搜狐——前线报道。）


## 二、平台金融的业务流程

### （一）申请阶段

准备申请贷款的客户可以通过登录阿里小贷的主页在线提交贷款申请，申请人要填写公司名称、法人姓名、手机、邮箱、申请额度等信息。阿里小贷在收到申请后，会调查客户在平台上的信用记录、交易记录、财务信息、库存信息等数据积累信息。对于非 B2B 业务，所有交易均通过平台自动评价，因此无须线下检验。而对于 B2B 业务，阿里小贷会授权委托第三方专业机构直接上门实地考察,了解企业经营状况,必要时进行拍照,之后阿里小贷会将第三方机构的调查结果以电话的形式跟客户确认,以确保信息的真实性。

### (二)审批阶段

贷款审批阶段是最核心的一个程序。首先阿里小贷会将客户在阿里巴巴、淘宝、天猫、聚划算等平台上积累的信用数据和交易数据以及在支付宝中积累的支付数据通过阿里云进行数据分析,同时结合网络数据模式、在线视频调查模式、交叉检验技术(辅以第三方验证)来确认客户信息的真实性,这样最大限度地将客户的大数据转换为其行为的"肖像画",进而可以有效评估其信用水平和还款能力。

### (三)监督阶段

贷款后,支付宝和阿里云会实时监控商户的交易情况和现金流,以确保资金的正确使用。一旦资金使用出现变动将会进行风险预警并提前收回贷款。

### (四)回收阶段

通过互联网平台监管企业经营动态和行为,可能影响正常履约的行为都将被预警。采取网络店铺/账号关停机制,提高客户违约成本,有效控制贷款风险。在还款方式上,阿里小贷采取分期等额本息偿还法。客户定期将还款资金通过银行卡转入支付宝,或直接在支付宝中留出足够余额由系统自动扣款。如果提前还款,阿里小贷将收取本金的 3%作为手续费;若逾期还款,将按日息的 1.5 倍罚款。

### 课堂讨论

大数据提供的信息与技术是阿里小贷日常运营的基本要素之一,请思考一下,在平台金融的每一个业务环节当中,互联网数据究竟具有什么意义,对整个业务流程又产生了什么影响?

### 三、平台金融的资金来源

虽然银保监会对小额贷款公司通过银行业金融机构融资有比较严格的规定,但是小额贷款公司可以通过信托、理财产品、资产证券化等多种新型方式融资。目前这些方式的融资风险较高,监管政策不明朗,但是这在客观上解决了小额贷款公司资金紧张的问题。

### (一)信托融资

在实际运作过程中,小额贷款公司经常会通过信托公司融资,小额贷款公司通过与信托公司签订卖出回购协议获得现金。信托公司只是在小额贷款公司与投资者之间起中介作用。通常,小额贷款公司通过信托公司的信托计划把信贷资产卖给投资者。通过发行信托计划将信贷资产变现并发放贷款。通过信托融资,阿里小贷的同一笔资金进行多次放贷和多次资产转让,资产倍数变大。信托公司与小额贷款公司的合作使得这些资产中的风险被隐藏,使得投资者面临潜在的损失可能。因此,金融监管当局对于小额贷款公司与信托公司的合作较为谨慎,对于信息的披露规定较为严格。

### (二)资产证券化融资

资产证券化是为了使资产产生流动性而对资产做打包处理的一种方式,是将预期能够产生稳定现金流的资产打包,通过资产池将其出售,并以未来产生的现金流作为偿还来源,这样就解决了众多流动性差的优良资产的变现问题。这样做的好处是资产能够在一定时间内流转多次,使用效率提高。小额贷款公司的资金成本通常较高,且资金渠道有限,无法吸收储蓄。资产证券化能帮助阿里小贷这样的机构提高资金的利用率,弥补资金不足的劣势。

### (三)银行理财产品融资

阿里小贷还通过与银行合作发行理财产品的方式融资。2013 年,阿里小贷将债券作为标的物,分别与招商银行、中信银行合作推出了债券银行理财产品,预期年化收益率为5.5%左右,这样的方式有效规避了金融监管当局关于小额贷款公司通过银行融资的限制规定,同时,发行理财产品的成本也较银行贷款要低。预计未来会有更多的银行与阿里小贷公司合作,这既可以扩大阿里小贷公司的放贷资本,也可以使银行的表外业务获得很好的收益。

### 📋 资料传真

#### 小额贷款公司融资渠道的困境

2005 年我国正式设立了小额贷款公司试点,此后小额贷款公司在我国的发展可谓十分迅速,贷款余额连年增加。据相关统计显示,截至 2014 年底,全国已经拥有了 8 700 余家小额贷款公司,贷款余额超过 9 000 亿元,实收资本超过 8 000 亿元,相关从业人员也达到将近 11 万人。同时,小额贷款公司向银行业金融机构的融资余额比年初增长了将近20 个百分点,同期所有者权益增加了将近 60 个百分点。从中可以看出,小额贷款公司的内源性积累增速远高于银行融资增速,二者在这方面极不匹配。

2014 年底,我国小额贷款公司的银行融资余额与资本净额比仅为不到 30%,而国家的可贷标准则是 50%,可见其远未达到国家标准,并且较去年也有所下降,其中下降幅度较大的甚至下降超过了 10%。从全国来看,有个别地区的银行融资余额不但没上升,反而同比出现了下降。例如某地区的某所小额贷款公司在 2013 年所有者权益增加了 6.28亿元,银行融资余额达到了 2.64 亿元,而 2014 年的银行融资余额却降到了 2.41 亿元。

虽然我国小额贷款公司发展至今已经具有了一定的年头,取得了初步的成果,但与发达国家相比仍然处于初级发展阶段,相关制度和组织机构都不够成熟完善,尤其是国家对于小额贷款公司的界定尚比较模糊,例如中国银行业协会与财政部将小额贷款公司界定为金融机构,但中国银保监会却将其界定为非金融机构,而小额贷款公司到底属不属于金融机构至今说法尚不统一。但目前一般情况下,我国都是将小额贷款公司当作非金融机构来看待的,所以它的经营发展必须要遵循非金融机构的相关规章制度,不能越界。我国规定,非金融机构是不能够进入拆借市场及票据市场的,因此也无法享受银行业的同业拆借利率,受此限制,小额贷款公司不能以较低的拆借利率取得批发资金,故而资金运营成本十分之高。

目前我国的小额贷款公司的主要融资渠道是商业银行,但随着近年来市场的拓展和小额贷款业务的不断增多,若仅依靠商业银行融资是很难支撑起小额贷款公司的资金需求的。调查显示,我国很多小额贷款公司每年仅能够从商业银行获取注册资本不到 10%

的贷款金额,而大部分的资金都并非从商业银行获取。由于小额贷款公司被中国银保监会定义为一类主要外部风险源,所以其若想与商业银行之间建立银贷合作则较为困难。虽然各地政府近年来都出台了一些政策扶持小额贷款公司的发展,但政策的落实效率却不高,从总体上看,当前我国的小额贷款公司的融资渠道仍旧非常狭窄。

近年来,随着互联网和电商的发展,一些电商也纷纷开始提供小额贷款业务,这对于传统的小额贷款公司来说无疑带来了巨大的冲击。例如,阿里巴巴开设的"借呗"等业务,给原本的淘宝用户提供了极大的小额贷款便利,并且相较于其他民间小额贷款公司而言,用户无疑更加信任马云、信任他旗下的产业;另外,像是百度、京东、苏宁、腾讯等电商也纷纷介入了小额贷款行业。据统计,至 2018 年底,我国已成立的网络贷款平台达到了 2 000 余家。与民间小额贷款公司相比,电商能够更加迅速和详细地掌握商家的经营信息和信用状况,从而更加准确地做出风险评估和判断。从整体上而言,电商的加入给小额贷款市场带来了更大的市场竞争压力,这对于小额贷款公司来说是一个不小的考验。

# 任务 3.3　大数据在平台金融经营中的应用

🗂 案例导入

### 金融科技助力普惠金融发展　国美金融依托大数据风控

金融科技是世界经济领域发展的重心之一。有行业报告调查显示,中国、印度和英国民众有相当高比例会使用金融科技服务。金融科技正在走向主流,被越来越多的人所接受。

科技的发展扩大了"长尾客户"金融获得率,不仅提升了金融系统的效率、促进实体经济发展,也改变了金融行业的生态,推动了普惠金融的实现。在大数据、云计算、人工智能等新技术的推动下,金融科技对金融业的影响是深远的。科技与金融的融合不断深入,为金融有效供给提供了改革的动力和路径,也提升了金融服务的广度与深度。

实践证明,大数据有效提升风控效率。利用金融科技,可以促进产品创新,"金融+场景"能有效地挖掘在用户的日常生活等消费场景上的金融服务需求。例如,国美金融自2018 年 3 月聚焦家庭用户全生命周期的消费需求,全力打通线上线下场景资源,旗下消费金融产品全面升级,不仅服务内容更为强大,还有效提升金融场景覆盖能力,扩展金融服务的广度与深度。目前,国美金融已实现金融服务覆盖全国 34 个省级行政区域 600 多个地县级城市超过 2 000 家线下门店。

此外,金融科技还可以帮助线上线下业务融合,打通数据壁垒。例如,国美金融基于大数据风控,对海量数据进行整合,提升风险控制效率,优化风控流程全环节。

国美金融相关负责人认为,金融科技在场景化、客户细分、风控手段等方面比传统金融手段更加出色,如何利用金融科技关键还是在于更好服务实体经济、提升用户体验。国美金融已建立了以大数据为驱动的运营营销体系"罗盘（TMH）"和风控体系"水滴（NCM）"，全方位监控所有业务环节，做到精细化运营、数字化营销和结合应用场景进行风控。

（资料来源：中华网。）

## 一、大数据的范畴

大数据的种类非常多，每个公司利用的大数据也不尽相同。如蚂蚁金服主要利用支付数据和交易数据；腾讯则利用社交数据；百度利用搜索数据。对于平台金融而言，大数据在平台金融中的应用，其最为重要的体现即征信。平台金融对其所拥有的大数据进行用户的信用分析，得出用户的信用状况，以便对其进行风险定价。总的来说，目前的大数据主要可以分为八大类目，具体如表 3-2 所示。

表 3-2 大数据的种类及功能

| 数据类型 | 数据内容 | 功能 | 单位类型 | 代表单位 |
| --- | --- | --- | --- | --- |
| 基本数据 | 职业、学历、收入 | 得到用户基本状况 | 公共部门 | 公安局 |
| 支付数据 | 支付流水，金额、对象、频度 | 得到用户现金流情况 | 支付公司 | 支付宝 |
| 交易数据 | 买卖记录、种类、数量、金额 | 得到企业的经营状况 | 电商 | 淘宝 |
| 行为数据 | 违法、违章、欠费、违约 | 得到其个人行为特征 | 公共部门 | 法院 |
| 社交数据 | QQ、微信、朋友圈 | 分析其好友圈子，以及好友对其评价 | 社交巨头 | 腾讯 |
| 信用数据 | 信用金额、期限、用途、违约 | 得出个人的历史信用 | 金融机构 | 中国人民银行 |
| 通信数据 | 通话地点、时长、对象 | 可以判断其居住小区、工作单位 | 电信公司 | 中国移动 |
| 搜索数据 | 搜索内容、频率、时间 | 得出用户的关注热点及特征 | 搜索巨头 | 百度 |

基本数据，包括年龄、职业、学历、收入等基本信息。这些通过个人填报、社会调查等手段都是可以获得的。

支付数据，指用户通过第三方支付所进行的资金往来数据，包括交易金额、频度、对象等。通过对支付数据的分析可以得出客户的现金流情况。拥有支付数据的第三方支付公司，如支付宝等。

交易数据，指用户在电商平台上的买卖记录，包括交易种类、数量、金额、频度等。对交易数据分析可以得出客户的经营状况或消费状况。拥有交易数据的一般是电商，如淘宝等。

行为数据，指用户的违法、违章、欠费、违约情况，包括是否酒驾、水电费欠缴、打车违约、收到法院传票等。对这些数据的分析可以得到用户日常工作、生活行为特征。拥有行为数据的一般是公共部门，如法院、交管局等。

社交数据，指用户的社交聊天和社交互动，通过对其朋友圈和好友互动进行分析可以得出其所处圈子以及好友评价。拥有社交数据的一般是网络社交公司，如腾讯等。

信用数据，指用户的借贷数据，包括金额、期限、用途、是否违约等。信用数据是用户信用最重要的判断数据。一般的金融机构拥有信贷数据，如银行等。

通信数据,指用户通话地点、时长、对象等。通过对通信数据的分析可以获得用户的家庭地址和单位地点等。电信公司拥有用户的通信数据,如中国移动。

搜索数据,指用户的搜索内容、频率、时间等。通过对搜索数据的分析可以得出用户的关注热点和特征。如百度搜索巨头拥有大量的搜索数据。

### 课堂讨论

在本节中我们讨论了八种不同类型的数据及其功能,在实际收集和应用这些数据时会遇到哪些潜在的问题?不同类型数据的准确性或真实度对其他类型的数据会不会产生影响?

## 二、大数据在风险控制中的应用

利用大数据进行风险管理的基本步骤包括数据准备、加工、分析和应用四大块。数据原料包括上文所述的各类数据,这些数据类型比较多样,有些并不能直接利用,需要加工成标准化的数据,然后再放入模型中,基于不同的算法进行数据挖掘,最后得到需要的相关信息,从而辅助决策。在利用大数据进行风险管理方面,阿里小贷无疑是最成功的范例。

阿里小贷的产生和发展完全展现了阿里巴巴集团海量的投资者信息数据的储备程度,并淋漓尽致地体现了大数据技术的优势。2013年阿里小贷的不良贷款率为1.02%,相比整个银行业的小微企业贷款的不良率5.5%~6%的水平,阿里的风控十分有效。通过阿里小贷的成功,可以看出,阿里已经在学会利用大数据进行信用评估的路上了。一旦小微企业的信用问题得到解决,按照相应的信用等级进行信用定价,融资问题就不再是问题了。

阿里小贷的放贷依据有两个:第一,会员在阿里巴巴平台上的网络活跃度、交易量、网上信用评价等;第二,企业自身经营的财务健康状况。这两个依据也正是阿里小贷进行放贷的主要风险控制方式。而这些信息正是通过大数据技术的应用对平台自身所拥有的商家、投资者的巨量信息进行处理和云计算得到的。具体的大数据技术应用在风险控制中有以下流程:首先,放贷前,阿里小贷可以调取相关企业的电子商务经营数据,以及该企业的三方认证信息,根据这些信息,阿里能够判断企业信用情况、经营状况和偿债能力;其次,贷中,阿里巴巴充分运用支付宝、阿里云及未来会建立的物流系统实时监控企业资金流、信息流和物流情况,进行风险预警;最后,放贷后,阿里巴巴能够运用积累的数据,持续监控企业的经营行为,积累信用数据,并对违约客户处以限制或关停其网络商铺等措施。

### 资料传真

#### 阿里小贷"水文模型":基于互联网大数据放贷

2014年2月20日,阿里金融旗下的阿里小贷最新数据出炉,2013年阿里小贷全年新增投放贷款1 000亿元。截至2014年2月中旬,阿里小贷累计投放贷款超过1 700亿元,服务小微企业逾70万家,户均贷款余额不超过4万元,不良率小于1%。

阿里小贷首次对外披露了其基于互联网和大数据的放贷模型"水文模型"。"水文模型"是按小微企业类目、级别等分别统计一个阿里系商户的相关"水文数据"库。顾名思义，水文模型参考了城市的水文管理。比如，某河道水位达到某个值，但人们无法依据这个数值采取应对措施，是准备防汛还是不做任何动作？也无从依据该数据判断趋势：下月河道水位走高还是走低？会影响防汛等河道管理的措施吗？但如果将这个值放到历史数据及周边河道数据中，就可以做出一定的判断：比起过往同期，这个数据是否变高了，高了多少；以往这个时期后，河道水位又是怎么变化的。每个河道的趋势，都可依照这一方式做出判断。

阿里系统考虑为客户授信时，结合水文模型，通过该店铺自身数据的变化，以及同类目类似店铺数据的变化，判断客户未来店铺的变化。如过往每到某个时点，该店铺销售会进入旺季，销售额就会增长，同时每在这个时段，该客户对外投放的额度就会上升，结合这些水文数据，系统可以判断出该店铺的融资需求；结合该店铺以往资金支用数据及同类店铺资金支用数据，可以判断出该店铺的资金需求额度。

举例来说，某手机销售店铺，在"双 11"达到 300 万元销售额，远高于平时。单看这个数据给予用户分层或授信，很可能做出错误判断。而如果把这个店铺放到水文模型中，去观察其不同时间、季节的经营数据及其所处类目同类店铺的数据变化，也许平常该店铺经营额并不高。和过往"双 11"的数据相比，店铺今年营业额或许反而下降，和同类目店铺相比，增长或许还没有其他店铺快。

（资料来源：凤凰科技。）

### 三、平台金融运用大数据面临的风险

#### (一)技术风险

尽管大数据的产生多半是企业发展及数据产生种类多元化的这个大环境所致，但是面对这个快速生长的大树，暴露出的问题还是让企业管理者们不安。金融机构的数据信息决定着企业的生死存亡，但是今天数据量的持续增长增加了数据的管理难度，无论是从软件还是从硬件方面来看，数据的暴增增加了对企业的挑战。

#### (二)操作安全风险

相比于以往一次性数据泄露或黑客攻击事件的小打小闹，现在数据一旦泄露，对整个企业可以说是满盘皆输，不仅会导致声誉受损，造成巨大的经济损失，严重的还要承担法律责任。从数据的储存装备来看，数据的搜集存储访问是必不可少的，需要借助移动设备，所以大数据时代的到来也带动了移动设备的猛增。虽然为人们的工作和生活带来了便利，降低了企业的办公成本，但也给企业带来了巨大的安全隐患。数据拥有者如何保护好数据，是一个重要的管理问题。

#### (三)数据分析风险

大数据平台的分析模式是依托过往在交易中积累的海量数据进行的，对客户的行为习惯、思维方式等进行总结，进而对其可能发生的行为做一个判断。也就是说，大数据分析方法依赖于大数据过去决定未来的特点，这一前提在大部分情况下都是成立的，但如果遇到需要突破性创新的情况，就会暴露弱点。通过分析客户的数据进行战略布局，金融机

构通过分析数据进行风险防范,一旦没能抓住转折点,将造成很大的经济损失。

**(四)法律风险**

在大数据金融服务平台中,涉及数据的采集、处理以及应用,也涉及拥有大数据的企业跨界金融及金融监管问题。在数据的采集处理以及应用中,互联网相关企业,尤其是电商企业在为客户提供金融服务的过程中积累了大量的客户数据,其中所隐含的商业价值逐渐被人们发现和利用。在利益的驱使下,越来越多的机构和个人采取种种手段获取他人信息,加之部分企业的保护意识和保护能力不强,导致对个人信息的侵权行为时有发生,也引起社会广泛关注。我国现行的关于个人信息安全保护的法律法规都过于原则化、抽象化,缺乏实际操作性,并存在规制范围狭窄、公民举证困难等不足。另外,对于大数据企业跨界金融,虽然政府本着金融创新、加快金融改革理念,在态度上表示支持,但金融监管尚无明确的法律法规来给予规范。而且大数据企业和金融机构在基因上的不同,使得二者的商业规范运营模式都存在差异,这就要求大数据企业在认真学习传统金融机构的监管政策的同时,积极关注政府出台的新监管措施,对业务进行调整,不踩法律红线、不打法律擦边球。

**参考文献**

[1]张若斌.马云办"穷人银行"阿里小贷问世[N].证券时报,2010-06-09.

[2]潘意志.阿里小贷模式的内涵、优势及存在问题探析[J].金融发展研究,2012(3);30-33.

[3]谢平,邹传伟.互联网金融模式研究[J].金融研究,2012(12);11-22.

[4]谢奎阳.电商VS银行:角力还是机遇[J].金融博览,2013(7);41-43.

[5]梁志元.小微企业融资难问题分析[D].长春:吉林大学,2013.

[6]娄飞鹏.互联网金融支持小微企业融资的模式及启示[J].武汉金融,2014(4);6-8.

[7]张玉明.小微企业互联网金融融资模式研究[J].会计之友,2014(18);2-5.

# 项目四  大数据与商业银行

## 💡 知识脉络图

```
                        ┌──────────────────┐      ┌──────────────────────────┐
                        │ 基于大数据的互联网金融 │      │ ●业务来源的区别            │
                        │ 与商业银行的宏观区别    │─────▶│ ●经营策略的区别            │
                        └──────────────────┘      │ ●服务体验的区别            │
                                                   │ ●数据来源的区别            │
                                                   └──────────────────────────┘

                        ┌──────────────────┐      ┌──────────────────────────┐
                        │ 基于大数据的互联网金融 │      │ ●支付业务的区别            │
    ┌───────┐           │ 与商业银行的业务区别    │─────▶│ ●存款业务的区别            │
    │ 大     │           └──────────────────┘      │ ●贷款业务的区别            │
    │ 数     │                                      └──────────────────────────┘
    │ 据     │
    │ 与     │──────────
    │ 商     │           ┌──────────────────┐      ┌──────────────────────────┐
    │ 业     │           │ 大数据在商业银行业务   │      │ ●借助大数据提升客户服务水平  │
    │ 银     │           │ 创新中的应用          │─────▶│ ●借助大数据进行产品创新      │
    │ 行     │           └──────────────────┘      │ ●借助大数据进行精细化管理    │
    └───────┘                                      └──────────────────────────┘

                        ┌──────────────────┐      ┌──────────────────────────┐
                        │ 数字货币时代下大数据   │      │ ●数字货币的定义            │
                        │ 的应用               │─────▶│ ●我国央行数字货币与其他支付  │
                        └──────────────────┘      │   方式的区别               │
                                                   │ ●数字货币时代下，如何利用大  │
                                                   │   数据追踪违法犯罪行为       │
                                                   └──────────────────────────┘
```

💡 学习目标

通过本项目的学习,学生能够了解基于大数据的互联网金融与商业银行在经营层面的区别和联系,掌握数据在商业银行产生价值的机制;了解大数据金融与商业银行的竞争与合作关系,掌握大数据对传统商业银行的挑战及传统商业银行的应对策略,了解大数据金融与商业银行合作的趋势;掌握大数据在传统商业银行创新升级中的应用;了解支付方式变革中,数字货币时代下大数据如何追踪违法犯罪行为等。

一般认为,传统商业银行的盈利模式可以总结为利差主导型和非利差主导型两种,前者是以传统商业银行意义上的资产负债业务为基础,后者则与现代商业银行的中间业务息息相关。随着大数据技术应用的深入,基于大数据的互联网金融模式得到迅猛发展,两种盈利模式都面临挑战。接下来通过讨论基于大数据的互联网金融与传统商业银行的区别与联系,探究大数据时代背景下,互联网金融的优势及大数据对传统金融行业的挑战和商业银行借此创新升级的路径。

# 任务 4.1　基于大数据的互联网金融与商业银行的宏观区别

📋 案例导入

## 大咖们对百信银行的前景介绍

百信银行(全称为"中信百信银行股份有限公司")是首家获批的独立法人形式的直销银行,由中信银行与百度公司联合发起。百姓银行的市场定位是"为百姓理财、为大众融资",将依托中信银行强大的产品研发及创新能力、客户经营及风险管控体系,以及百度公司互联网技术和用户流量资源,满足客户个性化金融需求,打造差异化、有独特市场竞争力的直销银行,是国内首家由互联网公司与传统银行深度合作、强强联合发起的直销银行,标志着百度公司在金融服务这个容量最大、最具增长潜力的垂直服务领域迈开了里程碑式的一大步。百信银行的设立在中国银行业发展过程中也具有标志性意义,开启了"互联网+金融"的全新模式。

中信银行董事长李庆萍表示:"百信银行是一个银行平台,市场定位是为百姓理财、为大众融资。将利用中信银行的网点优势、金融风控、产品研发和客户经营能力,以及百度公司的互联网技术和用户流量资源,打造差异化、有独特市场竞争力的直销银行。"

百度董事长兼首席执行官李彦宏表示,百信银行的模式有望成为中国互联网金融的发展样本。百度拥有领先的技术实力、海量的用户数据和互联网运营经验,可以根据用户的属性、偏好对他们的金融需求进行画像,为客户提供创新型的金融解决方案,并期待未来百信团队充分利用好百度的数据、技术和流量资源,为用户提供优质的金融服务。

百度高级副总裁朱光表示:"金融服务的智能化趋势逐渐形成。而人工智能技术将变革银行销售及服务渠道,也将深刻改变银行与客户的交互方式。我们将把百度人工智能、大数据技术在金融探索的最新成果输出给百信银行,它将代表金融创新的前沿方向,加速金融与人工智能技术的高效融合。"

恒丰银行研究院执行院长董希淼认为,百信银行融合了商业银行与互联网公司的双重基因,加上灵活的独立法人形式,使其拥有了业内罕有的独特优势,我们有理由期待它的广阔前景。作为百度人工智能、大数据技术的金融实践基地,它将为商业银行如何在金融技术浪潮下走出一条务实创新的发展之路进行积极探索。

(资料来源:百度百科。)

### 一、互联网金融与商业银行主要职能

无论是利差主导型还是非利差主导型的银行模式,互联网金融与商业银行的主要职能可以概括为信用中介、支付与信息中介和其他金融服务。互联网金融由于其产生于网络,所有的交易行为都会被记录,在业务经营过程中,运用大数据技术可以提高其业务效率。下面讨论信用中介、支付中介和信息中介业务等功能在互联网金融和商业银行的实现模式。

#### (一)信用中介

信用中介,指买卖双方在交易过程中,由银行保管买卖双方交易的资金和相关的文件,根据买卖双方履行合同的情况,银行按协议约定和买卖双方的授权、指令,向买卖双方转移资金、相关文件,银行以中立的信用中介地位促成交易的安全完成。

信用中介职能是商业银行最基本也是最能反映其经营活动特征的职能。这一职能的实质是通过商业银行的负债业务,把社会上的各种闲散资金集中到银行,再通过商业银行的资产业务,把它投向社会经济各部门。我国的信用中介服务行业主要有以下几个主产业:资信调查业,资信评估业,信用担保业,信用保理保险业和商账追收业等。

#### (二)支付中介

支付中介是指商业银行借助支票这种信用流通工具,通过客户活期存款账户的资金转移为客户办理货币结算、货币收付、货币兑换和存款转移等业务活动。支付中介是商业银行的传统功能,借助这一功能,商业银行成了工商企业、政府、家庭的货币保管人、出纳人和支付代理人,这使商业银行成为社会经济活动的出纳中心和支付中心,并成为整个社会信用链的枢纽。

支付中介职能的发挥,大大减少了现金的使用,节约了社会流通费用,加速了结算过程和货币资金周转,促进了经济发展。支付职能的发展,有赖于信用中介职能,因为只有在客户保存一定存款余额的基础上,才能办理支付;当存款余额不足时,客户向银行贷款,而贷款又转化为新的客户存款,又需办理支付。可见,支付中介职能和信用中介职能是相互联系,相互促进的,两者互动构成了银行信贷资本的整体运动。

#### (三)信息中介

信息中介指的是互联网金融机构或者商业银行为产品制造商或服务提供商及他们的

潜在客户提供专门的商品信息服务,包括了信息搜集、信息公布、资信评估、信息交互、借贷撮合等,一般来说要求符合去担保的原则。

信用中介和支付中介是传统商业银行的最基本职能,信息中介职能则是大数据时代下互联网金融的优势职能。随着大数据的发展,商业银行正在发展和完善其信息中介职能;随着国家监管政策的逐步完善,互联网金融的支付中介职能也将进一步完善。

## 🎙 想一想

为什么信息中介会是互联网金融的优势职能?大数据工具给了互联网金融什么样的优势?传统商业银行应该如何发展信息中介职能?

## 💡 知识拓展

### 区块链——商业银行进军信息中介的利器

经典定义中金融的本质是资金融通,即对有产权归属的货币相关的信息进行流通、转让、使用和回收,尤其是在国家信用支持的法币时代,在现代计算机业和信息处理系统的帮助下,中国的金融业已经演变成了信息密集型行业,科技改变金融,金融改变生活。发轫于2009年的区块链技术将是金融业获得数据、处理信息的最佳利器。得数据者得天下,能处理信息者则坐稳天下!互联网发展到今天,手中握有用户信息的组织和机构,手中有粮,心中不慌!过去的20年,是消费互联网时代,期间大量免费的社交类、搜索类、电子商务类信息流向互联网公司,尤其是移动互联网时代,互联网公司在获取信息方面占据了绝对优势,通过对大数据的处理也拥有了信息中介的能力,这是互联网金融得以安身立命并发展的基础。银行业如何获得原生于互联网上的信息?核心价值在于数字化信息产权管理技术的区块链的出现,使银行重新获得用户数据、加工用户数据并充当客户的信息中介人的角色。大数据帮助降低信息不对称程度、控制逆向选择和道德风险,从而改变金融业态,是一件已经实实在在发生的事情。

区块链的本质是数字化信息的产权管理技术,提高了数据的完整性和正确性,以及实时性。区块链科技的专长在于能对代表价值并接入互联网的信息和字节进行产权确认、计量、交易,以及借助分布式对信息永久地存储。因为其根源是对信息和数据的原子化,也就是确定所有权,这种情况下每一个个体或者机构都知道"我创造出的数据是我的",货币化每一个人所产生的数据,产生真正的契约合同,改善大数据使用与隐私权保护之间的矛盾,为互联网金融的征信建设提供有益的帮助。在自私利己人性的激励下,区块链技术带来的安全透明、隐私保护等特点,极大地激发出创造更多数据的内在激励。而且对数据"无授权,不能动",个体的数据都会成为一门生意,当然大量有价值的信息也可以是免费的。回到金融业的应用场景来讲,未来的银行一定会在里面找到应用场景,在极大降低作业成本以及合规成本情况下,作为信息中介创造出新的价值,这会创造出大量新的产品。面对来势汹汹的互联网公司,商业银行会因为区块链这个盟友的出现,利用自己的信息处理优势,在互联网时代获得新的机遇,继续充当信息中介角色。

(资料来源:根据微信公众号"区块链金融"相关内容整理。)

### 二、基于大数据的互联网金融与传统商业银行的宏观区别

#### (一)业务来源

传统商业银行的业务主要来源于传统的金融媒介职能所催生的传统业务和复杂业务。传统业务包括一般贷款、简单外汇买卖和贸易融资等,这些业务往往以大量的线下分支营销网点作为支撑;复杂业务包括结构性融资、租赁和金融衍生品等业务,这些业务对线下网点的依赖性较低,往往带有较大技术含量并能带来较多利润。

基于大数据的互联网金融业务来源具有普遍的平台特征,也就是各大互联网企业在各自技术资源和用户资源基础上形成了具有自身特征的金融网络平台,这些平台也形成了互联网金融的业务载体,比如支付宝、微信和京东等。区别于传统商业银行的线下营销和服务,基于大数据的互联网金融业务无论是营销还是服务都主要在互联网平台进行,并且运用大数据技术可以更好地挖掘客户、扩展业务。

#### 想一想

随着大数据在人们衣食住行等方面的纵深发展,传统商业银行也面临着向互联网金融转型的压力,你认为互联网金融与传统商业银行在大数据背景下谁更具竞争优势?

#### (二)经营策略

传统商业银行的经营更加倚重于中高端客户,而中高端客户的维持与增加是大量占据优越地理位置的物理网点铺设和线下针对性营销的成果,因此,传统商业银行的经营面临着运营费用高、用户群体具有一定局限性的特点。

基于大数据的互联网金融由于其互联网平台的信息传播便利,其经营可以随着技术的进步而快速创新,既有平台客户的分布往往摆脱了地域和群体等限制,并且可以有针对性地设置生活场景,得益于互联网流量和大数据分析技术的优势,互联网金融可以做到精准营销,迅速大规模获得基础客户。从这个意义而言,基于大数据的互联网金融比传统商业银行具有明显的客户争夺优势。比如脱胎于互联网平台的前海微众银行和杭州网商银行就具有较为明显的大数据金融优势。

#### 课堂讨论

互联网平台的生活场景是如何为大数据金融带来快速增长的基础用户的? 你有使用互联网平台生活场景的经历吗?

#### 资料传真

**滴滴打车与招商银行合作案例**

日前,招商银行、滴滴出行联合宣布双方达成战略合作,未来双方将在资本、支付结算、金融、服务和市场营销等方面展开全方位合作。这是第一次也是第一家商业银行通过与移动互联网公司合作进入移动支付场景领域。据悉,滴滴 2015 年完成的 30 亿美元融资中,中投、平安创新投资基金、高瓴资本、阿里巴巴、腾讯以及其他一些国内知名机构都

参与了滴滴的融资。通过此次合作,招商银行将成为滴滴出行的战略投资方。按照双方合作协议,滴滴将接入招行"一网通",将"一网通"设定为乘客支付方式之一。届时,用户可直接在滴滴出行 App 中通过绑定各银行的银行卡(信用卡、借记卡),以"一网通"在线支付车费。滴滴出行总裁柳青表示,依托超过 2.5 亿用户和月度超过 2 亿的平台订单规模,滴滴出行已经成为当下移动互联网领域最受欢迎的平台之一,也是移动互联时代最为重要的支付场景之一。成立三年至 2015 年,滴滴服务已涵盖出租车、专车、快车、顺风车、代驾、巴士、试驾等多种垂直服务,共完成 14.3 亿个订单,CNNIC 近日发布的《专车市场发展研究专题报告》显示,滴滴专车占据了国内专车行业 87.2% 的市场份额,而在顺风车、试驾、代驾等垂直领域,滴滴也都处于市场领导地位,多份行业数据也都显示,滴滴出行平台市场份额遥遥领先,成为中国乃至全球最大的移动出行平台。从 2013 年到现在,滴滴和招行已经合作了近三年。此次战略合作是双方原有良好合作关系的深化和发展,将金融平台和移动互联网平台实现对接,能够更好为双方的客户提供服务。借助招商银行移动金融的领先优势和强大资本力量,滴滴将进一步提升自身在移动互联网出行领域的优势,同时也可以为招商银行数千万级持卡用户提供更加便捷、舒适的出行方式,提升用户的出行便利、支付体验和生活品质,充分发挥移动互联网＋金融的最大价值。招商银行副行长赵驹表示,与滴滴的合作是招行推动移动互联网金融战略的重要一步,也是"外接流量"的重要尝试。在移动支付大趋势下,通过与滴滴这个重要应用场景的合作,招行的移动支付将打开新局面。通过招行业内领先在线支付平台"一网通"与滴滴平台的对接,招行将为滴滴庞大的客户群提供安全优质的支付选择,尽显银行在支付领域相较于第三方支付更具安全性、稳定性、便利性的强大优势。通过双方的合作,银行可以拓展移动互联网和平台端的获客渠道,把互联网公司的流量转化为银行客户;同时也极大地提升互联网公司的商业价值。赵驹还表示,除了在投资和在线支付领域的合作,此次双方还将在发行联名卡、司机线下招募、客户共同开发、汽车信贷、融资租赁以及双方用户营销等多项业务上开展合作。招行将以本次战略合作为契机,继续深化双方合作领域,以分享经济的新思维推动金融创新,不断满足互联网公司高速增长的业务需求。

(资料来源:招商银行网站。)

### (三)服务体验

传统商业银行服务模式由于其物理网点的资源限制和传统服务机制等原因的影响,其服务体验往往存在先天的劣势,图 4-1 显示的是某次针对传统银行服务体验不满意因素及比率的数据,从统计结果看,传统商业银行的客户服务体验尚有较大提升空间。

而基于大数据的互联网金融则较好地避免了在服务体验方面出现这些问题,网络平台处理在多频次的信息处理方面具有快捷、准确等优势,传统商业银行的柜台服务弱势在互联平台上基本不存在,得益于这个优势,互联网金融依赖于大数据技术,相对于传统商业银行具有明显的服务体验优势。

### 课堂讨论

为解决物理网点服务体验的限制问题,各大商业银行都推出了自己的网络或者手机客户端平台,通过客户端,用户可以自助完成转账、取现预约等大部分柜台业务,进而避免

**用户认为哪些收费不合理**

| 银行卡年费 | 80.9% |
| 转账不成功收费 | 79.8% |
| 个人账户管理费 | 70.3% |
| 短信提醒服务费 | 64.4% |
| 异地存取款手续费 | 61.9% |
| 个人资信证明费 | 58.3% |
| 转账汇款手续费 | 53.2% |

**网店柜台服务哪些不满意**

67.29% 等候时间

43.32% 业务办理时效性

39.56% 服务态度

30.67% 咨询引导

17.94% 网店环境

16.52% 办理业务准确性

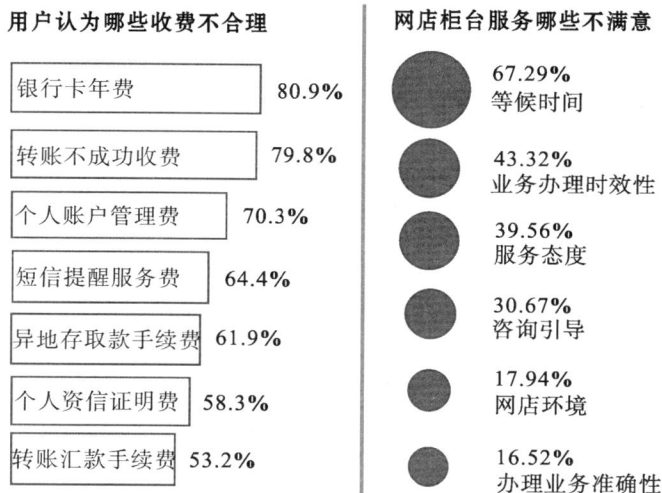

**图 4-1 传统银行服务体验不满意情况**

资料来源：银利网。

传统商业银行柜台服务体验不佳的问题。因此，银行客户端其实可以看作大数据金融服务平台，这种平台与依托于互联网企业的大数据金融平台有什么区别？

### (四)数据来源

传统商业银行的数据来源主要是客户在接受银行服务过程中留下来的银行业务记录数据以及人民银行征信系统的数据库数据，具有明显的业务指向性。但是，通过这些途径获取的数据往往具有不够全面等限制，在对客户进行综合评价的时候会出现部分限制。

互联网金融平台所获得的用户数据则是来源于大量的用户在线行为记录，这些记录涉及的方面显然比传统银行留存的直接银行服务数据要更加全面，更加多元。因此在精准评价客户角度，基于大数据的互联网金融比传统商业银行具有先天的优势。

### 课堂讨论

互联网平台的生活场景是大数据金融拥有丰富客户数据的重要原因，你在使用互联网平台生活场景的过程中会留下什么数据呢？

### 资料传真

#### 用户画像

用户画像又称用户角色，作为一种勾画目标用户、联系用户诉求与设计方向的有效工具，用户画像在各领域得到了广泛的应用。我们在实际操作的过程中往往会以最为浅显和贴近生活的话语将用户的属性、行为与期待联结起来。作为实际用户的虚拟代表，用户画像所形成的用户角色并不是脱离于产品和市场之外所构建出来的，形成的用户角色需要有代表性能代表产品的主要受众和目标群体。

做产品怎么做用户画像，用户画像是真实用户的虚拟代表，首先它是基于真实的，它不是一个具体的人,另外一个是根据目标的行为观点的差异区分为不同类型,迅速组织在一起,然后把新得出的类型提炼出来,形成一个类型的用户画像。一个产品大概需要4~8种类型的用户画像。

用户画像的 PERSONA 七要素如下。

P 代表基本性(Primary):指该用户角色是否基于对真实用户的情景访谈;

E 代表同理性(Empathy):指用户角色中包含姓名、照片和产品相关的描述,该用户角色是否引同理心;

R 代表真实性(Realistic):指对那些每天与顾客打交道的人来说,用户角色是否看起来像真实人物;

S 代表独特性(Singular):每个用户是否是独特的,彼此很少有相似性;

O 代表目标性(Objectives):该用户角色是否包含与产品相关的高层次目标,是否包含关键词来描述该目标;

N 代表数量性(Number):用户角色的数量是否足够少,以便设计团队能记住每个用户角色的姓名,以及其中的一个主要用户角色;

A 代表应用性(Applicable):设计团队是否能使用用户角色作为一种实用工具进行设计决策。

用户画像可以使产品的服务对象更加聚焦,更加专注。在行业里,我们经常看到这样一种现象:做一个产品,期望目标用户能涵盖所有人,男人女人、老人小孩、专家小白、文青屌丝……通常这样的产品会走向消亡,因为每一个产品都是为特定目标群的共同标准而服务的,当目标群的基数越大,这个标准就越低。换言之,如果这个产品是适合每一个人的,那么其实它是为最低的标准服务的,这样的产品要么毫无特色,要么过于简陋。

纵览成功的产品案例,他们服务的目标用户通常都非常清晰,特征明显,体现在产品上就是专注、极致,能解决核心问题。比如苹果的产品,一直都为有态度、追求品质、特立独行的人群服务,赢得了很好的用户口碑及市场份额。又比如豆瓣,专注文艺事业十多年,只为文艺青年服务,用户黏性非常高,文艺青年在这里能找到知音,找到归宿。所以,给特定群体提供专注的服务,远比给广泛人群提供低标准的服务更接近成功。其次,用户画像可以在一定程度上避免产品设计人员草率地代表用户。代替用户发声是在产品设计中常出现的现象,产品设计人员经常不自觉地认为用户的期望跟他们是一致的,并且还总打着"为用户服务"的旗号。这样的后果往往是:我们精心设计的服务,用户并不买账,甚至觉得很糟糕。

Google Buzz 在问世之前,曾做过近两万人的用户测试,可这些人都是 Google 自家的员工,测试中他们对于 Buzz 的很多功能都表示肯定,使用起来也非常流畅。但当产品真正推出之后,却意外收到海量来自实际用户的抱怨。所以,我们需要正确地使用用户画像,小心地找准自己的立足点和发力方向,真切地从用户角度出发,剖析核心诉求,筛除产品设计团队自以为是并扣以"用户"的伪需求。

用户画像还可以提高决策效率。在现在的产品设计流程中,各个环节的参与者非常多,分歧总是不可避免,决策效率无疑影响着项目的进度。而用户画像是来自于对目标用户的研究,当所有参与产品的人都基于一致的用户进行讨论和决策,就很容易约束各方保持在同一个大方向上,提高决策的效率。用户画像示例如图 4-2 所示。

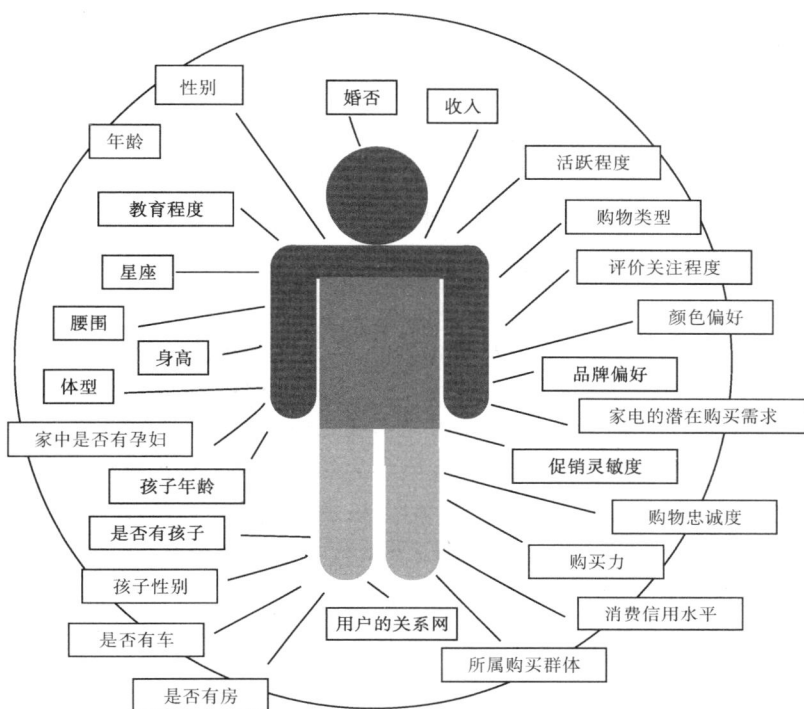

图 4-2　用户画像示例

资料来源:百度百科。

# 任务 4.2　基于大数据的互联网金融与商业银行的业务区别

## 案例导入

　　早在 1998—2005 年,首信易、支付宝、连连支付、快钱、财付通等第三方支付机构相继成立,开始为线上化商业活动提供支付渠道。2010 年,中国人民银行发布了《非金融机构支付服务管理办法》,并向符合条件的机构颁发支付业务许可证,这些举措确认了非金融机构支付业务的合法性地位,通过将其纳入监管规范了企业经营、保障行业长期有序发展。自 2010 年起,在网络购物、社交红包、线下扫码支付等不同时期不同推动力的作用下,第三方支付交易规模经历高速发展,在 2020 年,第三方移动支付与第三方互联网支付的总规模达到 271 万亿元支付交易规模。第三方支付凭借其便捷、高效、安全的支付体验,使得中国的支付市场成为国际领先的支付市场之一。

回顾我国第三方移动支付的增长路径,缘起于电商,因社交红包转账而获得爆发性增长,因线下二维码支付进入线下驱动的新轨道。而伴随着支付规模的快速增长,第三方移动支付渗透率逐步提升,行业规模增速趋于稳定。即便是在特殊的2020年,仅前两个季度线下二维码支付受到一定冲击,行业整体仍旧可以保持稳定的增长态势。行业未来增长的确定性在于第三方移动支付在地域和人群的持续下沉,而再一次迎来爆发性增长的可能性依托于新的现象级产品的诞生。目前的第三方移动支付交易规模主要来自C端用户相关的支付交易,而B端的企业之间第三方移动支付渗透率仍有较大增长空间。但能否通过进一步创新支付业务,为企业带来传统支付形态以外的红利,是考验创新意义的关键,亦是行业规模能否迎来下一次爆发性增长的关键。

2020年,第一梯队的支付宝、财付通以较大领先优势占据市场头部地位。第二梯队的支付企业在各自的细分领域发力:壹钱包位居第三,依托场景、技术、资源等优势,提升C端服务体验,推进B端合作赋能;联动优势位居第四,推出面向行业的支付+供应链金融综合服务,促进交易规模平稳发展;快钱位居第五,向保险、航空领域持续提供金融科技能力输出服务,实现商户综合解决方案定制化;银联商务位居第六,围绕商户营销拓客、账务管理、终端运维、资金服务等方面的需求,为合作伙伴创造价值;易宝支付位居第七,连接航空、铁路、租车全交通生态,并涉及旅游、酒店到景区的全旅游服务,实现这一生态下的完全布局;苏宁支付位居第八,积极助力城市绿色出行,深耕场景服务,重点挖掘出行领域,打通线上线下多渠道,提高用户参与度。

(资料来源:新浪财经,《2021年中国第三方支付行业研究报告》。)

## 一、支付业务的区别

### (一)传统商业银行的支付结算方式

传统商业银行的支付业务包括银行汇票、商业汇票、银行本票、支票、汇兑、委托收款、托收承付和信用证等。

1.银行汇票

银行汇票是客户将款项交存当地银行,由银行签发汇款人持往异地办理转账结算或支取现金的票据。

2.商业汇票

商业汇票是收款人或付款人(或承兑申请人)签发,由承兑人承兑,并于到期日向收款人或被背书人支付款项的票据。

3.银行本票

银行本票是指银行向客户收妥款项后签发给在同城范围内办理转账结算或支取现金的票据。

4.支票

支票是存款人签发的,委托其开户银行在见票时无条件支付一定金额给收款人或持票人的票据。

5.汇兑

汇兑是汇款人委托银行将款项汇给外地收款人的结算方式。汇兑分为信汇和电汇两种。

**6.委托收款**

委托收款是收款人委托银行向付款人收取款项的一种结算方式。

**7.托收承付**

托收承付是指根据购销合同由收款人发货后委托银行向异地购货单位收取货款,根据合同对单或对证验货后,向银行承认付款的一种结算方式。托收承付亦称异地托收承付,是指根据购销合同由收款人发货后委托银行向异地付款人收取款项,由付款人向银行承认付款的结算方式。

**8.信用证**

信用证是指由银行(开证行)依照(申请人的)要求和指示或自己主动,在符合信用证条款的条件下,凭规定单据向第三者(受益人)或其指定方进行付款的书面文件。即信用证是一种银行开立的有条件承诺付款的书面文件。

传统的支付方式一般是即时付转,一步支付。其中钞票结算和票据结算适配当面现货交易,可实现同步交换;汇转结算中的电汇及网上直转也是一步支付,适配隔面现货交易,但若无信用保障或法律支持,会导致异步交换容易引发非等价交换风险,现实中买方先付款后不能按时按质按量收获标的,卖方先交货后不能按时如数收到价款,被拖延、折扣或拒付等引发经济纠纷的事件时有发生。

**(二)互联网金融支付**

为迎合同步交换的市场需求,第三方支付应运而生。第三方是买卖双方在缺乏信用保障或法律支持情况下的资金支付"中间平台",买方将货款付给买卖双方之外的第三方,第三方提供安全交易服务,其运作实质是在收付款人之间设立中间过渡账户,使汇转款项实现可控性停顿,只有双方意见达成一致才能决定资金去向。第三方担当中介保管及监督的职能,并不承担什么风险,所以确切地说,这是一种支付托管行为,通过支付托管实现支付保证。

**1.实现原理**

互联网金融支付的主要载体是第三方支付平台。第三方支付出现的背景在于迅猛发展起来的第三方机构支付模式及其支付流程,而这个第三方机构必须具有一定的诚信度。

第三方机构可以是发行信用卡的银行本身,在进行网络支付时,信用卡号以及密码的披露只在持卡人和银行之间转移,降低了应通过商家转移而导致的风险。

第三方也可以是除了银行以外的具有良好信誉和技术支持能力的某个机构,支付也通过第三方在持卡人或者客户和银行之间进行。持卡人首先和第三方以替代银行账号的某种电子数据的形式传递账户信息,避免了持卡人将银行信息直接透露给商家,另外也可不登录其他网上银行界面,取而代之的是每次登录时,都能看到相对熟悉和简单的第三方机构的界面。第三方机构与各个主要银行之间签订有关协议,使得第三方机构与银行可以进行某种形式的数据交换和相关信息确认。这样第三方机构就能实现在持卡人或消费者与各个银行,以及最终的收款人或者是商家之间建立一个支付的流程。

2.支付特点

(1)高度整合,网络行为提供便利

第三方支付平台提供一系列的应用接口程序,将多种银行卡支付方式整合到一个界面上,负责交易结算中与银行的对接,使网上购物等网络更加快捷、便利。

(2)体验较好,操作简便

第三方支付平台的设计往往给客户带来较好体验,进行支付操作更加简单而易于接受。传统商业银行的网上银行交易往往要求各方的身份都通过 CA 进行认证,程序复杂,手续繁多,速度慢且实现成本高。有了第三方支付平台,商家和客户之间的交涉由第三方来完成,使网上交易变得更加简单。

(3)依附大型网站,信用有保障

第三方支付平台本身依附于大型的门户网站,且以与其合作的银行的信用作为信用依托,因此第三方支付平台能够较好地突破网上交易中的信用问题,有利于推动电子商务的快速发展。

## 💡 课堂讨论

第三方支付平台往往依附于大型生活场景网站,能不能举一个例子,这个例子可以充分说明大型生活场景网站为我们的支付带来了某种程度的便利?

## 📋 资料传真

### B2C 交易流程

在第三方支付交易流程中(见图 4-3),支付模式使商家看不到客户的信用卡信息,同时又避免了信用卡信息在网络上多次公开传输而导致信用卡信息被窃。

第一步,客户在电子商务网站上选购商品,最后决定购买,买卖双方在网上达成交易意向;

第二步,客户选择利用第三方作为交易中介,客户用信用卡将货款划到第三方账户;

第三步,第三方支付平台将客户已经付款的消息通知商家,并要求商家在规定时间内发货;

第四步,商家收到通知后按照订单发货;

第五步,客户收到货物并验证后通知第三方;

第六步,第三方将其账户上的货款划入商家账户中,交易完成。

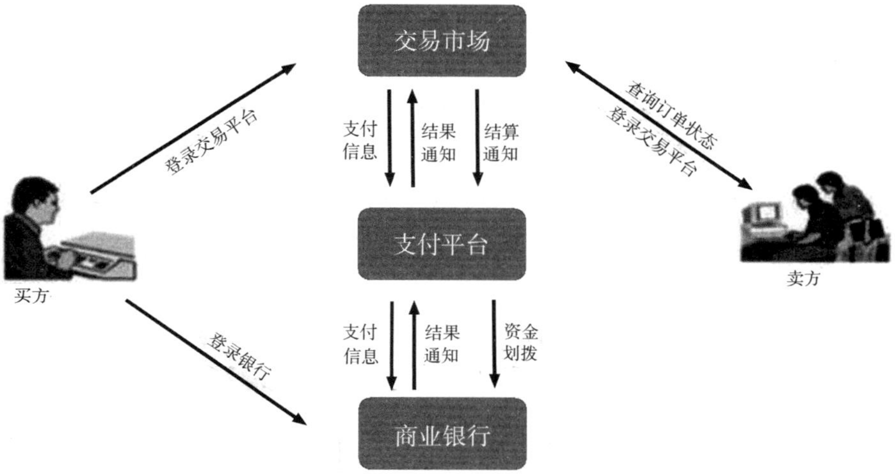

图 4-3　第三方支付流程图

## 二、存款业务的区别

### (一)商业银行传统存款业务

存款是银行负债业务中最重要的业务,是商业银行资金的主要来源。吸收存款是商业银行赖以生存和发展的基础。商业银行只有通过存款业务将资金集中起来,才能实现放款和投资等资产业务,因此,不断扩大商业银行的存款业务是扩大放款和投资规模的主要途径。商业银行存款的业务量决定了放款的业务量,直接决定商业银行未来的利差收入,从而决定商业银行的经济效益。

1.商业银行存款业务来源

商业银行存款主要来源于个人用户和单位用户,这些客户的基础是线下营销,其客户的构成具有明显的区域性等物理限制。

2.商业银行存款业务的特点

风险小、方式期限灵活多样、简单方便、收益相对较低是商业银行存款业务的重要特点。正是这些特点,决定了商业银行储蓄是互联网金融广泛普及之前最普通和最常用的理财手段。

### (二)互联网货币基金

随着余额宝的出现,通过互联网进行理财成为人们重要的投资渠道。其中,互联网货币基金安全性高、流动性强、收益稳定性好,因此也被称为"准储蓄"。互联网货币基金以其方便、快捷、门槛低等特点,成为继银行存款以外受到大众欢迎的"储蓄"产品。由于余额宝、理财通、掌柜钱包等互联网货币基金的兴起,分流了一部分商业银行的存款,这里将互联网货币基金与银行存款进行对比。

1.互联网货币基金业务来源

通过提供担保服务,互联网金融平台积累了大量的基础用户,这些用户往往是互联网金融平台支付业务用户,因此在账户中沉淀了较为大量的资金,这些资金具有明显的闲置特性,互联网货币基金的推出则为这些闲置资金提供了良好的理财渠道。

2.互联网货币基金业务特点

碎片化是互联网货币基金业务的最大特点。由于互联网金融进入门槛较低,闲置的基础用户资金便构成了互联网货币基金业务的基础。

附属化是互联网货币基金业务的重要特点。互联网货币基金产品往往以既有用户基础较好的互联网产品附属工具的形式存在,这为互联网货币基金带来了大量的基础用户。比如,余额宝内嵌于支付宝业务中,理财通内嵌在即时通信工具微信中。

## 课堂讨论

第三方支付平台的"存款业务"跟传统意义的"存款业务"有什么区别?

## 资料传真

### 余额宝及其他"宝宝们"

余额宝是蚂蚁金服旗下的余额增值服务和活期资金管理服务产品,于2013年6月推出。天弘基金是余额宝的基金管理人。余额宝对接的是天弘基金旗下的余额宝货币基金,特点是操作简便、低门槛、零手续费、可随取随用。除理财功能外,余额宝还可直接用于购物、转账、缴费、还款等支付,是移动互联网时代的现金管理工具。

2013年余额宝的横空出世,被普遍认为开创了国人互联网理财元年,同时余额宝已经成为普惠金融最典型的代表。上线一年后,它不仅让数以千万从来没接触过理财的人萌发了理财意识,同时激活了金融行业的技术与创新,并推动了市场利率化的进程。华夏银行发展研究部研究员杨驰表示,余额宝的出现满足了居民日益增长的资产配置需求,对现有的投资产品是一个很好的补充,不仅提高了理财收益,降低了理财门槛,更唤醒了公众的理财意识。而中国人民大学金融与证券研究所所长吴晓求表示,余额宝的核心贡献在于确立了余额资金的财富化,确立了市场化利率的大致刻度,有利于推动利率市场化进程。

如今,余额宝已不仅仅是国民理财"神器",它还在不断进入各种消费场景,为用户持续带来微小而美好的变化。2014年以来,余额宝先后推出了零元购手机、余额宝买车等项目,让余额宝用户能够享受特殊的优惠权益,也看到了余额宝在消费领域的想象力。到了2015年3月,余额宝又首创购买用途,这是余额宝在消费场景上的一次大突破,也是房地产行业首次引入互联网金融工具。当时,方兴地产联合淘宝网上线了余额宝购房项目,在北京、上海、南京等全国十大城市,放出了1 132套房源支持余额宝购房;买房者通过淘宝网支付首付后,首付款将被冻结在余额宝中。在正式交房前或者首付后的3个月,首付款产生的余额宝收益仍然归买房人所有。这意味着,先交房再付款,首付款也能赚收益了。

正是由于余额宝的横空出世,拓展了大众理财的渠道,在余额宝强大的资金聚拢效应影响下,各大银行纷纷推出类余额宝产品以应对挑战,比如平安银行推出"平安盈"、民生银行推出"如意宝"、中信银行联同信诚基金推出"薪金煲"、兴业银行推出"兴业宝"和"掌柜钱包"等。这些银行系宝宝军团多为银行与基金公司合作的货币基金。

(资料来源:百度文库。)

### 三、贷款业务的区别

#### (一)商业银行传统贷款业务

贷款业务也称为信贷业务或信贷资产,是商业银行最重要的资产业务,通过放款收回本金和利息,扣除成本后获得利润,所以信贷是商业银行的主要赢利手段。

1. 业务种类

(1)根据贷款主体的不同,贷款可分为自营贷款、委托贷款和特定贷款三种。其中委托贷款指委托人提供资金,银行作为受托人按委托人指定的对象、用途、金额、期限和利率等条件办理贷款的手续,只收取手续费,不承担贷款的风险。特定贷款是指经国务院批准并对贷款可能造成的损失采取相应的补救措施后,责成国有独资银行发放的贷款。

(2)根据借款人信用的不同,贷款还可分为信用贷款、担保贷款(保证贷款、抵押贷款、质押贷款)、票据贴现等种类。

(3)根据贷款用途的不同,可分为流动资金贷款、固定资产贷款、工业贷款、农业贷款、消费贷款和商业贷款等种类。无论何种贷款,除了经贷款人审查、评估、确认借款人资信良好,确能偿还贷款的,可以不提供担保外,其他的借款人均应提供担保。

2. 业务来源

传统商业银行业务的主要来源是线下营销,其审核手续较为复杂,对客户评价标准基于既定指标。

#### (二)基于大数据的互联网金融贷款业务

中小企业融资难一直是世界性难题,长期以来中小企业面临着融资难、融资贵的问题。大数据的"棱镜功能"可以解决长期困扰金融行业的"信息不对称"等问题,大数据信贷模式应运而生。

如今,基于大数据的金融贷款业务模式较为成功的有平台金融和供应链金融。如项目三所述,大数据下的平台金融是指电商企业利用其平台上积累的大量企业交易数据对其进行分析以便对平台上的企业进行信用评估和还款估计,从而对其提供必要的融资支持的行为。与传统依靠抵押或担保的金融模式不同,平台金融的主要思路,就是利用中小企业在平台上长时间经营所积累的大量数据,包括交易数据、财务数据、信用数据等,对企业的经营状况和现金流进行估计,最后形成对客户信用水平和还款能力的评估报告,使之成为向其放贷的依据。供应链金融是指处于产业链核心地位的龙头企业,通过其掌握的上下游企业的核心数据,包括现金流、进销存、合同订单等信息,依托自己资金平台或者与金融机构合作对上下游企业提供金融服务,譬如京东金融平台等。

平台金融和供应链金融模式利用大数据分析技术对贷款企业的信用进行综合评估,能够在一定程度上控制风险,有利于拓展中小微企业的融资渠道,实现普惠金融。

### 🗂 资料传真

#### 互联网＋供应链金融

互联网＋供应链金融有多种模式,将其拆解如下:

**基于 B2B 电商平台的供应链金融**

国内电商门户网站如网盛生意宝、慧聪网、焦点科技、敦煌网等,B2B 电商交易平台如上海钢联、找钢网等,都在瞄准供应链金融,往金融化方向挺进。

如上市公司网盛生意宝(002095)自 2015 年推出供应链金融模式以来,经过五年市场运作已日趋成熟和完善。2019 年 2 月 1 日,中央电视台财经频道《经济半小时》栏目对生意宝供应链金融模式进行了专题报道。网盛生意宝是产业互联网基础设施提供商,为企业提供 B2B 电商平台基础设施、供应链金融基础设施、网络货运基础设施,实现信息流、资金流、物流三流合一。在供应链金融基础设施上,为产业链企业提供全流程在线、全场景覆盖的供应链金融解决方案,解决企业向上采购的采购资金短缺问题与向下销售的应收账款回笼问题。

如找钢网在 2015 年上线胖猫物流及以"胖猫白条"打头的金融服务。"胖猫白条"针对优质采购商提供的"先提货,后付款"的合作模式,意味着找钢网在供应链金融方面迈出了实质性脚步。找钢网积累了客户交易数据,垂直的数据风控能力是找钢网做供应链金融的优势。

**基于 B2C 电商平台的供应链金融**

B2C 电商平台,如淘宝、天猫、京东、苏宁、唯品会、一号店等都沉淀了商家的基本信息和历史信息等优质精准数据,依据大数据向信用良好的商家提供供应链金融服务。

以京东为例,近年来,京东频频加码互联网金融,供应链金融是其金融业务的根基。京东通过差异化定位及自建物流体系等战略,并通过多年积累和沉淀,已形成一套以大数据驱动的京东供应链体系,其中涉及从销量预测、产品预测、库存健康、供应商罗盘到智慧选品和智慧定价等各个环节。

京东供应链金融利用大数据体系和供应链优势在交易各个环节为供应商提供贷款服务,具体可以分为六种类型:采购订单融资、入库环节的入库单融资、结算前的应收账款融资、委托贷款模式、京保贝模式、京小贷模式。京东有非常优质的上游供应商、下游个人消费者、精准的大数据,京东的供应链金融业务水到渠成。

**基于支付的供应链金融**

只想做支付的支付公司不是好公司。支付宝、快钱、财付通、易宝支付、东方支付等均通过支付切入供应链金融领域。不同于支付宝和财付通 C 端的账户战略,快钱等支付公司深耕 B 端市场。以快钱为例,2009 年开始,快钱开始探索供应链融资,2011 年快钱正式将公司定位为"支付+金融"的业务扩展模式,全面推广供应链金融服务。如快钱与联想签署的合作协议,帮助联想整合其上游上万家经销商的电子收付款、应收应付账款等相应信息,将供应链上下游真实的贸易背景作为融资的基本条件,形成一套流动资金管理解决方案,打包销售给银行,然后银行根据包括应收账款等信息批量为上下游的中小企业提供授信。

**基于一站式供应链管理平台的供应链金融**

一些综合性第三方平台,集合了商务、物流、结算、资金的一站式供应链管理,如国内上市企业的怡亚通、苏州的一号链、南京的汇通达、外贸综合服务平台——阿里巴巴一达通等,这些平台对供应链全过程的信息有充分的掌握,包括物流掌握、存货控制等,已集成为一个强大的数据平台。

　　像国内上市企业怡亚通,创立于1997年,是一家一站式供应链管理服务平台,其推出两天两地一平台战略:"两天网"是指两大互联网平台(宇商网+和乐网),而"两地网",即怡亚通打造的两大渠道下沉供应链平台("380"深度分销平台与和乐生活连锁加盟超市),而"一平台"即怡亚通打造的物流主干网(B2B+B2C物流平台)。怡亚通纵向整合供应链管理各个环节,形成一站式供应链管理服务平台,并通过采购与分销职能,为物流客户提供类似于银行存货融资的资金代付服务,赚取"息差"收入;同时,针对需要外汇结算的业务开展金融衍生交易,在人民币升值背景下赚取了巨额收入。在一站式供应链管理服务的产业基础上开展金融业务的模式,是其盈利的重要来源之一。

　　(资料来源:在线供应链金融,http://31.toocle.com.)

# 任务4.3　大数据在商业银行业务创新中的应用

## 📋 案例导入

### 招联消费金融创新案例(节选)

　　招联消费金融有限公司是经中国银保监会批准、由招商银行与中国联通共同组建、我国第一家在《内地与香港关于建立更紧密经贸关系的安排》(CEPA)框架下成立的消费金融公司,注册资金20亿元。旗下拥有"好期贷"和"信用付"两大产品体系,为客户提供"先消费、后还款"的信用支付方式。招联依托强大的在线风控、大数据、云计算能力,为广大客户提供全线上、免担保、低利率的普惠消费信贷服务,消费场景全面覆盖购物、旅游、教育、装修等多个行业,客户覆盖全国30多个省市。

　　围绕着"微金融、新互联"的战略发展理念,招联金融通过搭建多元化的线上消费场景平台、拓展各类型的分期消费业务,为消费者提供覆盖面更广、更便捷的金融服务,尽可能地满足中低收入人群差异化的消费金融需求。

　　如招联与中国联通联合推出"分期购合约机",用户可申请0首付免息分期购买联通合约机,带动3C产品消费业务的发展。

　　家居装修领域,招联与土巴兔合作推出全流程线上申请的消费金融产品——"装修贷",帮助业主缓解装修资金压力,目前产品已覆盖全国27个城市;教育培训领域,招联与美联英语、华尔街英语、七田真国际早教中心等大型教育机构达成合作,用户成功申请招联信用额度后可分期缴纳课程费用。

　　此外,招联与南方航空公司推出"南航白条"业务,南航客户可通过申请招联信用额度支付南航机票订单,并享受最长40天的免息期及月费率低至千分之五的分期服务。招联"南航白条"的推出,正式拉开了消费金融公司与航空业合作发展的帷幕。

　　与此同时,招联通过不断打磨、完善分期消费信贷产品,从申请流程、定价、审批、借款、还款等多维度提升产品的用户体验,与电商平台、网贷平台等形成差异化竞争。

作为一家纯线上运营的消费金融公司,严密高效实时的互联网风控能力是招联稳健与可持续发展的生命线。现阶段,招联重点在互联网欺诈防控、互联网计量模型、大数据应用三个方面下功夫,确保招联在快速稳健发展的同时维持着较低的风险水平。此外,招联金融利用大数据征信和云计算,打造了基于互联网大数据深度挖掘的"风云"风控系统集群,根据不同风险的客户进行智能分级、自动校验、模型评分,建立客户的风险画像,制定差异化的风险策略,并对欺诈、伪冒、套现等行为予以有效拦截。

(资料来源:东方网。)

## 一、借助大数据提升客户服务水平

商业银行以往积累了丰富的客户交易数据,这构成了客户资料原始大数据。盘活大数据,发掘数据的价值成了商业银行提升客户服务水平的重要渠道。在网络社会中,借助搜索引擎和爬虫技术,商业银行还能收集到社交网络上客户的活动轨迹以及市场数据。商业银行只要善于分析和应用这些数据,通过数据再利用和数据重组,分析客户的消费偏好,就能准确发现并掌握客户需求,并通过不同渠道为客户提供个性化的服务。

## 资料传真

### 商业银行利用大数据进行客户关系管理

如果存在和客户的直接交流,许多产品和服务能够容易地得到改善。社交媒体平台是极好的交流来源,可以发现改善的机会,银行只需要从信息洪流中过滤出这些有价值的数据。

传统市场研究工具,比如客户或焦点人群调查不只花费时间和成本,而且也不精确,因为样本群体相当有限。情感分析工具可以利用社交媒体网络及日志中的巨量通信数据,帮助及时改善产品和服务。

1. 改善产品,提升服务

巴克莱银行自从发布了新的移动银行应用程序后,便能够从实时社交媒体分析中挖掘出可操作的见解。

这个应用程序不允许18岁以下的年轻客户转账或收款。这个限制引发了来自青少年以及他们父母的负面评论,原因是父母亲无法转账给他们的子女。在数据揭示了这个问题后,巴克莱银行及时改善了它的应用程序,添加了16到17岁客户的使用权。

预测哪个客户会流失应该成为一个组织客户导向战略的关键部分,因为获取一个新客户的成本远比留住一个现有客户要高得多。

当一个组织以一种全面的方式了解客户时,留住客户就容易多了。那些意味着有摩擦的指标也许是取消自动付款、在客户电话或是社交媒体上的抱怨。通过分析这些不同的指标,潜在的客户流失能在为时已晚前被识别。

2. 降低客户流失率

捷克斯洛伐克的第一家私人银行塔特拉银行通过使用预测模型几乎达到了减少其信

用卡客户流失率到 30% 的目标。这家银行细分客户,并已经为其客户群选择了高度个性化的留存活动。

通过正确的渠道发送正确的信息就跟正确的信息本身一样重要。

大数据分析可以被用来精确查找客户使用的渠道以及他们使用这些渠道的方式。这种知识可以形成战略优势,以最符合成本效益的方式和最大化市场营销预算来达到特定目标细分。客户使用渠道的方式也会突出显示需要银行集中资源的领域,比如哪个渠道是用来抱怨的,或者哪些渠道主要是用来做研究的。

3.通过不同的渠道提供高质量的服务

总部位于新加坡的华侨银行拥有超过大约 590 亿英镑的资产。该银行识别出一个显著的细分市场正在转移到在线渠道,同时预计这些渠道将随着技术的快速进步而成长。华侨银行的一个核心原则是把高质量的服务通过所选择的渠道传递出去,以符合客户的期望。

(资料来源:永洪科技,《10 大案例展现银行大数据分析价值变现方式》。)

## 二、借助大数据进行产品创新

金融创新是指商业银行为适应经济发展的要求,通过引入新技术,采用新策略,构建新组织,开拓新市场,在战略决策、制度安排、机构设置、人员准备、管理模式、业务流程和金融产品等方面开展的各项新活动,最终体现为银行风险管理能力的不断提高,以及创造和更新为客户提供的服务产品和服务方式。

目前我国商业银行服务同质化,产品差异性小。随着数据的不断积累和商业银行数据分析能力的不断提升,大数据应用将拓展银行的业务发展空间,设计具有定价权和竞争力的创新产品。

### 资料传真

#### 建行"快 e 贷"

快 e 贷,是建行对存量房贷客户(需正常还款超过 2 年,共同借款人为配偶)或有较高且稳定金融资产值客户回馈的增值服务,其登录建行网银自助申请,通过线上实时审批后,可获得普通客户最高 5 万元,私人银行客户最高 50 万元的信用贷款额度,用途为个人消费,可用于网购或 POS 刷卡消费,有效期为 1 年,采用固定利率,不支用不计息,并可自助还款。"快 e 贷"具有以下特点:

1.适用客户和贷款额度,由系统运用大数据原理对建行客户的业务信息和信用状况进行深度整合分析后自动生成。只要客户在建行的存款、理财产品、国债等金融资产或者按揭贷款达到一定条件,信用记录良好,就可申请"快 e 贷"。

2.全程网上自助办理。"快 e 贷"从申请、审批、签约、支用到还款,全程都由客户在网上自助办理。

3.操作简捷,分分钟拿到贷款。客户只需选择常住城市、填写贷款金额、确认相关信息三个手动录入步骤,几分钟就可拿到贷款。值得关注的是,"快 e 贷"线上自动审批更是快到了"秒审"。

4.贷款支用贴近互联网消费模式。顺应日益红火的网上消费,"快e贷"支持在建行善融商务和其他各电商平台购物消费,也可用于POS机刷卡消费。

(资料来源:中国建设银行网站。)

## 三、借助大数据进行精细化管理

商业银行精细化管理的目标在于规避风险、控制成本,进而保持良好的竞争力。

商业银行积累的关于资产、负债、评级、客户、交易对手等各种数据资产,将在资债管理、成本分摊、资本管理和绩效考核等方面发挥重要作用,提升商业银行的精细化管理水平。

### 📋 资料传真

**IBM助力民生银行应对金融业的大数据挑战**

一、应用背景

在利率市场化和人民币国际化进程中,银行存贷利差收窄趋势将是必然,特别是随着互联网金融等新业态的出现,银行过去受国家政策保护的垄断利润正在缩减。这个时候,通过大数据驱动业务运营及产品创新,搭建低成本、高性能、高可靠且水平扩张的数据平台,帮助银行通过大数据分析应对金融业的大数据挑战,完善及大力发展银行业中间业务,避免产品雷同、老旧等情况的出现,做到个性化精准营销。

数据源:

个人特征数据:年龄、性别、职业、收入、工作区域、社会关系等。

资产数据:个人定期存款、活期存款、信用贷款、抵押贷款等。

其他数据:个人互联网行为数据、个人位置信息数据、商户数据等。

图说场景如图4-4所示。

二、实现路径

整合客户数据,通过精准的营销设计降低客户流失率,提高忠诚度;借助大数据技术对不同渠道来源的提供商、客户的交易行为进行全面分析,实现链式反应;搭建有效的数据模型,为客户提供全方位管家式的非金融服务;借助对业务的分析与优化,推动自身的转型与创新。

三、应用效果

分析洞察。通过大数据相关技术,可以及时了解本行业及关联行业的变化,快速调整自身企业的运营方向及策略,缩小企业运营风险敞口。

精准营销。整合金融业内部和外部数据,建立起多维度多层次的分析洞察报表,可提供市场、销售、用户、舆情等多角度的宏观洞察,辅助战略决策,同时也为企业的运营、产品、市场、销售、服务等一线业务人员提供数据洞察,支持其日常的业务行动。

(资料来源:网络大数据,《金融行业大数据应用系列案例之中信、民生》。)

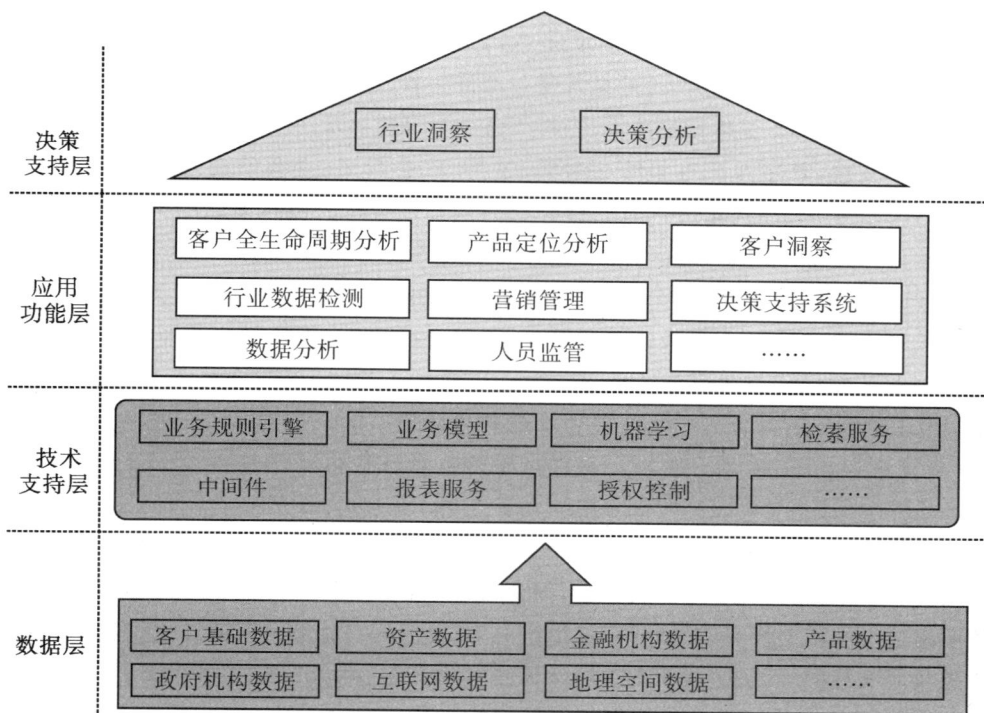

图 4-4 民生银行大数据平台构建

# 任务 4.4 数字货币时代下大数据的应用

📋 **案例导入**

**央行数字货币即将亮相**

近期,在数字货币的推行过程中,数字货币板块相关公司取得了不错的业绩。2021年8月17日,拉卡拉发布半年报显示,今年上半年,拉卡拉实现营业总收入33.05亿元,同比增长32%,归属上市公司股东净利润5.51亿元,同比增长26%。值得注意的是,在支付业务保持增长的基础上,数字人民币业务已成为拉卡拉的一大亮点。拉卡拉已参与了迄今为止全部数字人民币试点工作,以及2022北京冬奥会数字人民币受理的环境建设工作。近日,建设银行与拉卡拉支付股份有限公司战略合作启动会以云会议的形式召开,双方将以建立全面战略合作关系为契机,在全方位商户服务解决方案、新金融、数字化经营等领域开展创新合作。

近期,在中国数字人民币的研发进展白皮书媒体吹风会上,中国人民银行副行长范一飞在介绍数字人民币试点取得的最新成效时表示:截至2021年6月30日,数字人民币试点受邀白名单用户已超1000万,开立个人钱包2087万个、对公钱包351万个,累计交易7075

万笔、金额 345 亿元。央行数字货币研究所所长穆长春曾在第二届外滩金融峰会上强调,数字人民币具备特定优势。一是数字人民币是国家法定货币,是安全等级最高的资产;二是数字人民币可在不依赖银行账户的前提下进行价值转移,并支持离线交易,具有"支付即结算"特性;三是数字人民币支持可控匿名,有利于保护个人隐私及用户信息安全。

据有关报道,数字人民币相继在深圳、苏州、雄安新区、成都等地启动试点测试,2020年 10 月,又增加了上海、海南、长沙、西安、青岛、大连等试点测试地区。目前,数字人民币试点测试规模正在有序扩大。连日来央行数字货币已经开始"闭环测试",中国数字货币亮相在即。中国数字货币的研究和应用实验环节相当部分在深圳完成,据专家预测,数字货币的授权与发布是金融体系的国家重器,借助这一重器,各种金融要素将加快在深圳集聚。深圳既是数字货币研发源头也是 5G 科技创新高地,深圳将成为数字货币的国家实验室、国家数字金融创新高地及跨国金融监管运营中心。

(资料来源:腾讯新闻,《重磅!央行数字货币即将亮相》。)

## 一、数字货币的定义

目前,数字货币尚无标准定义,在不同语境下"数字货币"有着不同内涵和外延,参照国际货币基金组织相关研究成果,数字货币定义为"价值的一种数字表达"。根据发行主体、信用来源及流通范围等因素,数字货币可分为法定数字货币和虚拟货币两大类(见表 4-1)。

法定数字货币是指由有货币发行权的机构发行,由国家主权信用背书、受国家法律保护、具备无限法偿性、可在本国自由流通,采用数字化形态表现并采用加密技术保证安全性的货币,现阶段世界范围内许多国家均在积极筹备发行法定数字货币。后文所讲数字货币都指法定数字货币。

虚拟货币是指由非中央银行或者公共权威机构发行的数字货币,如在特定场景使用的数字货币(比如 Q 币),或者基于区块链技术采用分布账本记账的加密货币。加密货币又可以按照是否锚定法定资产进一步区分为稳定币和非稳定币,其中非稳定币一般是由算法产生的链内激励通证,多产生于公有链场景,代表有比特币、以太币;稳定币一般为业务规则约定的现实资产数字化转换,多产生于联盟链场景,代表有 Libra、摩根币。

表 4-1　数字货币类型与定义

| 类　型 | 分　类　与　定　义 | | |
|---|---|---|---|
| 法定数字货币 | 由有货币发行权的机构发行,由国家主权信用背书,受国家法律保护,具备无限法偿性,可在本国自由流通,采用数字化形态表现并采用加密技术保证安全性的货币 | | |
| 虚拟货币 | 由非中央银行或者公共权威机构发行的数字货币 | | |
| | 加密货币 | 稳定币 | 通过业务规则锚定法定资产,实现现实资产数字化转换,多产生于联盟链场景 |
| | | 非稳定币 | 通过算法产生的链内激励通证,多产生于公有链非稳定币场景 |

资料来源:中国工商银行金融科技研究院可信区块链推进计划《区块链金融应用发展白皮书》。

📋 **资料传真**

**我国法定数字货币发展进程**

我国央行发行的数字货币称为 DC/EP(Digital Currency/Electronic Payment),属于法定加密数字货币,具有无限法偿性,其本质是人民币的数字形式,依然是货币。对目前的公开资料总结分析,DC/EP 可能采用的方式是:以账户松耦合(脱离传统账户)的方式投放,并坚持中心化的管理模式和双层运营体系,同时建立在"一币两库三中心"的运行框架基础上,通过可控匿名的原则和 100% 的准备金制度,致力于 M0 的逐渐替代。

相比全球其他国家,中国较早开始研究法定数字货币。自 2014 年开始,中国人民银行成立专门的研究小组研究法定数字货币。2017 年央行成立专门的数字货币研究所,同时与数家商业银行联合,从数字货币方案原型、数字票据等多个维度研究央行数字货币的可行性。

央行坚定不移推进法定数字货币研发工作,目前在闭环测试阶段。2020 年 4 月 3 日,中国人民银行召开 2020 年全国货币金银和安全保卫工作电视电话会议,会议指出坚定不移推进法定数字货币研发工作。2019 年 8 月,央行召开 2019 年下半年工作电视会议中明确提出下半年要加快推进我国法定数字货币 DC/EP 的研发步伐。当月中国人民银行数字货币研究院院长穆长春在第三届中国金融四十人伊春论坛上表示"中国法定数字货币现在可以说是呼之欲出了"。

央行有关数字货币的发行全流程专利都已经申请完毕,包括生成、流通和回收。截至 2020 年 2 月 20 日,在数字货币方面,央行数字货币研究所申请了 65 个专利,央行印制科学技术研究所申请了 22 个。最新一条对外公示的专利名称为"一种数字货币的生成方法及系统"。

(资料来源:新浪财经,《数字货币深度报告:法定数字货币会是货币发展下一站吗》。)

## 二、我国央行数字货币与其他支付方式的区别

### (一)数字货币与现钞

我国央行数字货币(DC/EP)具备 M0 的属性,不同于电子支付。DC/EP 的定位是对流通中现金(M0)的部分替代,本质是实现纸钞数字化,法定数字货币作为法定货币的内在价值不应有任何变化。央行数字货币不超发,商业机构向央行全额、100% 缴纳准备金,央行的数字货币依然是中央银行负债,由中央银行信用担保,具有无限法偿性。

我国当前的货币体系已经基本实现了 M1 和 M2 的电子化和数字化,因为它本来就是基于现有的商业银行账户体系,所以没有再用数字货币进行数字化的必要。另外,支持 M1 和 M2 流转的银行间支付清算系统、商业银行行内系统,以及非银行支付机构的各类网络支付手段日益高效,能够满足我国经济发展的需要。

现钞的特点是具有无限法偿性、可以不需要账户就实现转移、不计付利息。相比现钞,DC/EP 在保持了现钞属性和主要特征的同时,也满足了便携和匿名的需求。现有的 M0(纸钞和硬币)容易匿名伪造,存在用于洗钱、恐怖融资等风险。DC/EP 从技术上可以实现匿名可控、可编程性、可追踪性等纸币无法实现的特点。

### (二)数字货币与第三方支付

近年来,由于移动互联网和移动终端的普及,电子支付方式在全球范围内被广泛接

受,特别是移动支付的推出给人们的生活带来便利,也减少了很多现钞的使用。但是移动支付,以微信、支付宝为主的第三方支付,跟数字货币具有较大的差异。

1. 对网络的依赖性不同

微信和支付宝交易依赖于网络,央行电子化货币有离线模式,不过公开资料里没有对离线模式进行具体解释。现金交易通常完全可以离线,但离线交易记入线上需要一些会计录入工作。央行数字货币和微信、支付宝等都是线上交易,就不需要录入数据的步骤。因此,如果既能离线又不必重新录入数据的话,未来数据库的积累肯定有很大区别。

2. 是否需要绑定银行卡不同

相比电子支付中支付宝和微信需要绑定银行卡的情况,DC/EP 不需要绑定银行账户。从宏观经济角度来讲,电子支付工具资金转移必须通过传统银行账户才能完成,用户发送支付指令以后,后台账户就会产生资金划拨。而对于央行数字货币,央行采取账户松耦合的投放方式,即脱离传统银行账户实现价值转移,因此信息流和资金流高度统一,交易和结算同步完成,省去了后台清算、结算等环节。从而降低整个社会的交易成本,大大提升整个社会的交易效率。

3. 交易的安全性不同

在安全性方面,DC/EP 采用加密技术,能够防止货币造假、货币被盗等安全性问题。坚持中心化的管理模式。不同于其他加密资产的去中心化的自然属性,DC/EP 坚持中心化的管理模式,有利于保证央行在投放过程中的中心地位,保证并加强央行的宏观审慎和货币调控职能,在商业银行等指定运营机构进行货币兑换时,可以有效避免货币超发。而微信和支付宝等第三方支付的安全性依靠账户安全体系,存在账户泄露、密码被盗等安全性问题。

4. 法定性和风险不同

央行数字货币由国家主权信用背书,而支付宝和微信并没有这个信用,其背后的商业机构有破产的风险。央行数字货币是法币,具有无限法偿性,居民(包括个人或企业)必须接受,无权利拒绝;有的商家并不支持微信和支付宝等第三方支付,用户选择用微信或者支付宝等进行支付时,商家有权利拒绝,这完全取决于商家自己的需求。因此,未来一旦央行数字货币正式推出以后,居民必须无条件接受。

## 三、数字货币时代下,如何利用大数据追踪违法犯罪行为

在纸币时代,经常会出现大量的腐败和洗钱等违法犯罪行为。腐败分子经常会私藏大量现金,因为现金难以被追溯,若是转账或者刷卡就会留下记录,贪腐、洗钱等一些不合规、不合法的交易,常用老旧不连号的现金交易。未来,当央行发行法定数字货币之后,数字货币的发行和流通过程的信息被完整记录,可以对货币的来源、去向、支付原因、支付金额、支付频率等信息进行分析,可以更为便捷地发现异常现象。因此,央行可以通过大数据技术进行反洗钱、反逃税、反恐怖监督,并且由于信息获得和核对更快捷,可降低执法成本,提高监督效率和有效性。

虽然普通的交易是匿名的,但可以用大数据识别出一些行为特征,锁定这个人的真实身份。比如说大量的赌博行为都发生在夜间 12 点以后,而且所有的赌博交易都没有零

头,都是十的整数倍。一般来说,开头是用小额,越来越大,突然断崖没了,也就是没有交易了,那说明是输光了,这就符合一般赌博的特征。这些交易特征分析出来之后,再利用大数据和数据挖掘技术,进行身份比对,就能把后面那个人找出来。又如,偷漏税行为可以得到有效防治。当企业的经营活动发生时会有相应的现金流动,这在数字货币系统中会有相应记录。年末进行纳税申报和缴纳时,税务部门可以通过对这些流水的统计和分析快速有效判断企业是否存在偷漏税转移收入行为,除了企业,也可以防治明星或者娱乐行业的偷税漏税情况。再如,一些政府部门人员的收入情况也可以做到定期核查,看是否存在异常收入,警惕因权力监督失衡而出现的腐败行为等。数字货币的高度透明让每个货币都有独一无二的编码,而且储存了货币所有者的账号、交易过程等信息。政府机构可以根据法律法规进行审查,调查资金来源是否合法。在这种情况下,腐败、洗钱、非法交易、偷税漏税等违法犯罪行为将无处遁形。

（根据起风财经《"数字货币＋反腐"如何操作?》及新浪财经《数字货币深度报告:法定数字货币会是货币发展下一站吗?》整理。）

## 📋 资料传真

### 数字货币能否保护个人隐私?

数字货币时代下,利用大数据机制可以很好地追踪资金的去向,那是否说明个人隐私会被暴露呢? 其实不然。确实,到今天为止,还有很多人出门不带信用卡,也不用支付宝,背个包,一拉开,十几万的现金。因为用信用卡、支付宝这样的存款账户会被记账,会被记录,会被追踪。而现金可以极大地保护个人隐私。

数字货币在央行的数据库中也有记录,那隐私怎么保护呢? 其实,真正需要调查一个人数字货币记录,只有央行可以,而且需要符合信息安全保护机制。不像存款账户,比如银行卡、信用卡、支付宝等,我们的交易信息,商家、支付机构甚至支付设备都知道我们的信息。央行的"数字货币钱包"虽然是数字的,但放的就是 5 张 100 元纸币,不记名。手机和别人一碰,你的手机里就少了一张 100 元,别人的手机里就多了一张。整个过程,不需要银行,也不通过网络。就相当于,你从口袋里掏了一张皱巴巴的百元大钞给了对方。阿里的支付宝,消灭了一轮现金。央行的数字货币钱包,要消灭第二轮。所以,央行数字货币能够解决这些问题,它既能保持现钞的属性和主要的价值特征,又能满足便携和匿名的需求。这就是:前端可匿名,后端可追溯。

（资料来源:商业洞察,刘润:《央行的数字货币,就是第六套人民币》。）

**参考文献**

[1]中国人民银行,等.关于促进互联网金融健康发展的指导意见[EB/OL].（2015-07-18）[2021-04-30]. http://www.pbc.gov.cn/goutongjiaoliu/113456/113469/2813898/index.html.

[2]李勇,许荣.大数据金融[M].北京:电子工业出版社,2016.

[3]中国工商银行金融科技研究院,可信区块链推进计划.区块链金融应用发展白皮书[EB/OL].（2020-04-25）[2021-04-30]. https://www.sohu.com/a/391019482_781358.

# 项目五　大数据与保险

🔍 知识脉络图

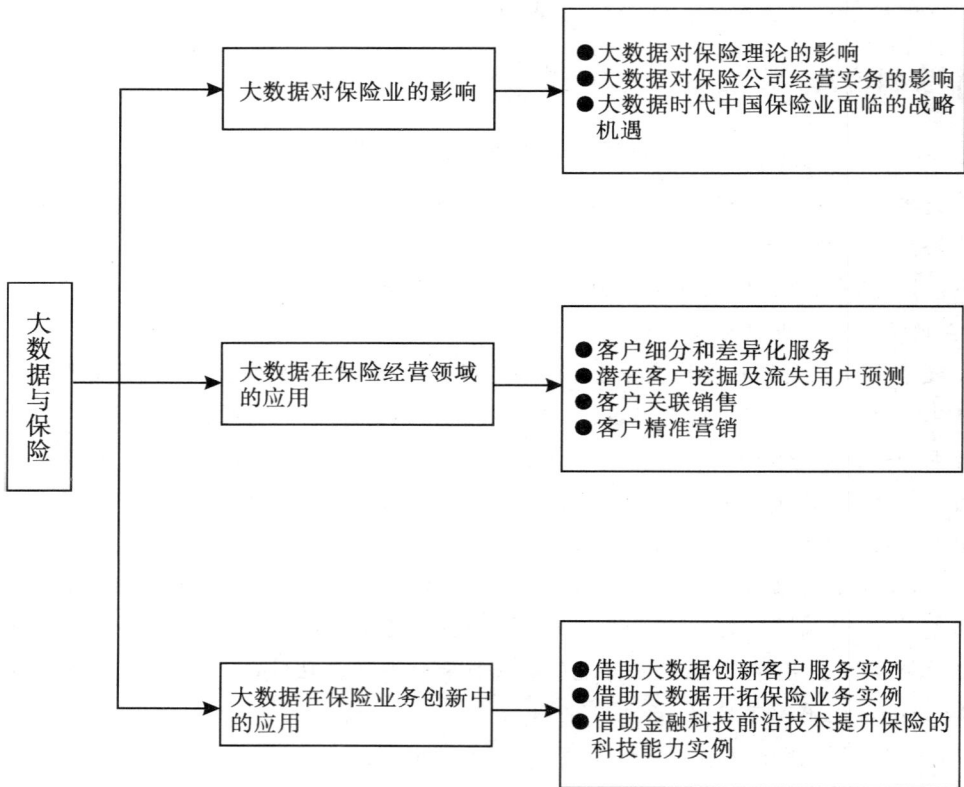

## 学习目标

通过本项目的学习,学生能够了解大数据对保险业的影响,掌握大数据在保险经营领域的应用;掌握大数据在保险业务创新中的应用;了解大数据对保险经营理论的影响;了解大数据时代中国保险业面临的战略机遇;掌握大数据在保险客户细分和差异化服务、潜在客户挖掘及流失用户预测、客户关联销售、客户精准营销方面的具体应用;掌握大数据在创新客户服务和开拓保险业务的应用。

# 任务 5.1　大数据对保险业的影响

## 案例导入

### 利用大数据开启保险精准化定价时代

当国内一批保险公司高调宣告将向"科技＋保险"模式转型时,真正的科技保险公司就这样应运而生。美国人寿保险巨头 John Hancock(恒康保险)宣布将停止承保传统人寿保险,只销售通过可穿戴设备和智能手机追踪健身和健康数据的"互动式"保单。

这一"敢为天下先"的举动,震惊了全球保险业。震惊之一,这意味着,这家有着 156年历史的 John Hancock(恒康保险)将放弃传统的保险定价及经营模式,颠覆性地拥抱互联网理念和科技技术,利用大数据开启保险的精准化定价时代。震惊之二,恒康保险经营模式的转变,在一定程度上也颠覆了大众对"保险功能"的传统认知。它将从一家"简单的风险承保服务商"向一家"风险预防和管理服务商"转变,保险的功能将从"事后补偿、事后理赔"向"事前防范＋事中介入＋事后补偿"转型。

恒康保险的理念是,只出售帮助客户延长寿命、更加健康生活的保险。具体的模式是:恒康保险未来提供的所有人身险产品,都要求保单持有人使用健身追踪器等智能工具,以确保保单持有人养成健康的生活方式。恒康保险的后台将通过和合作科技公司的手环数据进行连接,实时和保单持有人互动,知道所有保单持有人的运动情况,并通过运动步数抵扣部分保费等奖励方式,激励保单持有人加强运动。

无论是对保险公司还是对保单持有人来说,都能从鼓励健康的生活方式中受益。所有保险公司都希望他们的客户能够延长寿命。从经济学角度来说,客户的生命延续得越长,保险公司所获得的"死差"收益就越多。"死差"是指,实际的死亡率或者发病率和定价时假设的死亡率或发病率之差;对保单持有人而言,保险不再只是"冷冰冰"的理赔金,它还能起到健康管理的作用,"延长"寿命。

尽管这种模式备受全球保险业推崇,但想要在中国全面推行,眼下尚有难度。业内人士认为,一是可穿戴设备在人群中的覆盖面和普及度与欧美国家相比尚有差距;二是受众的保险意识和理念尚未与国际成熟市场同步,多数保单持有人对保险的理解仍然停留在

"事后补偿"上;三是保险公司还没有具备支撑这一转型的历史数据基础、后台系统及经验等条件。

上述三大难点决定了目前国内恐无保险公司敢彻底向此模式转型。但不可否认的是,国内的一些保险公司已经有此意识,并开始了大胆尝试。

(资料来源:黄蕾:《真正的科技保险公司来了 利用大数据开启保险精准化定价时代》,《上海证券报》2018年10月8日)。

保险业本身就具有大数据的特征:一是保险行业是经营风险的行业,通常要利用风险模型或数理技术等对标的物的风险进行评定;二是保险公司的利润主要来源于收取的保费和未来的赔付支出的差额,保险公司先要对这些风险发生的概率进行预测,而大数据的一个关键核心就是预测;三是保险经营过程中的每个环节都和大数据密不可分,诸如:业务系统中的保单数据及保单维持数据及核保理赔数据,保费投资经营中的投资理财数据,精算部门的定价数据,各类风险管理数据等。随着信息技术的发展,保险公司每时每刻都积累着大量的数据信息,数据量的级别呈现爆炸式的增长。

保险业利用IT技术与新的思维方式,将人工智能、大数据、区块链不断渗透赋能保险业,成为驱动和引领业务创新的核心引擎。保险公司也正在凭借场景差异化、精准保险产品设计,优化业务流程,运用科技力量助力,提升在保险生态圈中的核心竞争力。从当前情况看,大数据对保险行业的影响主要表现在以下几个环节上。

## 一、大数据对保险理论的影响

将风险的不确定性向可测性转化的矛盾运动构成了保险经营的技术基础。保险精算正是保险经营技术基础的表现形式,保险精算的基本原理主要是收支相等原则和大数法则。所谓大数法则,是用来说明大量的随机现象由于偶然性相互抵消所呈现的必然数量规律的一系列定理的统称,大数法则为保险经营特别是非寿险经营中利用统计资料估算损失概率提供了理论基础。同时保险市场是典型的信息不对称市场,由信息不对称引起的逆向选择和道德风险是广泛存在的。大数据将对保险精算和保险信息不对称产生巨大的影响。

### (一)大数据分析将改变传统的保险精算理论

保险是经营风险的学科,其关键要素在于精算,基于统计学的大数法则是精算理论的核心。传统精算理论中,精算师通过掌握与某项风险相关的暴露数据,运用大数法则对数据进行建模与分析,寻找其中的规律,辅以假设,对未来的风险进行判断,进而设计相应的保险产品。

现如今,精算师可以运用大数据分析软件,对海量数据进行回归分析,精确地识别和确认个体对象的潜在风险,这种思维与传统精算思维存在着很大的不同。我们不认为传统精算理论将被大数据颠覆,但大数据的确可以帮助改造传统精算方法,产生一种将大数据方法融合在精算理论之中的、演进的保险精算方法。

### (二)大数据分析对保险最大诚信原则的影响

诚实信用原则是世界各国民事法律关系的基本原则之一。诚信是指诚实可靠、坚守信誉,一方当事人对另一方当事人不得隐瞒和欺骗,同时任何一方当事人都应善意地、全面地履行自己的义务。鉴于保险经营的信息不对称性，在保险合同关系中，要求当事人具有最大诚信。所谓最大诚信，是指当事人要求对方充分而准确地告知有关保险的所有重要事实，不允许存在任何隐瞒、虚伪、欺骗的行为。我国《保险法》"总则"第五条规定："保险活动当事人行使权利、履行义务应当遵循诚实守信原则。"

最大诚信是保险经营最重要的基本原则。在经营过程中，单靠主观上的诚信与道德是不够的，需要由信息数据提供更为强大的客观机制的支撑。在大数据应用系统下，任何个人或组织及其行为都可以被数字化评估。因此，保险公司判断客户信用情况可以不再仅仅依靠其主观表达，而是增加客观统计数据信息，用代表行为模式的数据和概率来提高研判客户信用情况的准确度，大大提升防范逆选择和道德风险的水平。

1. 大数据深化了最大诚信原则信用信息的内涵

信用信息是用来反映或描述信用主体信用关系状况的相关数据和资料等，主要包括个人信用信息、企业信用信息和政府信用信息。以大数据为基础的互联网保险信用信息，不仅仅包括财务信息，同时还包括互联网保险主体的基本属性、网上交易信息、网络信用评价、身体健康信息以及社交网络信息等初级信用信息。除此之外，还包括经过深层次挖掘形成的信用数据等二级信用信息。换言之，凡是与互联网保险主体信用关系具有相关性的数据与资料，均构成信用信息，大数据无疑不断深化着最大诚信原则的信用信息内涵。

2. 通过大数据反欺诈模型实现信用信息的清洁

信用信息的真实性是信用评级的核心要求，是实现评级准确性的必要前提。传统信用评级技术对于信用信息的清洁主要通过分析师现场尽职调查以及人工审核解决。这样的信用信息审核方式效率低下且容易出现遗漏。而在大数据条件下，通过构建大数据反欺诈模型，就可以规避传统人工审核的烦冗和不可抗力因素导致的错漏，大大提高审核效率和信息的真实度。大数据的引入，一方面使信息清洁有了多维度的信息作为关联关系以及逻辑校验的数据基础；另一方面，机器学习模型的记忆功能能够形成新的反欺诈规则，进行自动跟踪监控，进而实现信用信息的高效、精准审核。比如，通过连接公开互联网信息，通过与保险机构建立信息共享机制，可以获取互联网金融主体的负债信息以及违约记录等。如此多维、广谱数据辅之以自动化决策系统，从而使线上高效甄别、排查虚假信息和诈骗融资申请成为现实。

3. 通过大数据构建保险主体信用画像

大数据的本质在于还原真实，就互联网保险信用评级而言，大数据的作用在于通过大数据技术，将分散在互联网等处的局部、碎片信息整合成可以完整描述信用主体信用状况的全局信息，从而准确地判断互联网金融信用主体的履约能力和意图，也即为互联网保险主体构建真实的信用画像。信用画像是对互联网保险主体以履约能力和履约意愿为核心的多维度定位。在信用信息共享机制下，通过关联分析、聚类分析以及神经网络等数据挖掘技术，可以实现对互联网保险信用主体的企业及个人信息的整合，进而从互联网保险主体的身份特征、创新资质、行为偏好、经营状况、信用关系、守法守规等维度构建互联网保险主体信用全貌的模型，为其提供精准的信用画像。

4.通过大数据实现投保人信用的动态监测

大数据满足了投保人信用网络动态监测所需信息实时性的需求。随着市场竞争的白热化,宏观层面以及微观层面风险预警的及时性要求更高了。互联网大数据具有非常高的更新频率,甚至已实现了实时更新。这种快速更新的信息输入,使得信用评级对债权债务关系网络动态监测的及时性得到了跨越性提高。在动态监测系统高效运行下,互联网金融主体的任何一个异常行为,都会在信用变化网络上得到瞬间识别,并依靠神经网络等人工智能极速判断,可以零时差地对整个网络上的所有节点进行信用评估和风险识别,进而实现对区域、全国乃至全球信用风险的实时预警,对最大诚信原则进行了最大的校正和补充。

## 二、大数据对保险公司经营实务的影响

以互联网信息技术为突出特征的金融科技与保险业紧密结合。目前,金融科技领域中的物联网、大数据、人工智能、区块链等前沿技术都在保险业中得到广泛应用。将大数据技术运用于保险可以颠覆传统保险的精算技术,特别是各种移动终端的运用使得保险公司能实时、准确地掌握保险标的的风险状况,从而对保险经营方式产生重大的影响。

### (一)大数据对保险产品定价的影响

产品精算定价能力是保险公司的核心竞争力,传统保险精算采用以历史损失数据为基础的固定风险费率的精算模式,即通过测算以往的损失概率及程度来制定保险产品的费率。而保险费率一经确定,在保险期内一般不会再变化。然而随着社会环境以及用户自身状况的变化,保险标的风险状况处于动态变化中。运用大数据技术可实现保险产品精算定价从"样本精算"到"个性精算",可根据保险对象实时的风险信息变化及时调整保险费率,使得保险产品更具有个性化。同时,还可通过和物联网、人工智能、生物识别等技术的结合应用,在确认风险事件发生的时间、空间以及保险标的的唯一性方面进行积极探索,建立的投保人可信信息系统将对保险行业风险定价发挥更为重要的作用。

📋 **资料传真**

### 大数据与汽车保险费率厘定

UBI(Usage Based Insurance),作为大数据时代的新型保险,近年来吸引了业界的广泛兴趣。UBI市场的早期进入者已赢得了与日俱增的消费者关注和随之而来的需求增长。本质上,UBI的理论基础是驾驶行为表现较安全的驾驶员应该获得保费优惠。保费取决于实际驾驶时间、地点、具体驾驶方式或这些指标的综合考量。而近年发展迅猛的汽车数字化为其实现提供了可能。汽车数字化可以将汽车的自我状态监测、驾驶路线、事故录像以及维修记录等各类信息进行数字化处理。在尊重客户隐私的条件下,保险公司通过大数据技术监测分析客户车辆的用途、驾驶方式、驾驶时间以及驾驶频率等数据。还可以掌握客户车辆使用情况,如是否定期保养、胎压是否正常等,并在危险情况下及时提醒用户。通过这些信息,保险公司可测评出车辆风险指数,从而为客户提供个性化差别费率,为安全系数高的用户提供高达20%的优惠。据数据统计,用户的行车安全有所提高,

而形成的新型商业模式也提高了用户满意度,为公司打造了良好的品牌形象。

（资料来源：百度百科,王琪、鄂海红、宋美娜等：《论大数据技术对保险行业的影响》,《软件》2017 年 5 月。）

### （二）大数据对保险产品创新的影响

尽管互联网的大环境下,各种保险产品层出不穷,但大多仍局限在传统保险形式的范畴中。利用大数据分析,可发掘用户潜在需求,根据需求设计新产品,从而有效解决保险创新产品较少、结构单一的问题。互联网提升了保险产品与用户之间的对接效率,运用大型数据库实现保险业内部流程和环节壁垒的弥合,互联网保险企业在大数据技术的支持下能够在每个消费场景中持续深耕,同时结合用户的风险管理需求,挖掘出更具个性化的保险产品。同时,区块链技术、人工智能和大数据技术的融合,大幅提高了核保核赔的效率并节省了人力成本,使小额、高频、碎片化保险产品的推出成为可能,加速保险产品的创新。

## 📑 资料传真

### 众安保险：发挥用户思维用大数据实现产品创新

首家互联网保险公司众安保险自 2014 年成立以来秉承"用户第一"的理念,持续开发能满足用户需求的保险产品及解决方案,践行着互联网保险拓荒者所肩负的责任。

2014 年、2015 年,众安保险联合阿里巴巴先后推出的"众乐宝""参聚险"产品,目标即为当下正热的淘宝网卖家商铺。"众乐宝"产品是依据大数据分析,针对网上购物的信用问题,抓住买卖双方在信用领域的需求,针对互联网的实时和便捷特征,在定价、理赔和责任范围等方面进行了创新。而"参聚险"则是保险公司通过大数据分析,发现以往参加"聚划算"的卖家往往需要冻结大额聚划算保证金而提出的。若卖家选择"参聚险",则只需交较低的保费,则可参与"聚划算"活动,并能得到众安保险的先行垫付赔款服务。

为了优化健康险服务水平,2016 年,众安保险携手小米运动与乐动力 App,推出国内首款与可穿戴设备及运动大数据结合的健康管理计划——"步步保"。通过与可穿戴设备及运动大数据结合,用户在合作伙伴小米运动、乐动力 App 中开设入口,用户投保时,系统会根据用户的历史运动情况以及预期目标,推荐不同保额档位的重大疾病保险保障（目前分档为 20 万、15 万、10 万）,用户历史平均步数越多,推荐保额就越高。比如每天10 000 步,推荐保额就是 15 万。保单生效后,用户每天运动的步数越多,下个月需要缴纳的保费就越少。

2017 年,众安保险开始尝试把区块链与智能防伪和物联网结合在一起,通过把这三项技术结合起来,落地推广了"步步鸡"养殖项目,消费者可以实时察看鸡的地理位置和计步信息,打破生产链上各环节的信息壁垒,所有信息都通过区块链进行流转。

2017 年,众安保险结合用户对健康、航旅及生活消费等领域的热点需求及市场数据,将旗下电信诈骗险、尊享 e 生等进行了升级,并推出了女性百万意外保、飞享 e 生、保贝计划、机场延误险等新产品。每一款产品均根据用户需求数据设计而成,就产品本身而言,集场景化、定制化、人性化于一体,同时根据目标客群完善定价、销售、理赔、服务等各配套环节,在满足用户需求的同时,带给用户更丰富的保险认知以及更有"温度"的体验。

（资料来源：《众安保险：以科技实力实现服务创新及技术输出》，飞象网，http://www.cctime.com/html/2018-2-28/1363064.html；《众安保险"步步保"智能健康管理计划，用运动变现保费》，沃保网，https://news.vobao.com/zhinan/jiankangxian/826727509367297043.shtml；《众安保险：发挥用户思维用大数据实现创新》，经理人网，http://www.sino-manager.com/63554.html。）

### (三)大数据对保险营销模式的影响

随着大数据时代营销模式不断发展,传统保险营销模式的缺陷也逐渐显露。传统保险营销模式通常以市场为导向,以保单产品为中心,营销方式过于单一,忽视客户最实际的需求,欠缺对潜在用户的培养和需求的细致挖掘。而如果充分利用大数据技术,则可在实现以客户为中心、精准营销及多途径营销等方面有显著提升,最大限度地促进保险业的网络销售模式变革。

大数据技术不仅可以借助信息采集和数据挖掘技术提供足够的样本量和数据信息,而且还可以对原始数据及时更新,为保险公司的市场开发以及品牌的个性化做好定位。另一方面,大数据分析,可以精准客户营销。利用数据分析得出潜在客户的精准营销,根据客户的收入状况、消费记录、风险偏好,建立完整的客户数据图谱,应用大数据技术智能化分析细分客户的需求,实施精准化、有针对性的产品及服务推荐。基于大数据对保险公司、银行等金融机构现有的客户资源进行统计分析,对其需求特点开展交叉营销,从而降低保险公司的营销成本,提高营销效率。

### (四)大数据对保单管理的影响

利用大数据技术会极大提高保险单证管理业务的操作效率,对客户数据、单证及其处理流程的优化,可以减少客户的输入数据量,提高单证录入、核保的效率,提高签单率。并且根据大数据分析,对客户退保概率或续期概率进行估计,找出高风险流失客户,及时预警,制定挽留策略,提高保单续保率。区块链技术基于其技术的特殊性,能够保证保险交易的安全性,促进保险生态的增长。

### (五)大数据对保险理赔的影响

保险理赔是保险经营的重要环节,大数据技术、人工智能及区块链智能合约机制的应用对保险理赔尤其是理赔时效、理赔金额、理赔程序等对客户满意度、保险公司赔付决策、保险公司盈利能力都具有重大影响。首先,将保险标的出险信息及时纳入征信系统,可以缩短保险公司调查流程,降低调查成本;其次,通过征信系统审批能够有效防止重复索赔事件的发生;最后,通过对保险公司的理赔速度和质量,以及客户满意度进行调查,可以对保险公司进行综合排序,发现问题,及时反馈,提高保险行业的经营效率。

### (六)大数据与反欺诈

欺诈是影响赔付的一个重要因素。借助大数据手段,保险公司可以显著提升反欺诈的准确性和及时性。

大数据模型可以自动识别出理赔中可能的欺诈模式、理赔人潜在的欺诈行为以及可能存在的欺诈网络。险企可以通过设定关键问题,利用海量数据进行验证,找出可能的答案。以理赔分析为例,常见的关键问题包括：事故造成的实际损害有多大？事故发生的时间和地点？事故人员的医疗诊断情况？车辆型号、车价、年龄、事故中的人数等？

同时，要确保数据资源，数据越完整、越多样，则越有可能通过复杂的算法与分析识别可能的欺诈行为。必要的数据包括：理赔历史记录、保单信息、其他保险公司数据、医疗保险数据、事故统计数据、征信记录、犯罪记录、社交网络数据等。

## 资料传真

### 大数据理赔欺诈检测

美国一家汽车保险公司 Allstate Corporation 通过大数据分析识别出欺诈规律，从而大幅减少欺诈理赔支出。该公司通过大数据整合理赔数据、理赔人数据、网络数据和揭发者数据，将所有理赔请求首先按照已有的欺诈模式自动处理，接下来可疑的理赔请求将被特别调查部门（Special Investigation Unit）人工审阅，经过自动化和人工两个监测过程检测出更多欺诈行为，同时减少了人工工作。大数据成功帮助 Allstate 将车险诈骗案减少了 30%，误报率减少了 50%，整个索赔成本降低了 2%～3%。

另一家世界著名的数据库 LexisNexis 则利用理赔、政府数据和犯罪记录监测出大量欺诈行为。该数据库通过关联大量美国保险公司理赔数据、第三方保险公司的历史理赔数据，按照关系匹配官方数据（如婚姻记录）和犯罪记录，自动整合理赔人的犯罪记录及相关人记录，通过算法监测欺诈行为及欺诈网络。通过大数据检测发现，超过 20% 的理赔请求属于欺诈、重叠或不当，而且存在医疗机构介入汽车保险欺诈网络的情况。保险公司在经营中为防范来源于投保方的道德风险，反保险欺诈是其重要的业务环节。大数据技术可以获取海量数据，并对数据进行加工整理，统一标准、口径，抽取关键风险场景要素，对数据进行多维度分析，发现关联关系，构建动态的欺诈风险模型。

### 三、大数据时代中国保险业面临的战略机遇

大数据是 20 世纪 90 年代信息技术革命的深入发展，是继互联网、云计算之后 IT 产业的技术变革。大数据时代的到来将对传统的企业经营模式形成巨大的冲击，大数据市场规模的不断增大对保险行业来说既是新的机遇，同时也是一种挑战。

#### （一）降低成本提高效率

大数据技术、区块链的智能合约机制、人工智能技术的应用可以降低经营成本并提高效率。在大数据时代，通过信息技术手段采集保险企业经营管理过程中的相关数据，构建标准化、系统性的保险企业数据库。一方面，可以迅速定位客户对保险产品的需求，使得各种保险的产品设计更趋近于市场需求。相比于传统的保险而言，可以有效地减少数据的收集时间与成本，提高保险的经营效率。另一方面，保险业务自动化处理能力不断提高，提高了保险企业的经营效率。网络智能核保理赔平台技术的成熟，智能终端等移动互联网设备的广泛应用可以进行实时的核保理赔，提高了保险业务流程自动化和费率厘算的自动化程度。此外，基于平台海量数据的分析，可以在提高保险经营效率的同时有效地控制营业过程中面临的风险。

### (二)创新保险产品

大数据可以有效及时地挖掘客户需求,进行产品创新。保险企业传统的客户需求分析主要借助于客户的静态数据,对客户需求进行评估,这一方式会受制于数据收集的能力及人的主观判断能力。保险企业可以通过大数据技术从数据的广度与深度两方面对客户的各种行为数据进行采集与分析,更加深入分析客户行为,从中挖掘出客户的需求。具体表现在大数据可对历史数据及客户在网页浏览与交易留下的记录进行数据的收集、处理和分析,保险企业在此基础上通过将客户需求情况信息化、模型化,进行客户需求挖掘,深入了解客户的风险分散需求情况,运用保险企业内部系统智能分析预测客户对产品的需求情况,从而进行产品开发或者是采取针对性的服务措施,提高服务水平。区块链、人工智能和大数据的融合会提高企业风险管理、产品创新、投资和决策能力。

### (三)提高产品定价精确度

大数据可以提高保险产品定价的精确度。保险产品的定价基础是保险事故发生的概率及损失额,在传统定价模式中精算师主要是根据以往经营过程中产生的有用数据,运用大数法则,通过统计学的方法构建数学模型,计算保险费率,从而得出产品价格。而在大数据时代,云计算与大数据技术使我们能够在尽可能短的时间内收集到与产品相关的全面数据、完整数据和综合数据,通过数学建模进而得出更为准确的产品价格。另一方面,实时的动态数据分析能力可以实现保险产品的动态化定价,我们可以根据市场的具体情况、客户的需求变化去开发产品并提供服务,提高顾客对产品的满意度,进而提高保险产品的销售范围。大数据、区块链、物联网、人工智能、生物识别等技术的结合应用可建立投保人可信信息系统,保险公司能够准确地进行风险评估以及价格调整。

### (四)提高经营决策的客观性

传统保险公司的经营决策主要是依赖于样本数据分析和高层管理经验;而大数据时代全面依托于海量的数据分析处理基础上的经营决策更具有客观性和科学性。随着保险企业数据分析能力的提升,在企业日常经营过程中积累的关于保险事故发生概率、理赔额、客户分布情况、竞争对手等数据,通过大数据技术进行统计、分析、评估,可以为保险企业业务发展、市场营销等方面提供有效的决策支持,可实现真正的"以数据说话",有助于提高保险企业的经营管理水平,对现有的保险决策机制会产生重大的影响。区块链与大数据、云计算的融合,能够有效提升保险公司智能风控水平,同时也给保险监管带来了影响和挑战。

### 🖥 课堂讨论

为什么大数据技术下保险公司会降低成本,提高效率?大数据工具具体在保险经营实务上具有什么样的优势?传统保险业务在降低成本、提高效率方面的经营思路是什么?

## 💡 知识拓展

### 保险行业大数据价值变现三部曲

我国保险行业大数据战略规划刚刚起步,相对于银行和证券公司,保险公司在电子化、数据化、移动化、平台化方面还处于落后状态。保险公司应抓住大数据技术带来的机遇,建设大数据管理平台(DMP),为大数据价值变现提供平台支持。积极建设移动 App,将渠道发展战略向移动端倾斜,将移动端定位为客户导入的入口、保险产品展示和购买的平台。保险行业大数据价值变现的三部曲如下:

1. 整合内部数据,引入外部数据,为客户进行画像

保险行业内部拥有大量具有价值的数据,因此保险行业的大数据战略应该从整合自身数据开始,挖掘已有数据,对用户进行画像。保险公司内部的数据包含客户的个人属性和金融信息,这些数据可用来标签化,为用户画像提供支持。但保险公司内部的数据主要包含交易数据和订单数据,由于不含有客户外部行为数据,无法定义客户的特点,例如客户的旅游爱好、教育需求、文化需求、位置轨迹、理财需求、游戏爱好、体育爱好等。这些信息都是描述用户的基本信息,也是客户画像的基本标签。保险公司可以从外部购买这些数据,结合内部数据,保险公司可以掌握客户多纬度信息,丰富用户信息,形成360度用户画像。360度画像有助于保险公司从不同角度了解客户,也有助于对客户进行分类管理,依据客户的特点进行精准营销和产品设计。保险公司需要建立大数据管理平台(DMP),由于客户行为的不确定性,用户画像信息需要及时更新,因此 DMP 中的标签体系和数据,包括引入的外部数据都应该是动态的,及时进行更新,这样才可以保证数据的时效性。大数据管理平台(DMP)是保险行业大数据价值变现的基础平台,大数据价值变现很多场景都可以利用 DMP 的数据进行挖掘,包含客户用户画像、精准营销、新客获取、老客经营、用户体验提升、风险评估等。

2. 打造移动 App 互联网保险平台,标准化保险产品

移动互联网时代到来之后,大部分消费场景正在移动化,人们的衣食住行以及文化娱乐消费都可以通过移动 App 解决。特别是年轻人,他们消费场景移动化趋势更加明显。保险公司应该关注消费场景移动化的趋势,将连接客户的方式从电话和线下转向移动互联网,利用移动 App 同客户进行连接。保险公司的客户渠道也应该转向移动互联网,逐步降低电话销售获客比例,将获客的主要资源转向移动 App。移动 App 可以提供丰富的产品信息,既可以提供简明的产品介绍,又可以提供直观的数据和图表。移动 App 还可以通过炫酷视频和图片向客户转达更多的理念价值。这些丰富的信息不但能够让客户在短时间内了解产品,还可以提高客户体验,提高客户购买产品的可能性。利用移动 App 进行产品推荐不但可以提高产品的转化率,还可以降低营销成本,提高客户体验。同时保险公司必须对保险产品进行标准化,保险产品介绍一定要简单明了,突出重点和客户利益,并依据客户各种场景需求设计产品。简单标准的保险产品迎合了年轻人的需要,有利于快速销售、形成规模,有利于保险公司延续此保险产品的生命周期,降低产品开发成本。

3. 利用大数据分析改变保险产品定价方式,以客户为中心设计保险产品

互联网金融时代,所有商业思维应该转向数据思维,保险行业也应该利用大数据来分

析客户需求、开发产品、运营企业以及进行风险定价。过去保险产品在设计时并没有从客户角度出发，主要关注风险和收益，产品设计出来是否满足客户需要，保险公司其实根本就不知道。当保险产品推出后，其是否会被客户接受，很大程度取决于市场推广力度和销售人员能力。在这种情况下保险公司投入资金较大，产品风险很高。年轻的一代正在走向分化，很难有一个产品满足大部分客户需要。在新的社会形态下，保险公司需要深入了解客户特点，依据客户的需要来设计保险产品，这样才能保证保险产品的销量，形成一定规模，覆盖风险事件发生概率。大数据分析技术、标签数据、客户行为数据、全局数据可以帮助保险企业改变保险产品的定价方式。基于大数据技术和全局数据的产品设计模型可以帮助保险公司设计出较高收益、较低风险概率的产品。客户行为数据和标签数据可以帮助保险公司了解客户特点，设计出满足客户需要的保险产品。以数据分析和客户需求为出发点的保险产品设计，将会在产品收益、客户体验、风险管理等方面取得领先。国外一些领先的保险公司在设计保险产品时，已经利用大数据分析技术进行设计，并取得了较好的市场反馈，产品的盈利可观。大数据将会帮助保险公司设计出风险分析充分、适应客户需要的保险产品。

（资料来源：《保险公司实现大数据价值的三个阶段》，凤凰财经，http://finance.if-eng.com/a/20170728/15557376_0.shtml，2017-07-28.）

# 任务 5.2  大数据在保险经营领域的应用

## 案例导入

### 以数字化科技缔造"简单保险"

2019年京东6·18全球年中购物节期间，亿万用户在享受便捷电商服务的同时，可以体验贴心的小家电产品试用无忧服务，而这背后正是由京东安联提供相应的保障。

京东安联前身是于2003年在广州成立的安联财产保险（中国）有限公司，系德国安联保险集团单独出资设立，京东于2018年7月获批入股。作为互联网企业之一，京东拥有丰富的电子商务生态系统、数字化技术以及对消费者行为的深刻洞察。德国的安联集团则是欧洲最大的保险和资产管理集团之一，在保险风险管理领域拥有成熟先进的运作模式，具有覆盖全球的服务支持网络。京东安联是一家以客户为中心、数据为基础、技术为驱动的数字化科技保险公司，京东安联始终坚持客户至上、创新引领，并在此基础上确立了"保险＋科技＋服务"的互联网保险经营新模式。借助京东丰富的零售生态资源、强大的数字化技术，通过技术的不断迭代和创新，把复杂的保险变得简单——即提供"简单保险"，实现成本更低、效率更高、客户体验更好、风险控制更强，为客户提供实实在在的保障。

当前，数字化已成为未来客户与保险公司交互的主要方式。客户所期待的是简单的产品展示,是一键式购买体验,是 7×24 小时在线服务,是定制化保险保障,保险公司需要以全方位的客户视角,改变原有的产品和服务,创造无缝连接的极致客户体验。因此,在产品设计中,京东安联坚持推行"产品简单化"路线,将"以客户为中心"的经营理念落实到各个设计环节之中。同时京东安联坚持"产品差异化",依托大数据和人工智能等技术,通过用户画像、产品画像、神经网络算法等技术方式,不断探索数字化和智能化的差异产品定制。京东安联所提供"简单保险"的背后,是积极应用云计算、大数据、人工智能等前沿技术推动科技创新,为业务高质量发展提供有力支撑。

同时,京东安联积极创新尝试大数据技术的落地应用。依靠京东商城海量数据,针对消费者、商品、商家、促销、季节等详细信息,在退货运费险等险种定价过程中,量化风险,将赔付率控制在合理水平,实现动态定价,更好满足客户的不同需求。

此外,京东安联在业内率先将 AI 人像识别技术应用于航延险报案环节,这项技术在甄别可疑风险用户方面发挥了重大作用,针对典型骗保案件的关键节点及时进行风险干预,实现可疑案件赔付同比减少约 20%。同时,在智能理赔方面,区别于其他保险公司普遍使用 OCR 技术,京东安联创新应用 ICR(Intelligent Character Recognition,智能字符识别)技术,在 OCR 基础上引入计算机深度学习的人工智能技术。

在服务创新领域,京东安联正通过一系列业务和技术手段,围绕客户各类需求,整合上下游优势资源,优化各个生产环节,改良产品和服务。如在京东 6·18 全球年中购物节期间,京东安联为部分小家电产品提供试用无忧服务。试用产品在体验期结束后,如果产品无人为损坏、使用功能正常、外包装及配件完整的情况下,用户感觉体验不好可以在申请时效内提出无忧退货,京东安联在收到被保障商品及所需材料后为消费者返还购机款项。

(资料来源:《以数字化科技缔造"简单保险"》,中国保险报网,http://xw. sinoins. com/2019-06/04/content_293465. htm. )

## 一、客户细分和差异化服务

### (一)客户市场细分

市场细分(Marketing Segmentation)的概念是 20 世纪 50 年代中期美国市场学家温德尔·史密斯(Wendell R. Smith)提出来的。

章金萍教授(2006)提出保险市场客户细分是指保险企业在市场调研的基础上,保险公司根据保险消费者的需求特点、投保行为的差异性,把保险总体市场划分为若干子市场即细分市场的过程。每一细分市场都是需求大致相同的保险消费者群体构成。因此保险市场细分不是根据不同的险种细分市场,而是根据消费者需求的不同划分市场;不是将险种加以划分,而是将消费者加以划分。[①]

市场细分的过程实际就是市场调研和分析的过程。随着互联网、移动互联网以及大数据的发展,网络营销、移动营销和个性化电话销售的作用将会日趋显现,越来越多的保险公司注意到大数据在保险行业中的作用。保险企业可以依托大数据分析客户行为、人

---

① 章金萍.保险营销[M].北京:中国金融出版社,2006.

口状况、心理素质、地理位置、自然条件等要素,把市场划分为不同的客户群、以便制定与特定市场相适应的保险产品或服务营销战略。市场细分的本质就是把区分客户群及其需求作为保险企业营销的手段。这样,保险企业就可以根据客户的需求变化,不断地改善其产品及服务的功能,调整市场营销策略,取得最佳经营效果。

### 课堂讨论

目前盛行的保险网络营销及其手机 App 适应于哪些市场,是否适应于我国农村保险市场?

### (二)差异化服务

随着保险市场主体的日益增多、市场竞争手段不断升级,对保险公司的经营管理提出了更高的要求,"差异化经营、精细化管理"的经营管理理念正逐步被一些公司采纳,并以此强化经营效益,提升客户满意度。

周继腾在《对保险公司差异化经营和差异化服务的思考》(2011)一文中指出:所谓保险的差异化,应该是指在产品和服务供应上,根据不同客户的类别和需求,从价格制定、服务内容、形象包装、内在品质等诸多方面,识别并设计一系列的差异,满足不同客户群体的需求,同时明显区别于竞争对手的产品和服务。目前保险市场上条款雷同,产品同质,渠道共享,靠产品研发、价格打折等手段制造与竞争对手的差异,实际作用越来越小。市场规范之后,除价格手段,还能用什么来吸引、留存客户?客户购买产品,不管价高价低,归根到底还是关注使用价值,服务超过心理期望或比竞争者更值得信任,价格更高客户也愿意选择。服务的差异性或者差异感,往往成为公司的核心竞争力,如平安公司推出的快捷承诺就非常吸引客户眼球。有效的差异化服务策略是公司底蕴、水平、能力的综合体现,需深入分析自身优劣势,细致调查市场和目标客户群体,分析竞争对手的服务手段和客户信息,差异制胜,一旦形成,不会被竞争对手简单模仿、随意复制。[1]

风险偏好是确定保险需求的关键。一般来讲,风险厌恶者有更大的保险需求。大数据如今也可以帮助保险公司发掘新客户,在客户细分的时候,除了风险偏好数据外,要结合客户职业、爱好、习惯、家庭结构、消费方式偏好数据,利用机器学习算法来对客户进行分类,并针对分类后的客户提供不同的产品和服务策略。

### 资料传真

#### "996"人群需要啥保险?

当下,"996"的工作方式成为网友的热议话题,被"996"困住的年轻人越来越多。为了更好的生活,年轻人拼命工作,承受着各种压力,与此同时,重大疾病越来越年轻化,如何让这一人群在打拼的同时无后顾之忧?一份符合这一人群的保险或许更加实在。日前,慧择保险网联手海保人寿推出一款专注于保障心血管病的重疾险"芯爱",专门为在一、二线城市中打拼和奋斗的人群设计。产品设计初衷就是:目标人群是 25 岁~40 岁,这个阶

---
[1] 周继腾. 对保险公司差异化经营和差异化服务的思考[J]. 山西财经大学学报,2011,33(S1):77.

段,一是产品的性价比是最高的,另外无论是轻症还是重疾,更多是为这一群人设计。结合时下的一些热点,在互联网上用正确的方式去引导有能力的人去购买适合的重疾险。

市场上重疾险种类繁多,到底什么样的重疾险是客户真正需要的? 要从两个角度来看:首先,从产品角度来看,把现在发生率最高的做成可以多次赔付的形态,这对于客户而言,相对于传统保险有很大的区别。其次,产品以外,从财富管理的角度来看,每个客户的资产状况是不一样的。对于普通的中产阶级,现在的医疗费用其实远远超过工资上涨的速度,所以他们需要一份保障来确保未来。

线上的客户主要是年轻客户,而且 90 后居多,他们一方面预算有限,一方面又希望产品的性价比要好,所以要把产品做得简单,他们容易决策。重疾险是最能满足这类人群需求的险种,而传统的线下产品对于普通消费者来讲,可能复杂得多。未来,会有越来越多的定制产品往这个方向走,因为每个人的生活方式不一样,健康状况不一样,年龄、地区不一样,所以未来一定有不同的保险产品去适应不同的细分人群,这个趋势已经在慢慢形成。

目前的用户画像以北上广深的用户为主,北上广深用户是最大的人群,他们买了一张保单以后,可能第二年根据自己的收入增加状况,会再买一张重疾险,就是增加了自己的保额。再过几年如果结婚,有了小孩以后,会再买一个定寿险,这个就是用户自己的责任在人生的不同阶段会有所改变,财务的状况也在改变,因此购买这个产品的情况就会不一样。所以在销售保单的时候,更看中的是这个客户能给我们带来的长期价值。另一方面,未来也希望跟客户有一些互动,这个互动可能是一些主动地对客户生活方式的干预,让其不出险。这也如同寿险公司的愿景跟使命一样都是如何让客户活得更长,这个才是寿险公司活下去的关键,大家都往这个方向在努力。

(资料来源:中国保险报网,http://chsh. sinoins. com/201905/14/content_291250. htm. )

## 二、潜在客户挖掘及流失用户预测

### (一)潜在客户挖掘的原则

保险市场在寻找潜在客户的过程中,可以参考以下"MAN"原则:

M 代表"金钱"(Money)。所选择的对象必须有一定的购买能力。

A 代表购买"决定权"(Authority)。该对象对购买行为有决定、建议或反对的权力。

N 代表"需求"(Need)。该对象有这方面(产品、服务)的需求。

"潜在客户"应该具备以上特征,但在实际操作中,会碰到以下状况,应根据具体状况采取具体对策,详见表 5-1。

表 5-1　潜在客户的特征

| 购买能力 | 购买决定权 | 需求 |
| --- | --- | --- |
| M(有) | A(有) | N(大) |
| m(无) | a(无) | n(无) |

按照表中显示客户有以下类型:

M＋A＋N：是有望客户，理想的销售对象。

M＋A＋n：可以接触，配上熟练的销售技术，有成功的希望。

M＋a＋N：可以接触，并设法找到具有 A 之人（有决定权的人）。

m＋A＋N：可以接触，需调查其业务状况、信用条件等。

m＋a＋N：可以接触，应长期观察、培养，使之具备另一条件。

m＋A＋n：可以接触，应长期观察、培养，使之具备另一条件。

M＋a＋n：可以接触，应长期观察、培养，使之具备另一条件。

m＋a＋n：非客户，停止接触。

由此可见，潜在客户有时欠缺了某一条件（如购买力、需求或购买决定权）的情况下，仍然可以开发，只要应用适当的策略，便能使其成为保险企业的新客户。

### (二)寻找潜在客户的方法

**1.从你认识的人中发掘**

在你所认识的人群中，可能有些人在一定程度上需要你的产品或服务，或者他们知道谁需要。这些人包括你现有的客户、过去的客户、亲戚、朋友、熟人、同事、同学、邻居、你所加入的俱乐部或组织的其他成员等。你需要的是同他们沟通交流。

**2.从商业联系中寻找机会**

商业联系比社会联系容易得多。借助各种交往活动，你可以更快地进行商业联系。许多行业都有自己的协会或俱乐部，在那里你可以发现绝佳的商业机会。

**3.善用各种统计资料**

国家相关部门的统计报告，行业、研究机构、咨询机构发表在报刊或期刊等上面的调查资料等。

**4.利用各种名录类资料**

如客户名录、同学名录、会员名录、协会名录、职员名录、名人录、电话黄页、公司年鉴、企业年鉴等。

**5.阅读报纸、杂志和有关的专业出版物**

事实上，这是一条最有效的寻找潜在客户的途径。把你认为有价值的信息都摘录下来，然后进行简单归档整理，你会发现这些信息为你提供许多重要商业机会。

**6.充分利用互联网**

信息高速公路向你展示的不仅是它惊人的速度，更重要的是信息的数量和广度。在网络世界里，你可以很容易找到大量潜在的客户，同他们建立商业联系。把你的产品或服务介绍给他们，让他们变成你真正的客户。

除此之外，还有很多更好的方法去发现潜在的客户，如面对面交谈，通过电话、邮件等方法，重要的是你要敢于尝试并充分利用它们。大数据时代的到来为挖掘客户提供了很多便利条件。保险公司可通过大数据整合客户线上和线下的相关行为，通过数据挖掘手段对潜在客户进行分类，细化销售重点。

### (三)大数据在挖掘潜在客户中的应用

选定特定的目标市场后，经过特定的渠道在目标市场中收集目标客户资料，将这些资料建立客户数据库，通过聚类分组办法将客户按展会的需求分成不同类群，再通过数据挖掘技术,从大量的数据中发掘有用的信息,找到展会的潜在客户。一般步骤如下。

1.确定目标市场

经过市场细分和保险企业自身产品的特征确定目标客户的范围。

2.收集客户信息,编制客户数据库

确定目标客户范围后,通过各种方式收集目标客户的具体信息,将它们输入客户数据库中,通过进一步的处理分辨出哪些是真正有用的目标客户。

3.通过聚类分组和数据挖掘技术找到潜在客户

通过上述渠道,客户数据库中的目标客户资料可能上万条,有时候可能达十几万条,为了准确掌握哪些信息是有用的,哪些信息是无效的,我们可以先通过将客户进行聚类分组来分析、统计和归类客户的行业属性、产品特性和需求特点,然后通过数据挖掘技术筛选出符合展会定位需求的潜在客户,并将他们作为开发新客户的来源。

## 资料传真

### 大数据捕捉保险需求

大数据分析捕捉保险需求客户的最基本且最重要的工作是确定关联物,即找到影响消费者有效保险需求的相关关系因素。

首先,风险是保险存在的前提和基础,没有风险就不需要保险。保险需求总量与风险总量之间存在正相关关系。风险对每个人而言都是客观存在的,只是因个体不同,其面临的风险种类和风险程度也不同而已。运用大数据分析法,跨领域、多平台,从职业、爱好、习惯、家庭结构等多方面收集、获取一切可能获得的信息,从医疗、养老、子女教育基金储备等方面分析可能面临的风险及量化风险程度,并按风险种类和风险程度大小进行排序,运用技术手段进行数据加工、整合形成风险客户数据集群,作为保险需求分析大数据中的一部分。

其次,风险偏好是确定保险需求的关键。风险喜好者、风险中立者和风险厌恶者对于保险需求有不同的态度。一般来讲,风险厌恶者有更大的保险需求。运用大数据分析法借助各种信息平台及跨领域数据收集客户面对各类风险所表现的态度、应对的行为等,整理分析客户风险偏好,形成风险偏好客户数据集群,作为保险需求分析大数据中的一部分。

再次,在其他条件不变的情况下,保险需求随收入水平的提高而不断提高。通过网络交易支付、消费数据评估等跨领域多平台的数据收集,整合分析客户的收入水平,形成客户收入水平数据集群,作为保险需求分析大数据中的一部分。

最后,消费者对保险的认知在很大程度上取决于其文化底蕴和价值观念。这种文化底蕴和价值观念与保险的核心功能越吻合,客户就越容易接受保险。从行业、职业、学历、教育背景、爱好、购物偏好和购物习惯等多平台进行数据信息收集、整合形成客户文化价值数据集群,作为保险需求分析大数据中的一部分。

综上所述,每个数据集群背后都有未被发现的潜在价值,两个或多个大数据集群间又可形成交集,如风险与风险偏好间可能会形成交集,风险、收入、文化价值间也可能会形成交集,交集因素越多则说明客户的保险需求水平越高,我们的目标客户群定位得越准确。然而,收集获取大数据、挖掘数据集群以及数据交集背后的潜在价值将是一个复杂的、相对漫长的、需要各种专业技术人才共同完成的过程。在这个过程中需要找到不同领域间数据共享的跨界合作机制；需要建立一支由数据算法师、软件工程师以及富有远见的保险业务专家等组成的数据分析团队；需要应用大数据分析法整合内外部数据，尤其整合外部数据，挖掘探索数据背后的价值，从客户的角度综合统筹各种信息，捕捉保险需求客户，最终实现以客户为中心的业务转型。在大数据时代，谁先获取、整合了外部数据，谁就有可能是明天的赢家。

大数据时代是保险行业实践中国梦的良机，它将使保险销售和保险消费都回归理性，保险供给与保险需求走向统一，消除销售误导等不和谐因素，真正让保险发挥社会稳定器和经济助推器的作用。

（资料来源：毕征：《运用大数据捕捉保险需求》，《中国保险报》2013 年 8 月 22 日。）

## 💡 知识拓展

### 将客户变成用户，纵向挖掘价值链

对于中小保险公司，由于其客群有限，深入挖掘客户潜力，实现一客多单，是一个比较现实、可行的选择。要做到这一点，在互联网时代，关键是要将客户变成用户。今天的保险业已经进入到一个用户驱动的时代。

长期以来，面对快速发展的保险市场格局，许多险企采用的是以广度为驱动的粗放式增长模式。在这样的竞争格局下，中小公司压力山大。

而在移动互联网、大数据、物联网等信息技术的催化下，我们进入了用户时代。随之而来的是用户服务链的拉长，以及对用户体验的不懈追求。许多中小公司，已经不满足于在承保、理赔、续保等基本服务环节与客户的低频交互，开始通过更多的，乃至是跨界的服务，来将客户变成高黏度的用户，纵深挖掘他们的价值链，更深入地满足他们的保障需求。例如对于寿险公司，这种挖掘从保险到健康管理、基因检测、寿险、养老服务、理财服务、医疗服务等。比如，泰康在线通过免费的飞常保产品，获得了许多用户，然后抓住用户的痛点，尝试着通过多种手段增强与用户的互动。除此之外，在 2017 年 12 月 4 日，招商信诺人寿宣布成立健康管理子公司——招商信诺健康管理有限责任公司，提供从健康促进、疾病预防到就医协助、慢病管理等集预防、治疗、康复于一体的整体医疗解决方案。

在对客户需求痛点的摸索中，众诚保险明确了以汽车客户为业务核心的三步走发展战略：第一，为汽车客户提供专业的用车风险管理服务，为汽车产业链提供保险服务和风险管理方案；第二，"以车主为中心"，打造与汽车、个人及家庭等相关的综合保险服务；第三，围绕汽车客户需求提供保险、金融等相关服务，成为保险服务及风险管理提供商。从而将客户变成了用户。

无法做大而全，那就要小而美。在 2018 年，面对有限的市场份额，深耕用户价值链，提供更高频的服务，将成为中小公司突围的一种选择，它们在这方面将推出更多的商业模式创新。

（资料来源：中国保险报网，http://chsh. sinoins. com/2018-02/12/content_254903. htm. ）

### (四)大数据在流失用户预测中的应用

通过大数据进行挖掘,综合考虑客户信息、险种信息、既往出险情况、销售人员信息等,筛选出影响客户退保或续期的关键因素,并通过这些因素和建立的模型,对客户的退保概率或绩期概率进行估计,找出高风险流失客户,及时预警,制定挽留策略,提高保单续保率。

具体而言,大数据技术可通过环境分析、价值分析、流失分析和购买分析等方法,进行流失用户预测,以有效支持客户挽留策略的制定。

1. 环境分析

保险公司可以根据自身业务骨干的流动、竞争对手策略、市场波动、客户满意度四个指标数据进行动态管理,密切跟踪公司自身、客户和外部市场的变化情况,积极培育和挖掘客户需求,不断创新增值服务手段,防止不利情况的持续恶化,把客户流失风险控制在萌芽状态。

2. 价值分析

通过大数据分析手段综合考虑客户信息、险种信息、既往出险情况、销售人员信息等,对客户进行细化分类,分析客户价值与期望,得出高质量用户群,做好重点的客户关系维护,减少流失可能。

3. 流失分析

筛选出影响客户退保或续期的关键因素,分析客户可能的流失原因,并通过这些因素建立预测模型,对客户的退保概率或续期概率进行估计,找出高风险流失客户,及时预警并制定挽留策略,提高保单续保率。

4. 购买分析

通过大数据挖掘算法识别客户的购买习惯,推荐契合度较高的一个或多个产品,引导客户购买多个产品,提高客户黏性;提供个性化服务,进而提高客户满意度,减少流失可能。

综上所述,保险公司可通过大数据整合客户线上和线下的相关行为,通过数据挖掘手段对潜在客户进行分类,细化销售重点。通过大数据进行挖掘,综合考虑客户的信息、险种信息、既往出险情况、销售人员信息等,筛选出影响客户退保或续期的关键因素,并通过这些因素和建立的模型,对客户的退保概率或续期概率进行估计,找出高风险流失客户,及时预警,制定挽留策略,提高保单续保率。

## 📋 资料传真

### "你和客户的距离只差一个互联网服务包"

2018 年是中国车险行业市场日益成熟,同时也是竞争日益激烈的一年。各大保险公司为了提升客户续保率,各出奇招,也引发了诸多不正当竞争行为。为了规范市场经营秩序,促进机动车险市场持续健康发展,中国保险行业协会制定了明确规定,不得返还或赠送客户现金、购物券、实物等保险合同约定以外的利益。因此,车辆增值服务成了各大保险公司业务的重要切入点。与此同时,也给车后服务企业带来了更多的发展机会。作为车后服务企业来说,面对激烈的竞争环境,如何在车险增值服务领域开拓一片天地呢?

续保率提升的秘诀,就是保险公司和客户的亲密度在增加,保险公司在客户生活中的存在感在提升。因此,车辆增值服务的作用并不难理解。但是如何推广使用好服务包,大多数保险公司都遇到了不少难题。总的来说,问题可以归结为三大类:第一,宣传不到位,服务包送不到客户手里;第二,服务包对客户的吸引力不够,服务的使用核销率低;第三,缺乏长期的客户联系,导致没有定期多次使用服务包。梁文辉认为,"你和客户的距离,只差一个优质的互联网服务包,要解决上述的这些服务包问题,关键核心是利用互联网平台对服务包进行推广和用户管理。"

互联网平台最大的特点就是传播速度快、传播范围广、使用便捷,并且符合现代人日常使用手机的习惯。将用户集中在一个互联网平台上,进行长期的用户运营,将持续性地提醒用户使用产品,让用户对平台产生依赖,从而提高客户黏性,提高产品使用率。同时,互联网平台能留存和分析行为数据,为用户的需求提供定制化的方案,搭建良好的长期良性循环生态系统。

壹路通的车主通 C 端产品＋销售管理 CRM 系统＋用户运营,搭建了一套完整的服务包推广和用户管理方案。其特点在于:首先,面向用户的车主通平台。无论是平台齐全的车主服务、人性化设计、使用的流畅度还是日常对用户的提醒、服务的体验等,每一块的内容都保持了极佳的使用感。其次,面向销售的销售端 CRM 管理系统。CRM 系统主要的作用是驱动销售对客户进行迁移和后续管理。每位销售管理一定数量的客户,客户日常的下单数据上传到销售端管理平台,通过对用户的行为数据分析,有针对性地为客户提供定制化的服务。用户 C 端和 CRM 销售管理系统的结合,数据的分析和反馈,提高服务包的吸引力,切实满足客户需求。再次,长期的运营规划和落地。有了好的互联网产品,如何做好运营活动也是大家关心的问题。壹路通的运营规划包含了线下用户迁移到线上、用户日常活跃、用户体验的改进等,也就是从用户的拉新到留存、活跃、转化,整个过程涵盖了一款产品完整的运营工作。

目前来看,无论是车险救援行业还是其他服务,传统模式多为线下电话沟通,进展情况客户可能会一无所知,更重要的是业务的拓展会面临很大瓶颈。而互联网技术的加入很好地解决了传统模式下的诸多问题,客户一部手机轻轻松松搞定一切,不仅无须电话等待,还可以线上实时查看服务的进展情况。同时,利用大数据的分析,更能事先合理安排资源,提升客户的满意程度。比如 AI 的加入,使得服务效率成倍提升,同时有效降低成本。科技确实给保险公司、科技平台、用户带来了不同以往的改变,未来,更多想象空间值得期待。

（资料来源:中国保险报网,http://chsh. sinoins. com/2019-02/19/content_283780. htm. ）

### 三、客户关联销售

#### (一)客户关联销售的概念

客户关联销售是一种建立在双方互利互益基础上的营销,在交叉营销(交叉营销是指把时间、金钱、构想、活动或是演示空间等资源整合,为任何企业提供一个低成本的渠道,去接触更多潜在客户的一种营销方法)的基础上,寻找事物、产品、品牌等所要营销的东西的关联性,实现深层次的多面引导。同时,关联营销也是一种新的、低成本的、企业在网站上用来提高收入的营销方法。关联营销有时候也叫绑缚营销,目前关联销售在很多领域里面使用。

### (二)大数据与保险客户关联销售

保险公司可以关联规则找出最佳险种销售组合、利用时序规则找出顾客生命周期中购买保险的时间顺序,从而把握保户提高保额的时机、建立既有保户再销售清单与规则,从而促进保单的销售。除了这些做法以外,借助大数据,保险业可以直接锁定客户需求。以淘宝运费退货险为例。据统计,淘宝用户运费险索赔率在 50% 以上,该产品为保险公司带来的利润只有 5% 左右,但是有很多保险公司都有意愿去提供这种保险,因为客户购买运费险后保险公司就可以获得该客户的个人基本信息,包括手机号和银行账户信息等,并能够了解该客户购买的产品信息,从而实现精准推送。假设该客户购买并退货的是婴儿奶粉,我们就可以估计该客户家里有小孩,可以向其推荐关于儿童疾病险、教育险等利润率更高的产品。

### 想一想

你是否购买过淘宝退货运费险? 你是在什么情况下购买的?

### 四、客户精准营销

#### (一)精准营销概念

刘征宇(2007)在《精准营销方法研究》一文中指出:精准营销(Precision marketing)是通过定性和定量相结合的方式对目标市场的不同消费者进行详细分析,依据不同消费者的消费观念和消费水平,企业执行具有针对性的方式、技术和明确的策略,形成对目标市场不同消费者有效的、有高投资回馈的营销沟通。精准营销也是当今时代企业营销的关键,如何做到精准,这是系统化流程,有的企业会通过营销做好相应企业营销分析、市场营销状况分析和人群定位分析,最主要的是需要充分挖掘企业产品所具有的诉求点,实现真正的精准营销。[①]

#### (二)精准营销的主要方法

1. 基于数据库营销

建立一个相关信息比较完备的潜在消费者数据库,是进行精准营销的重要基础,需要企业持续地努力,如果企业还没有建立独立的、完备的消费者数据库,可以借助其他组织的数据库,从中挑选出符合企业需要的潜在消费者信息,开展自己的精准营销活动。

2. 关键词搜索广告

搜索引擎利用特殊的信息过滤技术,将不同的内容,例如电影、音乐、书籍、新闻、图片、网页等,推荐给可能感兴趣的用户,从而实现精准推送。百度、谷歌等搜索网站都提供

---

① 刘征宇. 精准营销方法研究[J]. 上海交通大学学报,2007(S1):143-146+151.

关键词搜索广告服务。大多数消费者购买某类产品或服务时,都会通过搜索网站查询相关信息。企业的产品信息通过搜索网站,就出现在需要的消费者面前,针对性、精准性强。如购买手机,你很可能会通过搜索网站查询手机的相关信息,而当你浏览其他网页时,也会显示手机的广告。

### 3.数据挖掘技术

通过数据挖掘技术对数据库中的数据进行分析是数据库营销的主要分析技术。数据挖掘的目的是在信息不完全和随机的庞大数据中,提取出隐含于其中有用的信息和知识。其目的是让企业分析内外部的信息、预测客户的行为、检验异常模式,帮助企业决策者调整市场策略、减少风险,以做出正确决策。

### 4.自媒体营销

自媒体时代,很多意见领袖脱颖而出,例如粉丝众多的微博名人、豆瓣小组、高质量的微信号、抖音、快手等。这些自媒体明星的特点是,只针对某一类人群,形成了话语体系与传播公信力,如果商家的潜在消费者刚好就是这些自媒体既有的读者人群,与这些自媒体合作推广,就等于集中面向你的人群。比如微博能够实现网络数据库精准营销,这种微博营销通过话题互动,充分利用名人效应,而且操作简单、费用较低,是一种很好的精准营销方式。

## (三)大数据与客户精准营销

包敏(2018)在《浅谈大数据时代的保险精准营销》一文中提出大数据时代的保险精准营锖主要包含以下内容。

### 1.市场精准预测

通过数据管理平台,整合企业数据资源,汇聚整个险企或行业数据,打破数据孤岛,借助大数据、人工智能和区块链技术,对保险市场未来的商品供求趋势、影响因素及其变化规律做出科学分析和推断,为保险营销决策服务。

### 2.客户精准管理

利用大数据驱动客户精准管理,体现在三个方面。一是客户识别与潜在客户开发。通过大数据准确获取现实和潜在客户信息,可以帮助险企充分分析市场,找准目标客户。二是客户维护与分层。客户信息包含描述类(如客户基本信息等静态数据)、行为类(如购买与消费记录、偏好信息)和关联类(满意度、忠诚度信息)数据三个方面,这些数据都可以通过大数据获取,根据各类指标将客户分级,实现客户管理。三是客户流失与挽回。客户流失现象,会在数据中实时体现出来并输出流失概率。这有助于营销方精准找到他们,对不同流失率客户及时采取补救措施,减少客户流失,提高成交率。

### 3.风险精准测算

利用大数据技术进行风险量化(风险数据准备,一些特征变量的筛选,一些量化风险的手段),可以提高利润,减少损失。通过信用体系建立和区块链技术,对客户风险量化分群,进行调优。对不同的分群,实行风险量化管理,便于发现高风险,及时预警、干预,提前介入挽回损失。

### 4.产品精准设计

有人说计算机体验做不过人,相反,计算机比人更"了解"人,更"关心"人。一方面,各类数据联网互通,银行、保险、社保、医疗、税务、户政等部门的数据共享,获取客户保险需求信息,以及保险产品满意度反馈,设计需求分析量表,克服保费增长瓶颈,实现交叉销售和增量销售。另一方面,传统产品设计过程依次通过市场调研、产品构思、产品方案、方案论证、产品设计到最终推向市场,周期长,容易误判。而大数据具有先天优势,数据驱动识别客户,用户历史数据的分析预测直接体现需求,做到产品按需设计,满足客户个性与定制化需求,简单高效。

5.渠道精准选择

正如快递行业对传统零售的冲击,未来保险销售将大部分通过线上完成,利用大数据对客户按各类社会环境要素(年龄、性别、地区等)进行识别,选择不同渠道实现精准营销。

6.产品与服务精准推送

摒弃粗放的保险推销理念,回归保险保障本源,真正从客户需求出发,开发出满足个性需求的保险产品及产品组合向客户推送,建立保险生态营销体系,变精准骚扰为精准营销,真正实现让推销变得多余。营销在保险行业中占有重要地位,是实现行业长远经营发展的途径,因此,在现今的大数据时代才更加需要引进新的思维来升级改变,变则通,通则达。我们应该以现存的保险数据资源作为依托,进行数据整合并加以利用,对传统的营销模式进行适应时代的改造,实现保险在民众心目中的重新定位,因此,除了要以保障和规避风险作为目标之外,还要让保险与人们的生活联系起来,深度融合,这样才能在提及保险时让保险深入人心,让保险行业实现良性的跨越式发展。[①]

## 📋 资料传真

### 保险行业的大数据广告营销方法

当今,互联网飞速发展,我们处在一个信息爆炸、技术涌流、知识创富的新时代,市场营销的各个环节和传播的各个链条都在迅速发生着迭变。互联网与传统行业的深度融合,不仅使得企业的商业模式发生了巨变,而且营销模式也发生了颠覆性的变化。我们以某知名保险公司的案例来探讨保险行业的大数据营销方法。

投放目的

该企业想通过本次广告投放推广其保险业务与产品,扩大品牌影响力。同时提升品牌形象,增强品牌认知度,强化目标人群对相应产品的认知,促进产品的销售。

投放方案

1.传播目标拆分及人群细化

该保险公司采用大数据营销平台的 LBS 定向功能获取目标区域用户资源。利用 LBS 定向功能精确聚焦武汉市内的行政机构、高档住宅区以及高端写字楼,挖掘目标区域一公里范围内的潜在个人保险理财类产品关注者信息。

2.人群兴趣标签定向

将获取的人群信息上传至大数据平台,对人群的年龄、性别、兴趣爱好、收入情况和消

---

① 包敏.浅谈大数据时代的保险精准营销[J].成功营销,2018(11):1.

费能力等数据进行整理、筛选、分类和归纳,确定目标人群,如图 5-1 所示。

**图 5-1　人群兴趣标签定向**

3. 策略分层执行

通过大数据判断目标人群移动设备中是否装有投资理财类 App、技能培训 App、教育类 App、汽车类 App 等,迅速识别高意向目标人群,通过数据学习和人群建模,自动识别媒体实时环境,可以选择关键词定向投放,将不同广告定向投放给不同客户,进而引导潜在购买人群至该保险公司的广告活动落地页。

4. 重定向

深耕广告互动人群,跨媒体展开广告包围。广告点击和落地页到访,反映了用户对本品牌的兴趣倾向。我们通过对此次投放中的广告互动用户进行标记,针对点击过广告的人群,再次投放广告,强化品牌印象。

5. 重点人群保证

后台数据监控,了解广告投放效果,当携带标签的目标人群及重定向人群出现在其他媒体上时,及时更改投放策略。

6. 精选媒体

在海量媒体中,优先选择白名单媒体(见图 5-2)作为广告投放阵地。

7. 策略效果

本次广告投放期间,品牌转化表现优异,实际曝光占比比计划值提升 15%,到站率高达 70%(见图 5-3)。

从该案例可以看出,企业进行广告投放前都需要对目标客户群进行拆分,筛选出不同客户标签建立用户画像,并进行关键词定向投放,之后系统每天会对收到的反馈结果进行优化。如果用户点击,则表明该用户是精准目标人群,大数据平台会通过寻找他的行为习惯,对其进行二次投放。

白名单媒体选择 → ·种子媒体，在符合成本的情况下，将优先在此范围内开展竞价

| 门户 | 汽车 | 娱乐 | 网址导航 | 教育 | 新闻 |
| 房产 | 旅游 | 招聘 | 文学 | IT | 游戏 |
| 财经 | 视频 | 母婴 | B2B | 体育 | 军事 |
| 女性 | 生活 | 设计 | 杂志 | 时尚 | 音乐 |

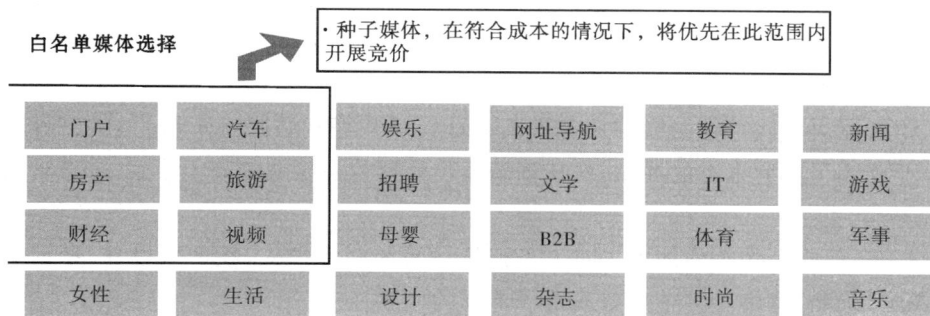

图 5-2　白名单媒体

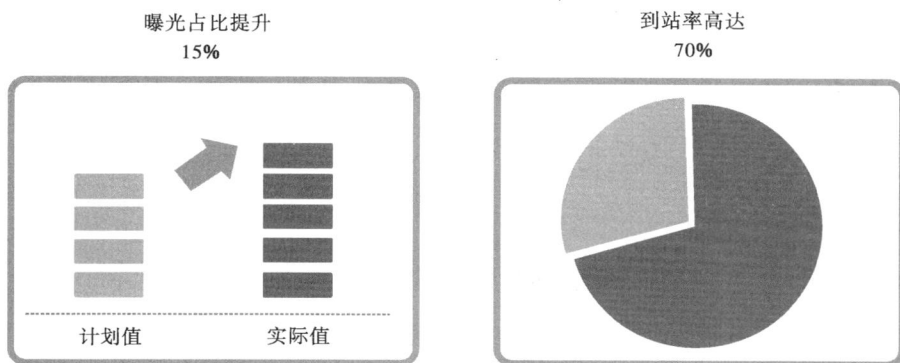

曝光占比提升
15%

到站率高达
70%

计划值　　实际值

图 5-3　大数据广告营销策略效果

　　同时在项目执行过程中，小蜜蜂大数据营销平台会使用广告投放"过滤器"，即通过平台数据了解广告投放效果，对表现不佳的投放方式进行调整。所以说大数据使企业的广告投放形式开始向策略分层执行转变：目标客户设置分层、运用分层模式进行定向广告投放、根据广告投放效果及时调整策略。从而保证广告投放更精准、更高效。

　　（资料来源：《保险行业的大数据营销方法》，https://www.sohu.com/a/479178400_121187732.）

### (四)区块链与客户精准营销

　　区块链和保险的联系由来已久。早在 2001 年以前，一家运用了区块链"雏形"的技术公司——网络现金（CyberCash）就曾和保险产生了互动，这家公司能够使用网络币的数字货币，而它们能得到美国政府联邦存款保险公司（FDIC）对每个账户高达 10 万元的投保。而保险落地区块链的场景并不是区块链和保险这二者发生化学反应的最佳实验田，区块链技术对于保险创新，尤其是互联网保险创新的"最后一公里"才是令保险业血液沸腾的因子。

　　在区块链技术下，营销人员在保险公司的销售前台中通过智能营销与智能合约两大核心技术模块来完成保险销售。智能营销将保险产品与客户需求进行智能匹配，在云计算、人工智能技术的辅助下，深刻剖析用户的避险需求，制定唯一的、差异化的、具有弹性

保障的专属保险。智能合约则根据保险合同的条款和费率标准,高效准确地完成保费结算,解决营销员的费用清算难点,有效解决合同执行的刚性和效率问题。

### (五)人工智能与客户精准营销

人工智能对保险行业的影响随着腾讯、阿里、京东等互联网巨头纷纷进入保险业,传统保险业受到了前所未有的冲击,科技创新逐步颠覆着保险业的商业模式,变革着保险业的经营方式。

近年来,保险公司纷纷加大了对人工智能技术的研发投入,在产品设计、精算、客服、核保、销售、理赔、咨询等多个环节取得了丰硕的成果。

在销售环节通过建设大数据信息交流平台,保险消费者可以在线上进行智能比价,挑选最适合自己的保险产品。这提高了消费者的效用水平,减少搜寻成本,增加消费者剩余,最大限度地满足了消费者的风险保障需求;在满足客户个性化需求方面也可以利用人工智能技术,通过数据分析,形成客户画像,对客户进行特征分析,针对个性化需求定制专属产品和服务,为客户提供最适合的营销活动并定向、精准地投放给客户,实现最佳客户体验。

## 📋 资料传真

### 阳光保险区块链技术实践

早在 2016 年 7 月阳光保险集团就率先运用区块链技术推出"飞常惠"航空意外险。该产品围绕商旅人士高频登机出行的特点,不仅兼顾了多人使用的多元化社交情景,还避免了每次出行都要反复购买的烦琐,是对保险产品场景化营销模式的大胆尝试与创新。

"飞常惠"航空意外险的购买流程十分便捷,改良后的保险卡业务模式应用了区块链技术全面提升了客户体验。在阳光官网即可在线购买产品,用户获得的微信电子卡单可随时分享给亲友使用。通过"数贝荷包"微信公众号便能够轻松在手机端查询持有的电子卡单的可使用次数、有效期等信息。而传统保险卡模式则类似于电话充值卡,不仅操作步骤烦琐冗长,且只能单人使用。

结合区块链技术改造后的电子卡单非常智能,它类似于微信红包,可轻松分享给好友,但实质是微信保险卡,只需在微信端输入投保信息便能激活保单,切实解决了传统保险卡在保存、激活、赠送、转让中的不便。电子保险卡结合了区块链的几大特性,利用其可溯性和不可篡改性,便能全方位追溯卡单从生效到客户流转的全过程,使用者不仅能验明真伪,确保卡单的真实性和唯一性,还能享受理赔和后续更多服务便利。其营销过程中去掉了航空公司、网站等渠道商,直达终端客户,又达到了去中心化的效果,"飞常惠"的价格也真正做到"非常惠"。据有关数据显示,"飞常惠"售价为 60 元/份,一次购买 20 次使用,每次可获高达 200 万元的航空意外保障,平摊下来相当于每次仅花费 3 元即可获得 200 万元的保障。"飞常惠"的成功充分展现了以区块链为基础的互联网保险的便捷性和创新性。

在 2016 年 3 月和 7 月,阳光保险又推出"阳光贝"积分活动,主要针对基于区块链底层架构的用户,使他们在享受普通积分功能的同时,还可通过"微信红包"互相转发的形式将积分转赠给亲友,该积分系统已形成网络,亦可与其他公司发行的区块链积分进行互换。目前"数贝荷包"正发力于推动银保行业产品服务的创新,试图将区块链技术引入积分联盟等共享经济理念中。"飞常惠"航空意外险的推出不仅是为了提升客户体验,让客户得到更多实惠,同时也是为了拓宽保险机构的获客渠道,提高其自身的市场竞争力。

面对区块链技术颠覆的趋势如何成功实现转型,"数贝荷包"提供了一条可实践的创新之路。阳光保险的保险产品创新很好地利用了区块链技术去中心化、不可篡改、可追溯性、智能性这几个核心特征,可以称之为业界经典成功案例,为其他保险企业引进区块链技术提供了良好范例。

(资料来源:刘晓玲、郑逸、王中威等:《区块链技术驱动保险业模式创新研究》,《西南金融》2018 年 7 月 9 日。)

# 任务 5.3　大数据在保险业务创新中的应用

## 案例导入

### 众安财产保险公司创新案例(编选)

2013 年,被保险业界人士称为互联网保险元年,这一年发生了两个标志性事件:一是"众安在线财产保险股份有限公司"(以下简称"众安在线")正式开业;另一件就是中国保险信息技术管理有限责任公司完成前期筹备于 2014 年 1 月 15 日正式挂牌。

众安在线是我国保险业与互联网业合作的一种大胆尝试,是由平安、阿里巴巴、腾讯等国内知名企业发起,银保监会批准成立的网络保险公司。众安在线作为一家互联网在线财产保险公司,完全颠覆了我国现有的保险营销理赔模式,不设任何的地域性分支机构,而是完全通过互联网实现销售和理赔。这一转变是对保险业运营模式的大胆尝试。作为国内首家互联网保险公司,众安保险率先将核心系统搭建在云端,将人工智能、区块链、云计算、大数据等技术与保险的全流程深度融合,以生态系统为导向,通过生态合作伙伴的平台,为用户提供定制化、智能化的保险保障方案。同时,公司通过推动科技与金融深度融合,创新业务,为众多中小微企业提供风险保障,缓解资金与发展压力。在众安保险的探索中,科技赋能对保险带来的改变首先便是提升了保险的便捷性和可获得性,让保险业更好地触达用户、服务用户。

以尊享 e 生为例,它瞄准了市场中消费型医疗险的长期缺口和巨大需求,创新引入免赔设计,让消费者能够以较低的费率享受丰富、足额的医疗保障,同时也向市场普及了保障型保险产品,让保险回归保障本质。

众安保险提供的全流程线上保险服务,降低了保险产品触达客户的门槛,让保险服务变得更易获得、更加高频,扩大了保险覆盖的广度和深度。从保单量上看,2017 年全国互联网保险新增保单 124.9 亿张,占保险业整体新增数的 71%。在科技助力之下,保险对长尾市场客户的触达能力不断提升,服务能力持续加强,打开了保险业全新的增长空间,同时也更好地实现了金融普惠的目标。2018 年,面对复杂多变的外部环境,众安保险仍然保持了快速的业务发展态势,保费收入突破 100 亿元,位列全国财险市场第 12 位,2018 年累计销售保单超过 63.4 亿张,为众多新生代人群提供了人生的第一张保单。同时,公司持续强化科技能力,扩展生态场景,科技输出成功开拓海外保险市场,众安在线宣布旗下子公司众安国际与有着 100 多年历史的日本保险巨头——日本财产保险公司(SOM-PO)签署合作协议,通过输出众安的保险科技解决方案,协助 SOMPO 实现保险核心系统升级。

众安在线 CEO 陈劲表示,展望未来,众安保险还会继续坚持既定发展理念,即"科技驱动金融,做有温度的保险",在技术投入、产品开发、风险控制及业务模式创新等诸多方面继续进行探索,让保险科技能够真正服务好整个保险行业,真正使保险也能够做到普惠。

(资料来源:董方冉:《金融科技落地保险服务》,《中国金融家》2019 年第 4 期。)

## 一、借助大数据创新客户服务实例——众安在线

保险公司传统的客户服务主要以保单为核心,内容较少。大数据应用可以为保险企业的服务理念打开一个新的思路。在分析客户行为数据的基础上,可以提供综合理财服务、生活消费服务、社交服务等功能,构建保险客户圈,形成以保险带动综合金融的服务体系。

客户关系的维护,除了即时快速解决客户的问题之外,还需要根据客户的不同投其所好,提高客户消费的满意度,从而提高客户的忠诚度。互联网保险利用大数据记录了许多客户的日常生活数据,大到浏览、交易记录,小到登录社交网络的时间,就像现在许多 App 或者门户网站所推出的根据浏览的记录向你进行你可能喜欢的商品推荐。互联网保险通过对客户在淘宝、支付宝、微信等多家公司的各种信息数据的收集分析,有能力分析出一个客户的个人喜好、经济水平、生活习惯和生活规律。在客户需要服务的时候及时为客户解决问题,甚至在可能发生问题前对客户进行提醒,避免损失的发生。对庞大的客户群体施行这一行为是传统保险业客户服务部门无力为之的。互联网保险良好的数据分析能力,强大的数据收集能力,都能有效提高预测能力,为其带来质的变化。

## 📋 资料传真

截至 2018 年上半年,众安在线服务了超过 3 亿用户,人均拥有保单数为 8.4 张。作为保险科技领军企业,最初,众安从解决退货纠纷的退运险起步,在电商场景中创造了众乐宝、账户安全险等一系列围绕电商生态风险的解决方案。此后,众安保险快速切入其他场景,搭建了健康险、航旅险、消费金融、车险、3C 数码等核心事业部。自成立以来,众安保险已形成核心优势:产品设计基于场景定制,快速响应需求;定价基于互联网大数据,动态承保;销售则无缝接入场景,直面客户,交叉销售;理赔服务实现高度自动化,迅速而透明。

众安保险的产品体系。众安保险从成立至今一直秉承服务互联网的理念,公司的产

品体系涵盖了旅行保险、意外保险、健康保险、团体保险、责任保险、信用保证保险等多个险种,并能够基于场景进行互联网保险产品的定制。

**众安保险的服务特色。**在服务方面,众安保险目前向消费者提供7×24小时客服、在线无理由退保、在线自助理赔等多项特色服务,并实现3步完成在线投保,使消费者在购买产品的同时能体验到便利的服务。

另外,众安保险不断加强与企业客户的合作,通过与企业客户的合作,针对企业平台消费者的不同特点,深度挖掘客户需求,为不同平台的消费者提供了多款具有特色的保险产品。目前众安保险已经与淘宝网、天猫、聚划算、支付宝、微信、小米、中信银行、携程、百度、赶集网等多家企业展开合作,力求为不同平台客户提供有针对性的风险保障服务。

作为国内首家专业的互联网保险公司,众安保险在产品开发设计上引入了场景化的思维,即针对某一场景面临的特定风险制定风险保障方案,开发相应的互联网保险产品。在探索场景保险的过程中,作为国内首个核心系统搭建在云上的金融机构,众安基于云服务平台,搭建开放、灵活、可扩展的核心系统,适应互联网海量、高速的业务需求。与此同时,众安不断开拓、沉淀人工智能、区块链、大数据等前沿技术,并深度应用于产品研发,提升体验、改善经营效率。通过其全资子公司众安科技,众安保险还致力于输出自身技术,推动保险业信息化升级,成为内外部创新的孵化器。

(资料来源:韩胜男:《我国互联网保险商业模式的案例分析及启示》,《长春高等金融专科学校学报》2019年第1期。)

**案例分析**

平安保险、中国人寿、中国人民财产保险、泰康在线、太平洋保险、新华保险等在内的多家老牌保险企业都已将人工智能、大数据等互联网时代的新"利器"引入到核保、客服等诸多环节,连带着整个行业从销售渠道、产品设计、价格体系到服务、体验都悄然改变着。而自带互联网基因的新玩家也正在以"搅局者"的姿态涌入保险行业,迫使这个原本相对封闭的市场腾挪出更大的空间、创造出新的法则。

(一)渠道之变

几年前,保险界平安曾预言"平安未来对手是BAT",当时其余的保险巨头都觉得很无厘头。如今预言成真,阿里、腾讯等互联网巨头终于杀进保险业,从幕后走向台前。

不久之前,众安保险联合蚂蚁金服,为支付宝用户定制了一款名为"好医保"的医疗险,专门针对医保无法报销的医疗费用进行理赔。看病不仅能报销更多,买了这款产品的消费者还能享受医药费垫付、现场陪同、帮助协调床位以及专家、中医调理咨询等一系列增值服务。无独有偶,另一互联网巨头腾讯也在此前低调发布了其面向微信用户的首款保险产品——微医保,悄然登上微信平台的保险平台"微保"更是号称要做"保险产品的精品店"。

虽然与传统保险企业相比,以阿里和腾讯为代表的互联网平台在保险领域都是主打"科技+平台",但玩法与模式却并不相同。有业内人士比较:对于以科技和大数据见长的阿里而言,它的玩法更像是"带着"保险公司进入"增量市场",比如蚂蚁金服推出的车险分,一口气就囊括了九大保险公司。而以社交见长的腾讯,则更专注于用互联网的"连接"

功能提供用户服务，目标瞄准的是"存量人群"。无论"增量"还是"存量"，主动拥抱互联网这个新兴渠道却已然成了传统保险企业当下必然的选择。

（二）产品之变

互联网巨头们的入场当然不仅仅意味着保险渠道的拓展，更掀起了一场对传统权威的解构与重塑，比如原本针对高净值人群的高端医疗保险由此开始"走下神坛"。蚂蚁金服保险平台产品总监梁越平以"好医保"举例：这款保额高达600万元的产品，最低的保费只要88元，投保人可以报销自费1万元以上的所有住院费和特殊门诊，不限疾病种类、用药和治疗方式，住院费也不设住院期限。简单说，哪怕医疗费再贵，投保人也最多只需要花1万元。

互联网健康险之外，越来越多的新产品也正在成为市场上的"新宠"：支付宝消费送重疾险，刚推出不到一月就俘获1 300万用户；腾讯推出智慧车险，多家保险公司全流程通用……

（三）服务之变

作为国内较早应用人工智能技术的保险企业，平安现在已经建立了覆盖所有乘用车型的亿级理赔图片数据库，并且把多年来的理赔经验转化成了算法模型，工作人员只需一键上传客户理赔车辆照片，就能自动生成维修定价，效率大大提升。

有了大数据、人工智能的帮助，速度到底能快多少？蚂蚁金服的团队就曾经做过测试：一方是企业开发的定损软件"定损宝"，另一方是6位有多年行业经验的定损员，通过从100个定损案子中随机抽出12件的方式来比较双方速度和准确率。结果显示，软件的总体效率是人工的67倍，平均准确率达到98%以上，相当于10年以上的老行家。

对于常常因服务而饱受诟病的保险公司来说，高效、简化往往就意味着更好的服务体验，进而赢得更多的用户和市场。"我们借助人工智能等技术，开通了智能客服机器人，为用户提供7×24小时服务，为人工客服分流了84.8%的工作量，减少了客户等待时间，客户满意度提升很明显。"对于新技术带来的强劲动力，保险"新秀"众安保险显得颇有心得。

请根据案例资料回答下列问题：

（1）联网企业与传统险企，是对手还是队友？

（2）大数据模式下的产品创新是否对传统保险业务构成了挑战？你认为挑战主要存在哪些方面？

（3）从互联网保险服务的提升，思考关于保险行业服务升级的路径？

💡 知识拓展

### 微信圈经营

微信是我们每个人几乎每天都要应用的App，现代人的生活、社交可以说离不开它。

（一）微信圈经营的好处

1.主顾开拓更简单

微信圈资讯传播更快捷、更广泛，可在短时间大量获得客户。

2.关系提升更轻松

营销人员可以借助所在保险公司的专有线上营销渠道的大量资讯、活动等,实现与客户在微信上的高频互动。

3.需求挖掘更精准

微信是了解客户的窗口,有助于精准挖掘客户需求。

4.价值转化更高效

在线产品进行推荐及购买、更快捷、更高效。

(二)微信经营三部曲

第一部:精准建群

1.将现有微信好友按照其共同特征,精准建群(见图5-4)

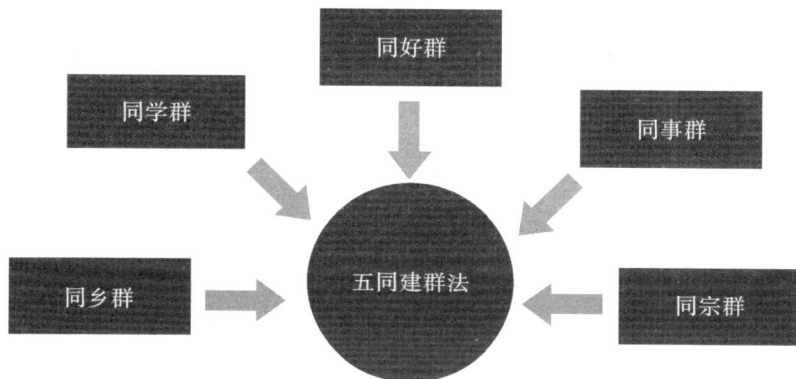

图5-4 五同建群法

2.操作要点

(1)建群的主题:精准的群定位是有效吸引群友的关键,以自己熟悉的内容作为建群的主体,便于发起话题,与群友进行交流。

(2)建群的时机:选择合适的时机,不要毫无铺垫地建群。较好的时机,如朋友聚餐时、旅游活动时。

(3)明确群的规则:明确群里成员的活动规则,避免过多的广告信息、垃圾信息,如不推销保险、禁止广告等。

(4)群成员的构成:群成员中陌生人与熟人比例要合理搭配,避免群内氛围冷清,便于后续活动。

3.通过各种方式扩大群成员

(1)一对一邀请

(2)朋友圈二维码传播

(3)已入群成员推荐

(4)线下活动时面对面建群

第二部:传播获客

1.在微信群或者朋友圈中转播保险资讯、公司产品及活动等

(1)每周转发/分享一条资讯

（2）每周转发/分享一次产品

（3）每周转发/分享一次活动

2. 操作要点

（1）传播信息的频次：固定传播的频次，帮助客户养成阅读习惯（一般是早上 6:00—7:00，或者晚上 19:30 之后）。

（2）传播信息的类型：针对不同类型的客户推送不同的内容，如针对家庭主妇可发送优惠信息、养生信息等。

（3）客户互动跟进：对于"点赞""留言"的客户及时回应。

3. 查看转发客户信息，主动添加微信好友，并邀请其入群

第三部：微信群经营

借助微信群，与客户进行高频互动，提升客户关系。微信群经营有三大要点：树形象、轻互动以及强黏客。

1. 树形象——建立良好的个人形象

（1）头像设置基本原则：与自己的职业定位吻合（如专业、亲切、有爱心等）；具备一定的个性化，便于识别。

（2）昵称设置的基本原则：好识别、便记忆；名字后边可加职业、电话等，便于客户联系。

（3）个性签名设计的基本原则：内容正面励志、积极向上；避免过于消极、个人情绪化及非主流的签名。

2. 轻互动——刷存在感

（1）朋友圈评论点赞：正面类及时点赞，观点类适当评论，需求类提供帮助。

（2）好文推荐 & 分享：每天保持活跃、互动；分享时间可为早上 7:00—8:00、中午 12:00—12:30、晚上 19:30 之后。

（3）红包互动：提前明确红包互动的规则，避免导致反感；每早问候红包、新人入群红包、不定期接龙红包等。

（4）节日/生日问候。

3. 强黏客——赢得客户信任

## 二、借助大数据开拓保险业务实例——保准牛

互联网保险通过大数据分析，获取客户需求、心理等方面的信息，获取潜在的目标客户，进行有针对性的行销策略，力求达到事半功倍的效果。良好的市场细分可以合理分配公司的营销资源，避免不必要的资源浪费，在寻求经济收益增长的前提下控制成本。优质的数据加上强大的数据分析能力，使得互联网保险在对客户的了解和对市场的预测方面有着其他传统公司无法比拟的能力，更多的互联网保险的创新业务如雨后春笋般不断涌现。

保准牛是一家为企业和个人提供定制化的专属保障、实现碎片化场景与投保及时性的结合、助力企业和个人转嫁各类风险的互联网保险定制平台。保准牛现有"互联网场景定制""雇主保险""体育保险""跨境保险"四大核心业务板块。保准牛目前针对 O2O、共

享经济、体育健身、兼职、商标注册、汽车、教育、餐饮等多个场景的风险进行保险产品的定制（见图 5-5）。

图 5-5　保准牛官网界面

1. 体育健身行业风险的解决方案

健身运动近年成为人们休闲的热门领域。器械、有氧运动、户外健身、拓展团建、马拉松，健身行业正由单元化向多元化发展。健身运动过程中存在着意外、伤残身故等多种风险，这些风险遍布于健身场所、赛事组织方、运动社交平台、户外运动俱乐部等。当健身者运动发生意外事故时，健身运动的组织方和场地方均需承担一定的赔偿责任。针对这一行业痛点，保准牛提出了户外运动和室内健身两种风险解决方案（见图 5-6）。保准牛针对赛事、场馆、青训等活动定制保险产品，目前已为 200 多类体育项目，2000 余场赛事提供了保险服务。针对各大小赛事，采取保险责任、保额自主选择的方式灵活定制，3 人起保，1 天起投，最低保费 0.4 元/人/天。

2. 各类场景的互联网保险产品定制

一是兼职行业。兼职行业最大的特点是人员不固定，流动性大，线下活动较多，企业无法为这类人员提供社保和长期保险保障，一旦出现意外，对兼职平台、客户企业造成极大困扰。针对这一风险，保准牛联合保险公司，为兼职平台定制价格合理、满足兼职人员需求的意外保险，通过与兼职平台系统对接，可以碎片化生产订单，从而可以为企业转嫁兼职平台的责任风险。现推出的兼职意外险产品价格为 0.05~2 元/单。

二是商标注册。每年商标注册期间，重复以及异议的商标全部或部分驳回大约占注册总量的 30% 左右。商标注册平台在提供服务时，一方面通过专业化能力提高注册成功率，同时以注册失败退官费的方式进行承诺服务，但这种方式风险过于集中。保准牛针对这一行业风险，与保险公司对商标注册行业进行共同评估，设计出有针对性的商标注册安全险，在保障平台专业性的同时，提升服务质量。通过提供风险保障方案，能够解决企业自行偿付的财务问题，降低运营风险。通过保险公司投保，为平台提供品牌背书，通过保

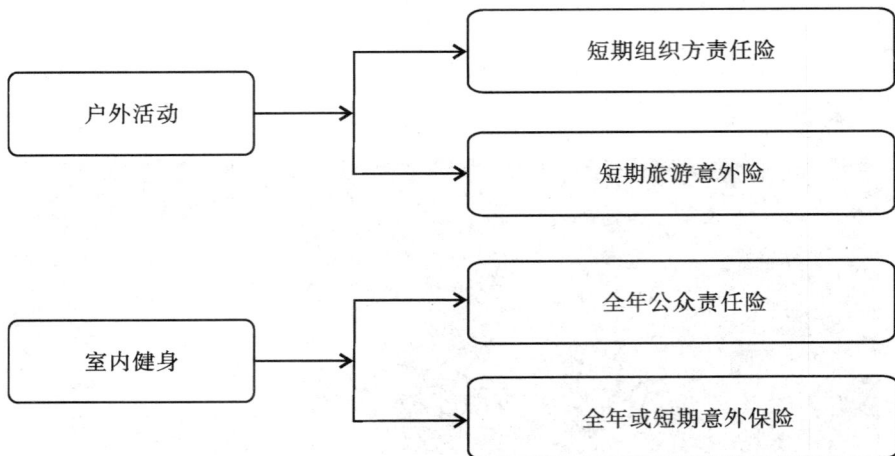

图 5-6　保准牛运动健身行业风险解决方案

险产品变现,增加企业的利润。

三是餐饮行业。餐饮行业作为劳动密集型产业,人员流动性大,各类风险集中,诸如员工工伤意外风险、顾客食品饮料安全风险、餐馆火灾爆炸等造成的第三者责任风险时有发生。保准牛目前拥有针对餐饮行业的餐饮保,包含雇主责任险和公众责任险,适合广大中小型餐饮机构购买,价格低、产品简单,切中需求者要害。餐饮保的设计,让顾客就餐安心,提升消费体验,同时帮助企业留住人才,减少流动性。

四是共享经济。在"定制保险"的领域,人工智能和平台技术,已经在帮助保准牛不断地将精准性单位缩小到每一次投保、每一次定价、每一次赔付的水平。首先是精准建模、定价,以共享单车为例,在马路上骑和在校园内骑各自有什么样的风险;导致出险更多的是人还是车的原因?如果是人,企业该如何教育用户;如果是车,是车把、车锁还是刹车?……通过对每一个场景数据进行收集和分析,不断调整和优化模型;新的数据在模型中流动时,实现每一次定价的不同。其次是动态风控。还以共享单车为例,晴天和雨天的风险不同,新的天气和环境参数越多,场景就越清晰,就会发现需要注意什么,比如车锁是不是要换成防水的?参数越多,风险系数越低,成本也会降低,这也是数据科技能够轻松解决的部分。最后是理赔效率。人工智能通过分析大量保险理赔数据与反馈,能够有效识别欺诈,确定客户的风险系数和信用级别,并进行实时调整。在大量数据中提取规则,让理赔实现自动化,提升理赔效率。

此外,保准牛在O2O、汽车、教育等行业分别针对行业风险定制了专属的保险方案,有针对性地解决行业痛点与风险问题。

(资料来源:韩胜男:《我国互联网保险商业模式的案例分析及启示》,《长春高等金融专科学校学报》2019年第1期。)

🔖 想一想

保准牛和众安保险的模式一样吗?

### 三、借助金融科技前沿技术提升保险的科技能力实例——平安"壹账通"

近年来,以数字金融为代表的数字经济占中国 GDP 的份额已近三分之一,是当前新经济的重要组成部分。保险作为金融体系和生产生活保障的重要组成部分,其发展与国民经济发展密切相关。2019 年两会期间,"保险"再次成为高频词,同时政府工作报告首次提出"智能＋"的概念,鼓励新兴智能产业发展,支持包含保险业在内的传统产业不断深入智能化改造。如何利用数字金融和创新科技推动保险行业转型升级、更好地服务实体经济成为关键问题。

#### (一)中国保险科技发展及应用现状

保险科技广泛运用于保险产品研发、市场营销、客户关系维护、核保理赔、保险资金运用及保险公司内部管理等环节。人工智能、大数据、云计算、区块链和物联网等技术逐渐渗透保险的核心业务流程(见图 5-7),合力改变着全球和中国的保险业。保险科技的应用,引起保险业务模式、风控模式和客户体验等方面的变革,帮助保险公司解决经营中的痛点,促进其运营效率的提升和运营成本的下降。与此同时,政府部门以及资本市场对保险科技的发展也展现出积极的一面,不仅下达各种促进保险科技发展的通知、举办保险科技交流论坛等,更有大量资本投资活跃在保险科技领域。根据毕马威研究,2018 年全球保险科技领域融资共 240 笔,融资额达 55 亿美元,较 2016 年增长超过 75％(见图 5-8)。

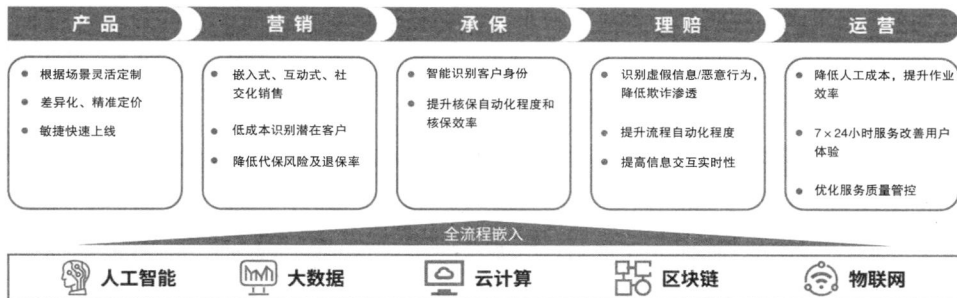

图 5-7　保险科技在保险业务流程中的应用

#### 1. 产品环节

保险科技在产品环节的应用主要是基于用户需求与业务场景,通过大数据等技术,实现产品灵活定制与创新。基于用户的身份信息、生理自然信息、社会关系信息、特征偏好信息、业务活动信息等大数据的处理分析与 AI 建模,保险公司可以生成客户画像,对客户进行分群,区别需求特征,设计差异化的保险产品与服务,实现精准定价、甚至一人一价。

德国安联财产保险运用机器学习、大数据分析等技术开发了新一代承保定价系统,可根据客群细分与市场环境实现高度灵活的价格配置,为安联全球多个子公司带来了显著的经营效益提升。该系统包括四大核心,即通过数据收集与清理建立定价所需的基础数据库,通过复杂的精算与统计模型计算出基础费率,再结合市场定价与客户分层确定面向不同客群的市场价格,最后将定价推向市场并通过持续动态的指标监测不断调整定价。该系统的风险因子输入超过 800 个,可支持每日进行一次市场价格调整。

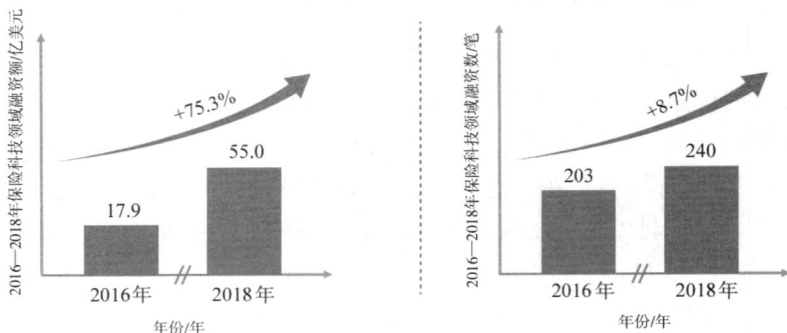

图 5-8　2016—2018 年保险科技领域投融资事件

资料来源:毕马威会计师事务所。

### 2.营销环节

保险科技的应用让保险营销环节更精准有效。通过大数据分析和机器学习技术的应用,可以识别客户潜在需求,实现无人工干预的智能化保险推荐,同时也可帮助保险公司销售人员和代理人更了解客户,推进传统的线下营销向嵌入式、互动式、社交化营销转变,提升销售成功率、降低退保率。针对精准销售难的痛点,平安人寿进行销售模式变革,推出 SAT(社交辅助营销)系统(见图 5-9),帮助代理人实现实时连接、高频互动和精准营销。"S"是基于社交渠道的客户服务与沟通工具,如微信群与朋友圈管理助手,助力代理人高效沟通;"A"是业务办理与销售的移动工具,包括代理人 App 和客户 App,可实现即时询报价、移动出单等;"T"是空中座席,通过电话渠道对意向客户进行及时跟进。同时,SAT 智能营销工具还融合了平安集团人脸识别、OCR、智能推荐、智能派工、LBS 和语音交互等领先技术,使各类数据流和信息流均可以客户需求为驱动自动流转,实现全渠道、全链条打通。2018 年,平安人寿 SAT 智能营销系统触达人数 2.2 亿人次,互动次数 13 亿次,配送线索 10.8 亿条,取得卓著成效。

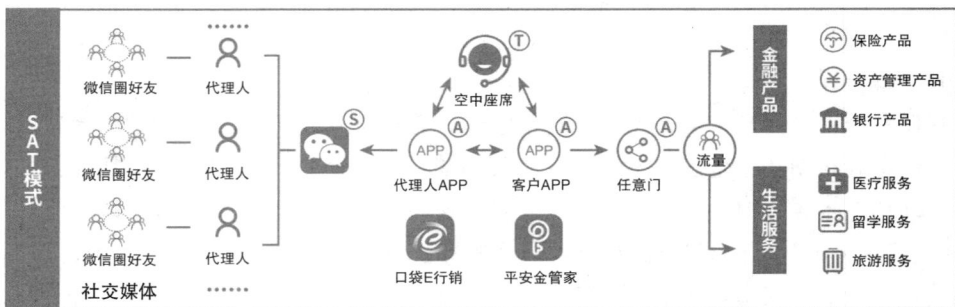

图 5-9　平安人寿 SAT(社交辅助营销)

### 3.承保环节

核保是保险风控中最重要的环节之一,传统核保流程复杂、审核材料多,但仍难以对风险进行精准量化评估。将大数据、人工智能等技术应用于核保全流程,可以实现更快速且有效的核保,帮助保险公司降低风险、提升绩效。如通过 AI 赋能,实现对投保材料的自动识别与结构化,提升信息采集效率;通过 AI+大数据建模,自动识别高风险客户与异常指标,为核保与定价提供辅助。

泰康保险开发的认知核保系统(见图 5-10),将人工智能技术与医学知识、保险业务紧密结合,打造 AI 体检数据采集引擎和 AI 核保决策引擎,使核保更便捷,风控更有效。体检数据采集引擎以客户体检报告影像为输入,自动定位、识别健康数据,依据自然语言和医学语义将其结构化,并自动识别异常体检项目;核保决策引擎构建可解释的算法模型,预测客户健康风险,并且结合投保产品特征评估承保风险,输出核保结论与解释。该核保系统支持超过 10 类常见疾病患病风险的预测,准确率近 80%,同时也将核保环节人工审核的效率提升超过 25%。

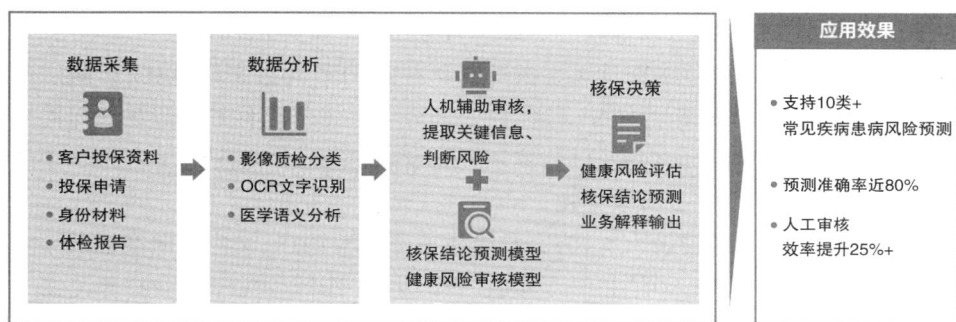

图 5-10　泰康认知核保系统

### 4. 理赔环节

"理赔难""理赔慢""手续繁"历来是保险行业饱受诟病的几大顽疾,也是保险投诉高发的"重灾区"。随着保险技术的深度应用,保险公司理赔服务正在升级。不少保险公司的 App、微信公众号都已实现电子化自动理赔,客户只需将原件材料拍照上传到理赔系统,就可以完成索赔支付。此外,部分险企还推出智能理赔服务,无须人工介入,支持低风险、小额案件全流程自动作业,大幅提升理赔服务效率。金融壹账通推出的"智能闪赔",对车险理赔的端到端流程进行了全面的梳理与优化,并应用深度学习算法、大数据挖掘等技术,为保险客户提供极致的智能车理赔服务体验。"智能闪赔"包括理赔作业全平台,车物定损、人伤定损、反欺诈等,覆盖从报案调度、查勘定损、核损核价、理算核赔到结案支付的理赔全流程(见图 5-11)。该解决方案搭建了覆盖 98%市场车型、85%定损配件、96%定损工时等的千万级、地域化数据库,配合一整套反渗漏及反欺诈模型,实现车物定损与人伤定损的自动化。同时,智能闪赔应用最先进的图片识别技术,提供通过拍照自动识别车辆损失的图片定损工具,将车理赔定损缩短至"秒级"。目前壹账通智能闪赔解决方案已经与超过 20 家保险公司合作,得到客户和行业的广泛认可。

### 5. 运营环节

机器人技术、流程自动化、远程音视频技术的成熟及应用,极大地颠覆了传统保险公司朝九晚五、线下和人工为主的运营和服务方式,打破了保险公司经营管理与客户服务的时空限制,使保险公司可以更快速、更全面地响应客户需求、改善用户体验、优化服务质量。

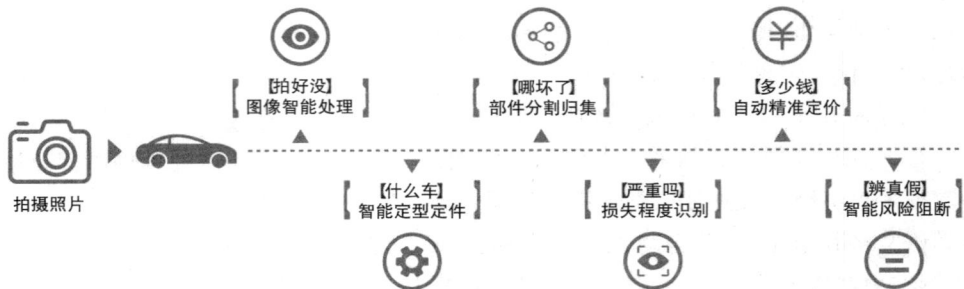

图 5-11　金融壹账通智能闪赔解决方案

富国生命保险（Fukoku Mutual Life Insurance）引入 IBM 公司的 Watson AI 系统（Watson 是一种认知技术，可以像人一样思考），采用人工智能取代赔付评估部门的 30 多名员工。Watson AI 系统负责阅读医生撰写的医疗证明和其他文件，以收集确定保险理赔金额所必需的信息，比如医疗记录、住院时长和外科手术的名称等。除确定保险理赔金额之外，系统也能核对客户的保险合同，发现特殊保险条款，并阻止赔付疏忽。预计该系统每年可核查总计超过 13.2 万宗案例。

华夏保险使用机器人辅助人工，为客户提供业务覆盖面广、响应及时准确的服务。其智能客服由文本客服"小华 e 问"和语音客服"智语小华"组成。"小华 e 问"涵盖二十大类四十细项共计三千余条知识，覆盖相似问法上万种，能处理多个业务领域的常见问题，回答准确率高达 93％。"智语小华"能在特定业务场景中与客户进行实时语音互动，响应迅速、理解准确、回复高效、语气自然。除华夏保险以外，其他很多保险公司，如平安、人保等也都开始采用机器人代替人工处理大量的客户咨询与服务要求，提高业务效率和时空覆盖。

**（二）借助金融科技前沿技术提升保险的科技能力实例——平安"壹账通"**

我国多家险企正逐步通过人工智能、区块链、大数据等新技术甄别欺诈案件，对理赔等环节进行风险控制。金融壹账通是平安集团旗下金融科技服务公司，平安孵化的四家"独角兽"企业之一，前身为深圳平安金融科技咨询有限公司。2017 年，平安壹账通"智能保险云"推出了"智能认证""智能闪赔"两大产品，向保险行业全面开放保险领域的人工智能技术。

1."智能认证"产品

"智能认证"主要利用人脸识别、声纹识别等人工智能技术为每位客户建立生物档案，完成对人、相关行为及属性的快速核实。平安壹账通 AI 领域的人脸识别技术应用在了 200 多个不同场景，总计进行 3 亿人次识别，在 LFW 测试中准确率达到了 99.8％。智能认证可快速对代理人、投保人的相关行为及属性进行核实，还可以使得保单销售过程产生的纠纷大大降低（见图 5-12）。

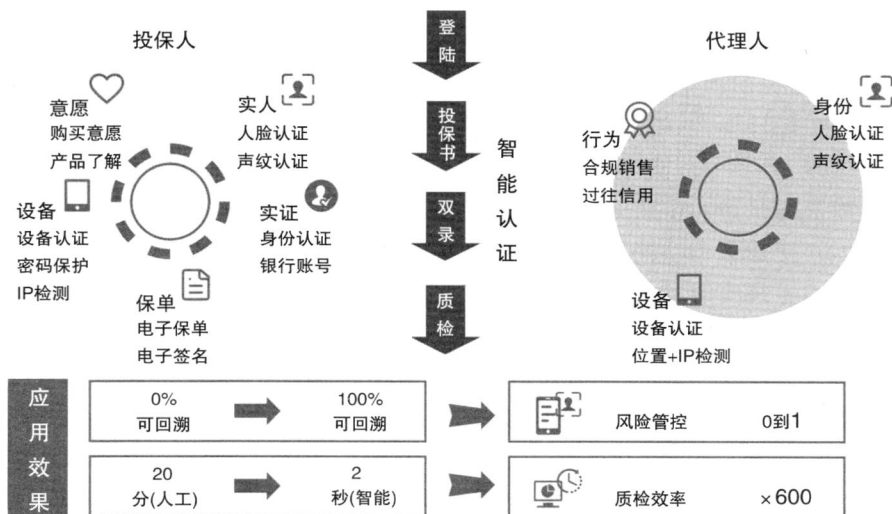

图 5-12　平安壹账通智能双录

2. "智能闪赔"产品

"智能闪赔"利用高精度图片识别、智能风险拦截等技术,将为车险行业带来超过 200 亿元的渗漏管控收益,带动理赔运营效能提升 40％以上。"智能闪赔"包含四大核心技术:一是高精度图片识别技术,智能识别精度高达 90％以上;二是秒级完成维修方案及定价(见图 5-13);三是自动精准定价;四是智能风险拦截技术,构建承保到理赔全量风险因子库,应用逻辑回归、随机森林等多元算法,对风险可做到事中智能锁死、智能拦截与事后智能筛查,有效降低理赔成本。

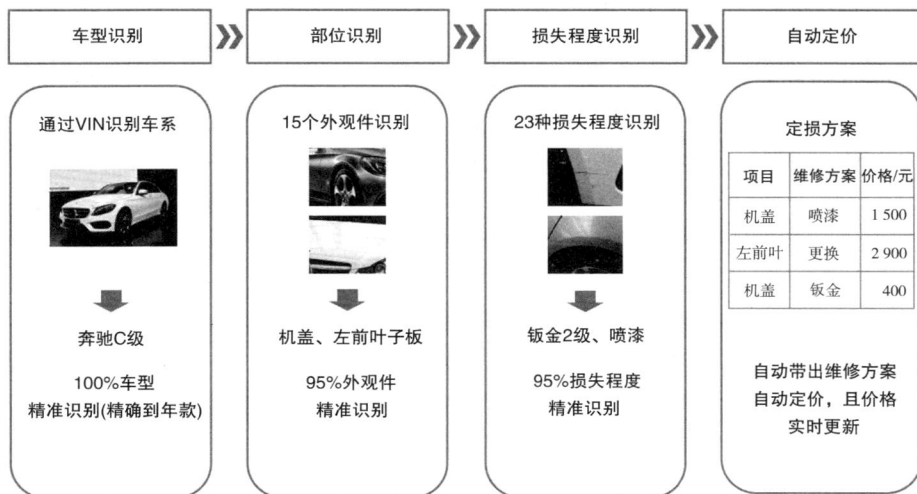

图 5-13　平安壹账通图片定损

平安壹账通推出的车理赔平台"智能闪赔",通过全国 9 大采集点,对平安 30 年历史数据的采集与整理,形成了包括 5 个车物定损数据库、12 个人伤定损数据库、9 类反渗漏模型/规则、14+个反欺诈模型/规则,以及黑名单数据库在内的千万级车理赔标准数据与模型库。以车物定损数据库为例,其包括涵盖品牌、厂家、车系、车组、车型的车型库,涵盖标准配件编码、配件属性、配件价格的配件库,以及涵盖不同维修厂、4S 店的工时方案与价格库,可实现一厂一价,使定损环节风险管控更加精准。在底层标准数据库搭建的基础上,金融壹账通通过进一步加工并提炼属性逻辑数据及因子数据,并通过业务规则输入与自动机器学习,搭建了车型配置、配件价格、工时价格、维修逻辑、损失逻辑五大风险管控引擎,配合理赔系统实现了对车损赔付的智能化审核与管控。以最常见的车险理赔来说,以前大多数保险产品的理赔都是手工的,效率低、时效慢,准确率也有限。而人工智能时代的来临,则解放了人力,以金融壹账通的智能图片定损为例,对单方小事故,车主只要按照引导直接拍照上传图片至 App,后台的 AI 机器人自动完成定损,5 分钟之内赔款可到账。

对于客户来说,第一时间获取公正报价,避免了诉讼维权的可能,显著降低了客户时间成本,提高了客户体验;对于保险公司来说,全程智能化降低了人工误差,达到了精细高效运营的效果。结合微表情技术及影像设备,该平台甚至可以准确识别谈判双方对当前赔偿方案的接受程度及情绪变动,及时弹性调整,促成调解方案签订。

目前,已经有保险公司成功应用了智能人伤定损平台。以平安产险的实践数据表明,在应用该平台后,人伤新发诉讼占比降低了 10.7%、人均医疗费降低 10.3%、环节自动化率大幅提高了 60%。

## 参考文献

[1]杜菲.互联网保险行业发展报告[N].中国保险报,2014-02-26(1).

[2]王和.大数据时代保险变革研究:Research on insurance in big data era[M].中国金融出版社,2014.

[3]周大林.基于大数据征信的保险行业发展研究[J].时代金融,2017(5):2.

[4]韩胜男.我国互联网保险商业模式的案例分析及启示[J].长春金融高等专科学校学报,2019(1):6.

[5]曹云波,姜家祥.大数据时代专业互联网保险公司的机遇与挑战——以"众安在线"为例[J].财会月刊,2015.

[6]杨爽.我国互联网保险发展现状及商业经营模式研究——以众安在线为例[J].华北金融,2018(9):6.

[7]董方冉.金融科技落地保险服务[J].中国金融家,2019(4).

[8]金融壹账通,中国保险学会,对外经济贸易大学.2019 年中国保险行业智能风控白皮书[EB/OL].(2019-06-30)[2020-07-30].https://zhuanlan.zhihu.com/p/97560150? from_voters_page=true.

# 项目六  大数据与证券

知识脉络图

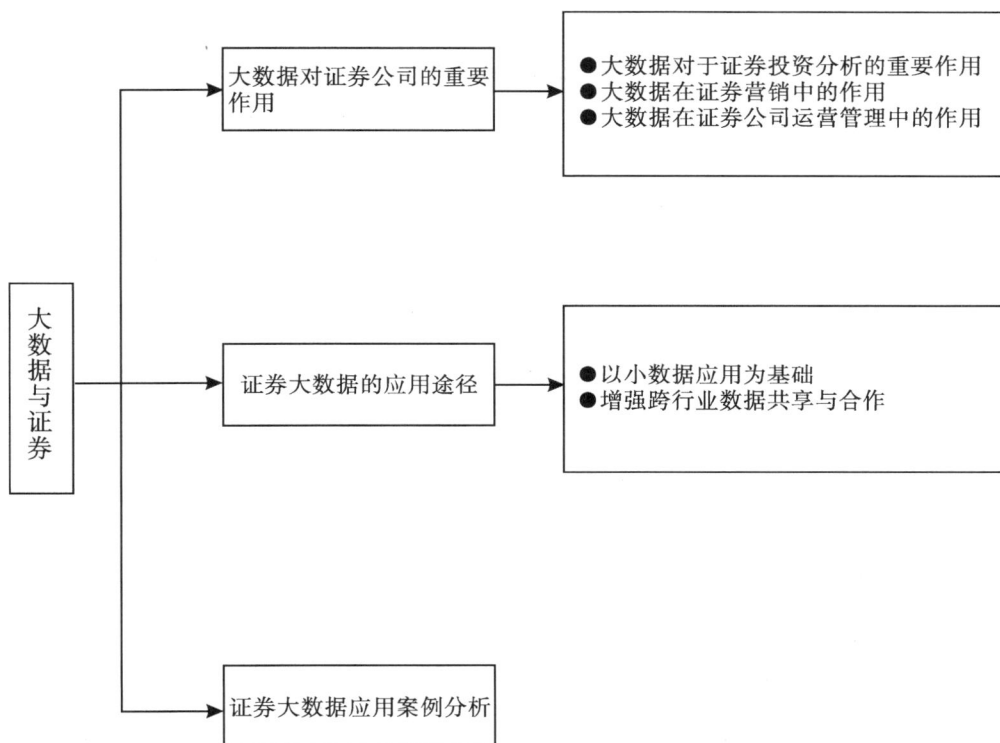

💡 **学习目标**

通过本项目的学习,学生能够掌握大数据在证券投资分析、证券营销和证券公司运营管理中的重要作用,了解证券行业发展大数据应用的途径。

证券行业大数据的应用离不开数据储存技术和数据分析技术的快速发展,同时"互联网—证券"也有力推动了行业的大数据革命。未来券商的价值将更多通过充分挖掘客户的大数据资源,同时开发、设计针对客户个性化需求的证券产品或服务来创造和实现价值。本项目通过阐述大数据在证券投资分析、证券营销和证券公司运营管理中的应用,和大家一起学习大数据对证券公司的重要作用,通过以小数据应用为基础和增强跨行业数据共享与合作阐述了在证券行业发展大数据应用的途径,最后通过两个案例和大家一起了解证券大数据的实现过程和运用方法。

# 任务 6.1 大数据对证券公司的重要作用

📋 **案例导入**

### IBM 用大数据预测股价走势

2012 年,IBM 使用大数据信息技术成功开发了"经济指标预测系统"。借助该预测系统,可通过统计分析新闻中出现的单词等信息来预测股价走势。

IBM 的"经济指标预测系统"首先从互联网上的新闻中搜索与"新订单"等与经济指标有关的单词,然后结合其他相关经济数据的历史数据分析与股价的关系,从而得出预测结果。

在"经济指标预测系统"的开发过程中,IBM 还进行了一系列的验证工作。IBM 以美国"ISM 制造业采购经理人指数"为对象进行了验证试验,该指数以制造业中的大约 20 个行业、300 多家公司的采购负责人为对象,调查新订单和雇员等情况之后计算得出。实验前,首先假设"受访者受到了新闻报道的影响",然后分别计算出约 30 万条财经类新闻中出现的"新订单""生产"以及"雇员"等 5 个关键词的数量。追踪这些关键词在这段时期内搜索数据的变化情况,并将数据和道指的走势进行对比,从而预测该指数的未来动态。

IBM 研究称,一般而言,当"股票""营收"等金融词汇的搜索量下降时,道指随后将上涨,而当这些金融词汇的搜索量上升时,道指在随后的几周内将下跌。

据悉,IBM 的试验仅用了 6 小时,就计算出了分析师需要花费数日才能得出的预测值,而且预测精度几乎一样。

案例解析:从本案例可以看出,大数据不再仅仅局限于媒体与厂商之间的讨论,它犹如一场数据旋风开始席卷全球,从各行各业的 IT 主管到政府部门都开始重视大数据及其价值。

(资料来源:百度百科。)

### 一、大数据对于证券投资分析的重要作用

在金融行业中,证券业属于数据密集型行业,积累了上市公司财务报表、客户关系、市场信息、交易数据等大量信息,伴随着时间的增长和上市公司数量的不断增加,其数据已呈指数型增长趋势。而这些数据的分析和处理对投资者、券商乃至整个证券市场来说是至关重要的。特别是随着证券行业的发展,证券公司不仅仅是客户的经纪业务渠道,同时也需要通过提供对上市公司和市场等方面的调研和分析报告、对市场变化情况的预测分析、股市的涨跌变动分析以及提供投资顾问等方式来为用户提供需要的信息服务,在以往的经纪和顾问业务中,提供的信息往往是通过经验以及对现有信息的收集来完成的,主要包括交易信息、宏观经济信息和财务信息三个方面。随着证券分析能力的提升,现在对个股的分析已经不再局限于财务分析的小数据,而是把行业状况、管理层素质和产品的市场竞争力等也纳入了分析范围。同时,在宏观环境分析中,分析师也日益重视采用大数据手段分析投资者情绪。

#### (一)交易信息分析

作为投资者信息的集散地,金融市场中每天的交易数据反映了供求双方从历史数据和最新资讯中获取各种信息后形成的预期,包含了信息容量最大和最可靠的事前预测信息,此时根据研究的需要,选取不同时间的交易数据信息构成时间序列并进行分析,从而得出对于研究标的的预测结果。技术分析虽然都是针对历史的交易数据,主要包括交易价格、交易数量和交易时间,但可以通过不同的处理进一步演变,比如采用 N 日移动平均日收益方差、N 日移动平均日收益标准差、20 日移动平均流通市值加权日市场收益方差、N 日移动平均流通市值加权日市场收益标准差、N 日移动平均总市值加权日市场收益方差等。采用的分析方法也多种多样,目前应用比较广泛的有 K 线组合分析、趋势分析、形态分析、MACD 指标、KDJ 指标和艾略特波浪理论等。不同的数据处理方式和分析方法,能够得到的预测准确率和有效预测区间都不尽相同。这种利用历史交易数据进行分析和预测的方法,通常被称为技术分析,是证券行业中数据分析应用的重要组成部分,也是金融量化投资的一个缩影,显示了小数据在证券分析、预测方面的良好效果。

#### (二)宏观经济信息分析

虽然大部分市场参与者认可"所有的信息必将在交易中得以体现"的说法,但交易数据一般更适合用于较短时间的预测,而且对投资者群体规模有较高要求,否则其准确性就会大幅下降。因此在证券市场中,对宏观经济信息和财务信息的分析和应用更为广泛。

对于证券市场而言,在熊市中能够独善其身的个股非常罕见,因此我们必须认真分析整个市场趋势并尽可能避免在熊市期间进行股票投资。对于整体市场趋势的分析主要依靠的就是对宏观经济数据的分析,包括 GDP 及其增长率的变化、失业率、通货膨胀、货币政策、财政政策和国际贸易环境等。目前而言,证券行业已经具备宏观经济分析能力,能够比较准确解读宏观经济数据的意义。比如国内生产总值(GDP)能够在一定程度上反映社会生产力的变化,是宏观经济环境最直观的体现,但是不能简单地认为 GDP 增长股市也必然上涨。如果是持续、稳定、高速的 GDP 增长,往往体现了社会总需求与社会总供给协调增长,经济结构合理,这时企业盈利比较容易,利润持续上升,股息不断增长,而投

资者也会对经济形势形成良好的预期,投资积极性得以提高,增加了对证券投资的需求,从而导致证券价格上涨。如果 GDP 增长快速但经济结构不合理,比如总需求大大超过总供给,或者各行业发展存在严重的不均衡状态,经济结构需要调整以避免随时可能遇到的发展瓶颈,投资者对股票投资存在较大的担忧,股价往往反而是下跌的。如果 GDP 增速明显下降,预示着经济环境逐步恶化,企业盈利难度越来越大,股价也会随之下跌。再如物价指数与股价的关系。物价指数是一个衡量市场上物价总水平变动情况的指数。物价总水平上升则意味着发生了通货膨胀,反之,物价总水平下降意味着通货紧缩。常用指标包括消费者物价指数 CPI、生产者物价指数 PPI 和平均物价指数(GDP deflator),其中,由于 CPI 与人民生活息息相关,一般作为最重要、最关键的物价指数。当通货紧缩时,企业当前投资所获取的未来产品价值很可能下跌,盈利能力逐渐减弱,且企业资产也会不断贬值,甚至有可能造成经济衰退和经济萧条,股价自然也会随之下跌。如果是温和且稳定的通胀,能够促进经济适度扩张,产量和就业都将持续增长,那么股价上涨可能性就比较高。但快速通货膨胀时,通过股票投资来规避资产缩水恐怕也不是什么好主意。虽然随着货币贬值,企业未来的产品能够卖出较高的价格,貌似能够获取更多的利润,但高通胀率往往会导致经济的严重扭曲,货币加速贬值,这时候人民将会囤积商品、购买房屋等进行保值,从而使得消费能力大幅下降。大部分企业产品积压,而原材料和劳务成本价格飞涨,利润水平难以保证,经营严重受挫。投资者对股市发展前景非常忧虑,买入积极性不高,股票价格往往反而是下跌的。这些都是数据分析在证券投资分析中的具体应用。具有较强能力的分析师甚至还可以依托宏观经济数据比较准确地预测政府即将采取的货币政策和财政政策,帮助投资者提前进行布局。

### (三)财务信息分析

如果精确到个股的投资,我们则更多依赖于财务信息,根据一定的原则和方法,通过对公司财务报表数据进行分析、比较、组合、分解,判断公司的财务和经营管理状况及其业务发展前景。财务分析主要针对公司财务报表中的流动比率、速动比率、资产负债率、销售毛利率、销售成本率、销售期间费用率、资产净利率、净资产收益率摊薄、主营业务利润率、营业利润率、股东权益率、净资产增长率、净利润增长率、主营业务利润增长率、主营业务收入增长率、营业利润增长、每股营业利润、每股主营业务利润、每股主营业务收入、每股资本公积金等数据进行分析,从而获得一定的投资建议。比如公司的净利润、净资产收益率、每股收益、营业利润率等衡量上市公司获利能力的指标均明显高于整个板块,而它的期间费用率、管理费用率、销售费用率等衡量上市公司运作成本的指标均明显低于整个板块,这类股票适合进行长期投资。如果公司总体获利能力的指标明显高于整个板块,但它的营业成本率、财务费用率也高于该板块整体水平,说明该类企业获得巨额收益的同时也付出了大量的成本,虽然公司目前经营良好、盈利丰厚,但长期前景难以判断,因此适合进行短期投资。如果公司总体获利能力指标均低于整个板块,反而运作成本居高不下,一般就需要回避了,除非有重组、改革等重大事件发生,或者受到人为炒作,否则投资这类公司的收益显然会低于选择盈利能力更高、成本控制更好的类似企业。

### (四)公司经营其他因素分析

随着证券分析能力的提升,现在对个股的分析已经不再局限于财务分析的小数据,而是把行业状况、管理层素质和产品的市场竞争力等也纳入了分析范围。在一定程度上,证券公司的个股分析已经开始使用大数据分析的理念和方法。因为行业状况、管理层素质和产品的市场竞争力等已经无法采用传统的结构化数据进行衡量,而需要更多地借助非结构化数据,我们可以通过现场调查、访谈等调研形式获取这些数据,并且借助这些数据得出正确的分析结论。比如福建某知名私募基金,在2012年注意到比亚迪(002594)已经横盘整理近半年之久,通过实地考察几个重要市场的4S店,发现市场对于比亚迪新推出的F3车型寄予厚望,产品热销,据此判断比亚迪股票很可能持续走高,并在14元附近买入,一年后在35元附近卖出,获利150%,是一个非常成功的案例。大数据分析就是要把这些对公司经营情况构成重大影响的因素以非结构化数据形式加以存储、分析和利用,从而有效提高分析的准确率。

### (五)投资者情绪分析

在大数据时代背景下,证券投资分析仅仅依赖于交易信息、宏观经济信息和财务信息是远远不够的。我们还应当从搜索引擎、媒体网站及社交网络等产生的各类消息中,从商品销售和物流信息中,甚至从某些我们尚未留意到的领域中挖掘有用信息,从而加深对金融市场的分析,这对提高证券分析效率至关重要。我们可以通过云计算技术把海量的结构化数据以及非结构化数据带入模型中,从而完成对模型曲线的不断修正,进而深入探索股票市场更为正确、科学的投资方向和策略。比如投资者情绪对证券市场走势的影响。"很幸运的是我的办公室对面就是一家大证券公司的交易大厅,当我看到大厅里除了工作人员外几乎没有客户的时候,我知道必须得研究一下需要买进哪些股票了,因为这是一个绝好的买入时机。而当我看到卖菜的大婶和保安大叔也频繁出入交易大厅的时候,我赶紧把股票全部卖掉了。"20世纪90年代,我国一位成功投资者的经验介绍告诉我们,很早以前分析师们就已经注意到投资者情绪对证券市场走势有着非常重要的影响。可惜随着计算机技术的发展,人们都转而通过手机、电脑进行网上交易,证券公司的交易大厅也永远停留在历史中。我们现在已经没有办法直观地感知投资者的情绪。美国目前已经有一些比较成熟的投资者情绪可供借鉴,比如证券市场友好指数,个人投资者协会指数等。但中国目前尚缺乏权威性的投资者情绪指标。2003—2004年,央视曾经推出央视看盘指数,通过问卷调查的形式评价消费者情绪,但在实践过程中发现样本选择存在重大问题——因为在交易大厅选择受访者,而会频繁光顾交易大厅的往往是看好后市的投资者,使得指数明显失真,最后只好停止发布该指标。目前国内大多数投资者更习惯于采用"新开交易账户数"进行衡量,具有一定准确性,但单一使用新开交易账户数,没有关注存量投资者行为的变化,会存在一定的片面性。很幸运的是,大数据的发展,为我们更好地监控投资者情绪提供了可能。实际上,如果我们能够利用大数据技术综合分析包括新开交易账户数、保证金总额、融资融券余额、市场交易量、市场换手率等交易数据是有可能比较准确检测投资者情绪的。当然,考虑到很多投资者在不同情绪下,消费习惯和网络社交习惯会发生重大改变,比如盈利丰厚的投资者会更热衷于在网络上讨论股票,并且消费水平会大幅提高。而大幅亏损的投资者,即使其嘴上说不影响日常消费,也会不自觉地降低消费水平。如果能够把实际消费情况、消费者信心指数、网络舆情等因素综合纳入投资者情绪监控,无疑将大幅度提升分析结果的准确率。

比如麻省理工学院（MIT）的学者根据 Twitter 中的市场情绪词汇进行大数据分析，结果发现无论是正面情绪词"希望"或者负面情绪词"害怕"等，其出现的频率占总 Twitter 内容的比例明显上升，就预示着道琼斯指数、标普 500 指数和纳斯达克指数三大指数的单边下跌。这些非结构化数据不仅可以用于分析整个大盘，应该也能提高个股分析的准确率。比如佩斯大学的博士生采用个股大数据模型方式追踪股价。他追踪了星巴克、可口可乐和耐克三家公司在社交媒体上的好评程度，同时与其股价进行对比。结论显示 Facebook 上的粉丝数、Twitter 上的听众数和 YouTube 上的观看人数都和股价密切相关。同时品牌的受欢迎程度还能预测股价在 10 天、30 天之后的涨跌情况。国内的学者也曾进行过相应的尝试并取得了一定的进展，比如郭建峰等（2017）对 2013 年 1 月 4 日至 2016 年 12 月 31 日权威舆情监管数据和 A 股价格的关系进行实证分析，发现网络舆情值高的股票波动性小，网络舆情值低的股票波动性大，得出网络舆情值的提高增加了信息的透明度从而降低了风险。这就证明了把网络舆情分析应用于证券分析是有可能的。

当然，目前证券大数据的应用还处于起步阶段，仍然存在很多亟待解决的问题。比如，目前的大数据监测手段在应对突发事件时显得力不从心。2008 年年初，美国十大投行给投资者的年度投资建议中大部分持乐观态度，仅有 2 家对大盘能否持续上升保持忧虑，但没有任何一家投行预测到即将到来的全球性金融危机。比如 2008 年 10 月 13 日，美联储突然启动银行纾困计划，令道琼斯指数反弹，而社交网络的相关情绪指数此前毫无征兆，大数据对舆论的监测相对处于滞后状态。2020 年春季，新冠病毒引起的肺炎疫情在全球蔓延，引起大多数国家股市暴跌，但各大投行目前的大数据监测均没有给出明确的预警信号。说明我们还需要进一步挖掘大数据对于证券分析的应用能力。当然，社交网络的用户与股市的用户也并非完全重合，在数据取样上也存在部分瑕疵，这些因素也对大数据证券分析构成了一定的制约，如何消除或者减弱这些制约因素，也是每一位致力于大数据证券分析的学者应当考虑和研究的内容。

利用大数据更好地针对市场行情、宏观经济、公司发展和投资者情绪等进行综合分析，从而提高证券投资分析结果的准确性，不仅可以为客户提供更加优质的投顾、咨询服务，还能为实时营销奠定坚实的基础。比如在市场即将进入调整时，向客户推荐更多的泛固定收益类资产，不仅可以增加公司产品销售，还能帮助客户提高收益。

## 二、大数据在证券营销中的作用

在互联网金融和信息技术的冲击下，证券公司作为金融中介的职能将有所改变。证券公司未来的经营模式将以通道为基础，服务与交易相融合的经营模式将成为主流。摆脱传统依靠收取交易佣金的方式，实现业务多样化，是公司寻求业务转型发展的必然选择。任何差异化的业务服务创新均有赖于对客户信息的了解，券商可以充分通过数据模型对现有客户交易数据、客户服务数据、行情数据、金融资讯等进行分析，同时对潜在客户的数据、用户行为记录产生的数据进行深度挖掘，在此基础上设计出符合客户需求的产品组合，并不断根据客户偏好的改变而调整。特别是在互联网金融的冲击下，证券行业日益转向线上销售与服务，对线上用户行为的洞察和了解，正成为证券公司赢得客户，深挖客户的关键。因此，大数据在证券营销中的作用将覆盖客户需求分析、产品开发和精准营销三个方面。

### (一)大数据在客户需求分析中的应用

目前我国大部分券商在利用大数据进行证券营销方面还处于起步阶段。国内某知名证券公司高管在参加大数据与证券发展研讨会时就坦然承认这一现实。该公司连续多年被评为行业最高的 A 类 AA 级企业,主营业务为证券代理买卖、融资融券、基金代销,以及与证券交易、投资活动有关的财务顾问等服务。但是该公司高管仍然认为他们目前和其他大部分券商都面临相同的问题。一是企业的营销活动设计及推广渠道缺少针对性,多为广撒网式,而在消费者日益个性化、触媒习惯碎片化的今天,广撒网式的营销活动效果微弱。二是企业对自身用户的偏好和需求缺乏了解,用户在该品牌的金融终端难以获取自己感兴趣的金融资讯和理财产品,用户停留时间短、活跃度低。三是企业只有用户的静态和交易记录信息,缺乏交易过程中的浏览行为轨迹数据。并且大多数用户行为都是匿名的,缺乏分析手段,同时很多资讯信息,特别是投研报告,都是以非结构化的 PDF 形式存在,缺乏有效的分析。这位高管也表示该公司目前正在加大大数据应用力度,希望能利用大数据技术帮助企业更好地了解用户,通过用户细分和对用户触媒习惯的了解,针对性地制定营销活动及选择推广渠道,避免广撒网式的资金浪费,降低营销活动的成本,在持续提升营销活动和推广渠道效率的同时,有效减少对用户的骚扰,提高用户体验。

大数据在证券公司客户服务方面别具风格,能够实现客户的精细化管理。当前中国证券业以客户为中心的管理改革已经起步,在以"以客户为中心"理念的指导下,通过对客户消费行为模式进行分析,提高客户转化率,开发出不同的产品以满足不同客户的市场需求,实现精细化管理和差异化竞争。因此我们首先应当依托大数据技术做好客户需求分析,通过大数据分析手段分析包括客户资产、持股时间、交易频率等信息从而更好地掌握客户需求,为客户提供差异化服务。

### (二)大数据在产品和服务开发中的应用

在充分掌握客户需求的基础上,券商可以通过精准开发新产品和精准提供服务两个方面提高营销效率。比如 2010—2014 年,中国股市呈现震荡下跌走势,大部分证券公司经纪业务基本上只提供交易通道服务,资产管理业务则因组合多为高风险的权益性产品,难以满足低风险偏好客户的需求。部分券商瞄准这个机会,通过大数据客户分析,发现近年来受财富积累和通胀压力影响,客户理财需求与日俱增,各类保值增值理财产品受到市场追捧。于是这些券商进行了大量的客户需求调查工作,涵盖了机构与个人客户,大、中、小客户等不同区域的不同客户群体,掌握了不同类型客户群体对广泛固收类产品的关注情况,确定了保障安全性、流动性,同时兼顾投资者随时捕捉和把握证券投资机会的产品特性,适时推出"现金宝"等固收类产品,不仅丰富了证券公司资产管理业务产品线,为公司拓展了更多的盈利渠道,同时,通过现金管理产品拓宽了证券公司对经纪业务客户服务的新领域,扩展了证券经纪业务的服务内涵,增加了客户对证券公司的"黏性",有利于进一步巩固和扩大经纪业务客户资产,提高证券公司的综合竞争力,实现了证券公司和投资者的"双赢"。

由于大数据能够加强风险的可审性和管理力度,证券公司可以利用互联网金融思维,将股权众筹模式引入券商业务之中,股权众筹与新三板市场的结合可以很好地解决小微企业贷款的风险管理问题。此举如果能够真正付诸实施,不仅可以增加公司盈利渠道,也能够增强金融市场服务实体经济尤其是小微企业的能力,为我国"普惠金融"的发展添砖加瓦。

甚至证券公司软件和手机 App 的开发也可以基于大数据分析提高对用户需求的把握,进一步提高客户对公司的"黏性"。前段时间,某知名期货交易软件对所有用户实施收费政策,在业内引起激烈的争议。姑且不论这个收费政策长期而言是否会对该企业造成损害,但是在期货交易软件基本免费的今天,敢于向所有用户收费,并且在收费后半年内用户数量降幅还不到 20%,该公司对于自己的软件产品确实是有底气的。那么只不过是一个交易软件,正常完成交易是每个交易软件必备的功能,即使考虑到云条件单的应用,目前也有一半以上的免费软件在提供云条件单服务,这款软件有何过人之处呢?带着疑问,我们分析了该软件和其他交易软件的区别,发现该软件在细节处确实做得很好,比如它虽然是一款期货交易软件,但嵌入了证券行情和证券交易接口,这显然是考虑到大部分期货投资者同时会投资股票,那么免费提供股票、债券、基金等基础证券交易功能,让投资者可以使用一款软件对自己不同类型的交易进行管理显然是非常方便的。而且该软件嵌入外盘交易端口和境外各大交易所信息,又使得投资者可以同时管理境内外期货投资,方便性进一步提高,当然外盘信息和交易服务需要额外付费。该软件在国内首家推出云条件单和价格预警服务,使得期货投资者们从繁重的看盘工作中摆脱出来,虽然后来许多期货和证券交易软件也随之推出云条件单和价格预警服务,但通过实际使用,我们发现该软件在细节方面仍是遥遥领先,比如它可以实现设置不同合约默认的超价点位,让投资者快速下单时既可以使用超价提高成交概率,又不至于因为使用市价委托而让成交价格脱离掌控区间。通过对比分析,我们虽然不太认可该公司对所有用户收费的决策,但是我们很深刻地感受到了利用大数据进行客户软件需求分析能够带来的巨大效益。

**(三)大数据在证券公司精准营销中的应用**

营销服务方面,针对产品、服务、客户洞察的精细化和个性化,证券公司可以从客户出发,从客户数据着手挖掘核心信息,从数据中提取客户价值等核心信息,并对核心信息进行细分,再做精准营销、个性化的处理,然后再进行营销策划和营销行动。券商可以从服务渠道优先、交易渠道优先、关怀活动优先等方面入手,研究细分群体的潜在投资偏好和需求,打包服务产品,组装成套餐,提供不同细分客户群体的解决方案。比如券商可以通过综合分析客户的交易记录、行为记录、住所信息、言语内容和交友情况,依据更准确的分析结果了解客户的风险承受能力、风险偏好、为人信誉等各种情况,根据客户特性推荐最适合的产品。可以根据某类型客户的独特偏好进行服务或者提供个性化推荐,比如通过数据分析发现某客户的资金经常在保证金账户和银行托管账户间转换,同时炒股和购买银行理财,那么证券公司可以加大资管产品的营销力度,实现交叉销售,提升客户体验,甚至可以把客户更多的资金从银行端吸入进来。

实际上,大数据技术的应用还可以提高证券公司研报推送的精准度,提高客户体验。传统的客户服务经常会给客户带来负面影响,比如大量垃圾短信、产品推销电话和垃圾邮件的骚扰,比如千篇一律的客户模式,特别是当客户亏损时,证券公司没有帮助客户尽快止损,反而还在不断地推销新的产品,从而造成客户对证券公司产生了不信任的思想,并最终导致客户的流失。对于证券公司而言,每年需要花费大量的财力、人力实施以上服务,但是大投入反而无法得到好的回报,甚至会产生反面影响。如果通过云计算和数据挖掘技术来对两方面内容进行采集,其一是客户自身的交易习惯、偏好以及历史交易情况,其二是客户偏好的金融投资类型的实时数据,将二者结合起来建立量化投资模型来对实际投资情况进行模拟预测并得出具体的投资方案,进而为用户提供合理的建议。我们姑且把这种服务称为智能顾问服务。依托于大数据技术,智能顾问服务的大部分服务阶段都可以借助计算机系统自动进行,大大节省了人力资源,并且智能顾问服务对于数据的收集范围广,可以根据用户的实际需求进行定制服务,也有利于提升客户体验。

由此可见,大数据技术的应用对于证券公司产品营销的冲击是巨大的,我们应当积极应用大数据分析客户的需求,有针对性地开发资管产品,改进交易软件,同时通过精准营销和智能化投顾服务提高客户体验,最终提高产品营销效率,为公司进一步发展创造契机。

## 三、大数据在证券公司运营管理中的作用

运用大数据技术,证券公司不仅可以提高投资分析和产品营销的效率,在客户关系管理、员工工作成效跟踪和潜在风险预警等公司运营管理环节同样可以发挥重要的作用。

### (一)客户关系管理

目前,证券公司会以客户证券账户资产以及交易活跃度作为评定客户等级的主要标准,或者应用客户的资产、交易量、贡献度等统计信息进行客户价值细分,从客户价值上把客户细分为:高利润客户、次级利润客户、低或无利润客户,然后对不同等级的客户提供差异化的服务策略。但这样的操作策略,主要是针对存量客户设计的,难以发掘潜在客户。随着大数据技术的发展,我们应当重新审视客户关系管理系统。

客户关系管理是一个获取、保持和增加可获利客户的方法和过程,通过提高客户的忠诚度而最终提高企业利润率。证券公司通过实施客户关系管理,提供快速、周到的优质服务,可吸引和保住更多客户,从而提高核心竞争力。要做好客户关系管理,证券公司应当利用大数据技术对客户的信息做深入的分析,做好客户细分,为不同的客户提供个性化服务。同时也要对流失客户进行科学的分析和预测,使证券公司能够尽早提出相应措施,避免客户流失或者使客户流失最小化。

国内证券公司拥有大量的客户群,客户多种多样,对于不同的客户,他们的需求也有所不同。证券公司受自身条件的限制,不能同时满足所有客户的需求,因此采取客户细分策略对于证券公司优化资源配置、证券公司内部管理、实现券商价值最大化都起到了至关重要的作用。对客户进行细分,设置相对应的客户级别。筛选出其中最有价值的客户,并且针对这些客户采取个性化服务,有助于提高客户的忠诚度与满意度,有助于证券公司探索发现新的市场机会,有助于证券公司研发新的金融产品以满足客户的需求,有助于证券公司挖掘高净值客户、加强对高净值客户的抢夺力度、提高公司竞争力。

大数据时代的客户关系管理除了客户需求分析,还应当包含客户信息分析、客户满意度管理和客户流失监控三个部分。其中,客户需求分析因为是证券公司开展营销的基础,是新产品开发和精准营销的依据,在上一小节已经比较详细地进行介绍,本节就不再重

复。

在大数据时代,证券公司对于客户信息的掌握必须更加全面,至少应当包含基础属性特征、兴趣爱好特征、社会属性特征、财产和保险信息、健康情况、消费习惯、位置信息和舆论情况八个部分。其中,基础属性特征主要包括年龄、性别、工作情况等。兴趣爱好特征包括其对旅游、体育、购物和赌博等是否有特殊的兴趣。社会属性特征主要包括家庭关系、社会地位和社交圈。财产和保险信息包括其收入、持有房地产等财产情况和寿险、意外险、养老险、教育险等保险产品情况。健康情况包括体检信息、就医信息、身体和精神状态、用药信息和起居信息等。消费习惯包括出行工具、历史消费情况、常去的商家和付费习惯等。位置信息包括出行规律、所处商圈、差旅习惯等。舆论信息包括相关新闻、行业动态等。掌握这些信息,将有利于证券公司更好地为客户提供服务。但传统模式中,证券公司要完整地获得这些信息几乎是不可能的。大数据技术的应用,为证券公司更好地获取客户资料创造了可能性,当然这些数据获取的合法性还需要经过政府从立法和司法层面进一步论证。

客户满意度,是指客户的期望值与客户实际体验的匹配程度,换句话说,就是客户通过对一种产品或服务可感知的效果与其期望值相比较后得出的指数。客户是企业的核心资源,如何让客户满意证券公司提供的服务或产品是客户关系管理的一个十分重要的组成部分。证券公司有必要设计客户满意度评价指标体系从而对客户满意度进行研究,同时为挖掘潜在客户、提高客户价值、提高客户的满意度提供技术上的支持。因此,对证券公司来说,构建客户满意度模型十分重要。借助于大数据技术,我们可以通过捕捉用户使用情况来代替问卷形式了解用户满意度,这将有利于我们更加准确地了解客户的真实体验并且减少对客户的打扰。而且利用大数据技术进行客户满意度调查,将有可能覆盖更广泛的内容。比如我们可以通过观察客户经常访问的集合理财产品的种类,以及客户的交易轨迹了解客户对公司集合理财产品品质的评价,以此判断客户对这些产品盈利性和风险性的真实体验。通过客户的活动轨迹、与公司的常用联系方式,了解其对公司客服渠道的满意度,包括营业部网点数量、柜台工作效率和网上交易速度。通过客户评价及其在社交媒体中的言论了解客户对公司品牌的认可度以及对营销人员业务水平、投顾团队水平和客服服务态度的评价,了解客户投资需求和偏好、他们对于某投资行业的看法等,通过分析客户的反馈,提高企业的服务质量。

同时,大数据还有可能帮助我们提高客户满意度。通过对客户关系管理数据的分析,可以分析出决策者如何制定合适的方案、告知企业能够获取最高潜在收益的方向所在。可以说,对企业客户关系管理数据的分析,可以使企业更好地理解客户、与客户建立良好的关系。举例而言,客户打电话购买企业的产品或想得到企业的技术支持,如果第一次没能解决,第二次接电话的雇员不同于第一次的雇员,客户一般需要重新将他们的问题叙述一遍,这降低了客户体验。通过客户关系管理,将客户第一次的需求进行存储,使得雇员每次都能够传递始终如一的、高质量的服务,他们能与当前或将来的客户接洽,并在此过程中巩固客户关系以增强客户忠诚度。

当下证券行业竞争十分激烈,券商之间存在严重相互抢夺客户、客户流失的现象。客户是企业的核心资源,衡量一个证券公司的成功关键在于客户,客户的投资收益、客户份额等都与证券公司利润密切相关。据推算,挖掘一个潜在客户并最终使他成为正式客户是留住老客户成本的 6~7 倍。借助大数据技术创建客户流失模型进行预测,可以使证券公司做出相应的预防措施,从而避免客户流失抑或使客户流失最小化。客户选择哪家证券公司,选择购买哪种金融产品和服务,诸如此类的选择会受到各方面因素的影响。从微观角度来说,与人情关系、价格、服务质量、竞争对手的策略有关;从宏观角度来说,国家政策、国际形势的变化都会对客户流失与否造成一定的影响。在这种情况下,要非常精确地预测某个客户的流失是无法做到的。但是,大多数情况下客户的行为是理性的,他们不会随意离开目前的证券公司,并且客户流失之前都会有一些相似的行为特征,这就使预测客户流失的做法成为可能。

证券公司能够识别将要流失的客户意味着能够减少维护客户的成本,这意味着可以再增强客户与公司之间的关系。此外,证券公司还应该注意到随着证券新业务的发展,在根据原有的数据信息构建和推导的客户流失预测模型的效果可能随着时间的变化而逐渐衰退,模型需要不断地更新和改进。从客户管理角度来说,如何更好地运用大数据技术是十分重要的。

💡 知识拓展

### 广发证券的分布式管理体系

在广发证券的分布式管理体系中,"金钥匙"是基础任务分发平台,公司的各大互联网终端负责收集客户的需求,经过金钥匙平台的算法分析后分派给全国各地的 7 000 名理财顾问,并按照服务响应时间、客户满意度以及业务转化率对业务进行管理和优化。同时,根据公司内多平台数据资源,广发证券自主开发的"经营驾驶舱",可提取其中与业务经营最相关的信息,根据各级管理人员和员工的需求为其提供不同侧重点的数据支持。高层管理人员着重对全局的把握以便及时调配资源,中层管理人员围绕 KPI 完成、系统内排名变动等情况及时调整经营策略,基层人员则重点关注管辖客户、资产与个人绩效钱包。通过大数据技术的应用,公司不仅有效提升了各级管理的运营效率,而且大幅度提升了客户的服务质量。

(资料来源:百度百科。)

### (二)员工工作成效管理

在互联网金融时代,如何有效管理员工工作成效也是证券公司在提升企业管理效率时必须注意的问题。大数据技术的应用,能够有效地帮助证券公司科学制定灵活、有效的员工管理机制。随着计算机技术的发展,证券公司营业大厅已经成为历史,现在员工的工作大部分都在网络中进行,且通常有多位员工服务于同一位客户。运用大数据技术,通过攫取员工与客户电话、微信等通信工具的联络情况,获取员工工作期间定位情况,结合客户的交易、评价等内容,并对这些数据进行分析,就能够比较全面地了解职工服务客户的具体情况,从而为公司奖优罚劣提供科学的依据,有助于促进员工提高工作成效。

### (三)潜在风险预警

融资融券业务目前已经成为证券公司主要业务之一。该业务本身具有一定的风险性。而大数据技术的应用,将有可能增强证券公司潜在风险预警的能力,从而帮助公司采取合理的措施控制风险。借助于目前业内普遍采用的保证金制度,融资融券客户主动违约的风险是高度可控的。证券公司主要考虑的是融资融券标的的风险性。作为融资标的,一旦出现黑天鹅事件,有可能出现连续跌停,导致客户爆仓且无法平仓的风险,最终导致客户被动违约。利用大数据技术跟踪公司财务状况、诉讼情况和公司与上下游企业的资金往来,我们将有较大的可能提前发现存在较大风险的企业,并及时把它们剔除出融资标的,从而降低公司风险。对于融券标的,表面上看,连续涨停导致客户被动违约的风险较小,但在实际操作中,融券要求证券公司先持有该股票,而由于融出证券,将使得证券公司在一段时间内无法减仓,且这个时间长达6个月,有可能导致公司自营业务收益受到重大的影响。因此,大部分证券公司只愿意提供少量业绩良好、资本雄厚的大公司股票作为融券标的,导致大部分客户感觉融券难,融券交易量也一直非常低迷,严重制约了监管层通过发展融资融券业务双向平衡市场的意图。如果借助大数据技术,我们就有可能更多地判断出未来6个月基本不会出现重大风险的企业,从而提供更多的融券标的,一方面可以为公司创造更多利润,一方面也有助于提高投资者体验,为公司争取更多的客户,同时也为完善证券市场双向交易机制做出贡献。

# 任务6.2　证券大数据的应用途径

## 案例导入

### 国金"触网"

2013年11月23日,国金证券发布公告称将与腾讯合作,利用腾讯旗下的庞大用户群协助国金证券进行用户流量导入,并进行证券在线开户和交易、在线金融产品销售等服务。2014年2月20日,其合作的首个产品"佣金宝"正式上线。投资者通过腾讯股票频道进行网络在线开户,即可享受万分之二的交易佣金。紧接着,2014年3月7日,佣金宝手机开户上线。到2014年3月24日,佣金宝又开通创业板投资权限在线转签功能。业界将国金证券与腾讯的这一系列合作形象地解读为国金"触网"。

案例解析:从本案例可以看出,关于国金证券选择联手腾讯,具有如下重大意义。

(1)当下是"大数据"和"互联网金融"的时代,而企业内部的经营交易信息、物联网世界中的商品和物流信息及互联网世界中人与人交互信息和位置信息等是"大数据"的三个主要来源。国金证券和腾讯联手后借助于腾讯的互联网平台就已经在大数据的抢滩登陆战中提前了一大步,占据了先机优势的同时大大丰富了获得互联网世界中人与人交互信息的可能性。

(2)从国金证券自身来看,其作为民营背景券商体制灵活、决策效率高,对互联网等新生事物接受能力更强,对腾讯等互联网公司的文化也更加能够认同,同时其营业部数量较少,可以克服其他券商线上线下价格不一致所带来的阻力。而国金证券与腾讯合作正是深入挖掘了自身的优势并更加深入地契合互联网金融的发展趋势。

(3)互联网具有天然的排他性,第一个吃螃蟹的人也注定会有第一位的殊荣和好处。虽然从腾讯的平台战略来看,国金证券与其合作不可能有持续的排他性,但互联网天然的排他性会帮助第一个合作者。因为首先传统金融基于 IOE(IBM、ORACLE、EMC)的系统无法满足互联网金融需求,系统对接和改造需要较长的时间周期。其次,互联网往往以极致体验的明星产品创造口碑效应,第一个产品往往具有极大的竞争优势和壁垒。天弘与阿里合作的余额宝、华夏与微信合作的理财通都是例证。国金证券以远低于现在平均佣金率的万分之二成本佣金率推出网上开户,依靠自选股的产品设计和推送能力创造出产品佣金宝,很有希望创造明星级产品,抢占市场先机。

(4)腾讯作为中国互联网公司的领头羊,拥有即时通信市场极高的份额和海量的用户数据储备。虽然国金证券和腾讯的合作还没有非常深入,但是可以设想国金证券和腾讯共享数据库、共同分享大数据所带来利益的前景。如果我们稍微偏激一点的话,甚至可以设想在未来将腾讯 QQ 用户与国金证券的开户用户进行有效的重叠和整合,这将又是一个巨大的市场。

大数据时代,数据为王。电子商务巨头所拥有的客户群和积累的数据量足以令资产管理业内任何一个机构"汗颜",更何况它们还掌握了领先的大数据分析技术。正是在这样的背景下,业内机构国金"触网"拥抱腾讯,意图弥补自己在大数据和渠道方面的劣势,而阿里"跨界"则源于其希望依靠积累的大数据及卓越的分析能力从金融业高额的利润中分一杯羹。这个案例体现了大数据对证券行业的推动和促进,同时也让我们看到了大数据时代下传统证券行业所可能发生的转型。证券行业改革的大幕已经拉起,大数据必定是其中最亮眼的一处,让我们拭目以待。

(资料来源:百度百科。)

## 一、以小数据应用为基础

相对于其他行业的数据,证券行业具有数据质量高、数据价值大、可定位性好等特点。证券公司拥有大量的客户交易数据,这些数据包括客户资产、持股时间、交易频率等信息。通过数据分析,证券公司可以细分客户类别,根据类别为客户提供差异化服务。证券公司还可以对实时行情、财务报告、经济信息、新闻等衍生数据进行分析;可以对产品/投资品信息、头寸/交易信息、交易对手数据、评级数据等参考数据进行分析;也可以分析曲线、差价、波动信息、相关性分析等经过加工后产生的数据。

因此,自证券行业产生以来,各个券商都非常重视数据的挖掘、分析和应用。只是受到计算机技术和专业知识的局限,证券行业仍然以小数据应用为主。小数据并不是指数据量小,而是根据使用者的特定需求,有针对性地找出能够提供决策支持的客观依据,它的存在对于促进经济社会的发展、更加准确地满足客户需求具有非常重要的作用。

在计算机技术不够发达、数据处理方法仍然比较有限的情况下,小数据的存在更贴合我国国情发展需要和区域性企业自身经营规律,能够更加准确地满足客户需求,并且具有易收集、易理解和易操作的特点。对于应用者而言,小数据还具有可组织、可包装和可视化的特点。

精于小数据应用是证券行业得天独厚的优势,我们在发展证券大数据时一定要注意以此为基础。特别是在大数据人才培养过程中,小数据的应用更为直观,而大数据应用是由无数个小数据应用集聚而成。只有良好地掌握了小数据管理、分析并最终应用的方法,才有可能真正把这些技术运用于大数据中。因此我们无论是人才培养、系统开发、资源整合等环节都应当以现有的小数据应用为基础,不断聚合更多的小数据应用最终实现证券大数据。

## 💡 知识拓展

### 大数据与小数据的应用区别

1. 大数据重预测,小数据重解释

大数据具有开放性、公开性和易获得性,社交网络每天产生的大数据可以在一定规则开放性下,通过应用程序接口(API)和爬虫技术采集,一些商业机构和政府组织也向社会研究机构提供各种海量数据源,特别是政府开始提供权威开放数据源。大数据往往带有时间标签,更具预测性。国内外众多机构开始采集海量 Twitter 和微博上的传播信息和个人属性特征和标签,期望预测社会舆情和社会情感、预测电影票房、预测商业机会,进而期望预测人们的态度和行为。开放、公开易获得数据源是大数据时代的基本特征和产生社会影响的本质。

2. 大数据重发现,小数据重实证

传统的小数据重实证研究,强调在理论的前提下建立假设,收集数据,证伪理论的适用性,采用随机抽样的定量调查问卷获取数据,验证假设。这是一种自上而下的决策和思维过程。而大数据重发现知识,预知未来,为探索未知的社会现象和发展规律带来机遇。这种预见性是一种自下而上的知识发现过程,在没有理论假设的前提下去预知社会和洞察社会现象、趋势和规律。

3. 大数据重相关,小数据重因果

大数据重关系,而不关心因果。关注是什么而不关心为什么,尽管大数据依然可以回答因果问题,但因果关系并非来自统计或数据,而是来自研究者的理论和假设。大数据分析更关注数据的相关性测量和商业应用价值。大数据挖掘往往是发现那些不能靠直觉发现的信息和知识,甚至是违背直觉的,有时候越是出乎意料可能越有社会和商业价值。媒体人应该有责任和有能力从数据中发现事物内在规律,预警社会。

4. 大数据重全体,小数据重抽样

大数据是商业自动化存储的数据,在软硬件满足的条件下可以分析海量数据。随着存储和软硬件的经济性和分析工具的高性能,海量数据的处理能力得到提升,数据挖掘算法不断改进和丰富,特别是统计分析和机器学习的神经网络建模技术发展,抽样并非必要的手段和方法论。尽管大数据不一定是总体,理论上讲再大的局部也没有随机抽样更具代表性,但机器学习算法所带来的个性化推荐技术、非线性建模、网络分析、空间地理分析、实时在线的数据可视化分析手段都应成为我们认识世界、感知社会的重要手段和目的。

5.大数据重感知,小数据重精确

大数据具有边生产边应用、边应用边生产、实时在线分析的特点,往往更关注数据从总体上感知社会,通过大数据的在线可视化技术呈现大规模数据的流动模式,为大数据时代背景下的社会治理、舆情研究、智慧城市、智能交通、传染病传播、谣言传播提供了数据基础。大数据同时关注对个体的数据挖掘,在个性化推荐、精准营销、传播路径分析等应用领域都具有大数据特点。小数据往往采用显著性检验,统计显著性受到样本代表性和样本量的影响,对数据来源的真实性、无偏性和代表性格外重视。

## 二、增强跨行业数据共享与合作

与股票投资相关数据的来源渠道非常多,方式也非常多。常见的有来自用户模拟交易数据、实际交易数据、用户自选股,也有来自微博、微信等社交渠道,还有来自媒体新闻传播渠道。为了提高大数据分析的有效性,仅仅依靠本公司内部数据是远远不够的,我们需要打破原有小数据的思维模式,通过增强跨行业数据共享与合作,尽可能地拓宽数据来源渠道,扩大数据覆盖范围。

比如在前文中提到的客户关系管理,我们除了准确获取客户交易数据,还应当尽可能地获取客户其他方面的相关信息,比如通过公安机关获取客户身份信息,通过税务机关了解其收入水平,通过银行征信系统和司法强制执行人信息系统了解其信用情况,通过电子商务系统了解其网络消费习惯;等等。甚至为了更好地监控客户合规操作,我们可能还需要从通信运营商获取客户移动通信工具使用情况以避免代开户、代理交易等违规现象。

比如在合作开发理财产品时,我们可能需要通过税务机关了解合作方真实盈利情况,通过银行征信系统和司法强制执行人信息系统掌握合作人信用情况,通过完整了解合作企业与上下游企业的合作情况、资金往来等信息,以便更加全面了解合作方情况,提高理财产品安全性。

比如我们在进行证券分析时,不仅需要从交易所和结算机构获取历史交易数据,需要通过统计机构获取宏观经济相关数据,需要对公司进行实地调研获取翔实的财务数据和掌握公司真实运行情况,我们还需要综合物流情况、商业协议签订情况、水电和汽柴油等生产必需品的使用情况才能更加高效地判断整个宏观经济和公司未来发展情况。我们还需要通过对社交媒体的信息以及投资者近期消费情况进行分析以便更好地了解投资者情绪,并研判其对股市未来走势的影响,从而提高证券分析的正确率。

因此,我们必须打破原有小数据的思维模式,通过增强跨行业数据共享与合作,打造包含证券分析、公司内控、客户管理等多项功能的大数据分析系统,通过数据挖掘、数据管理和数据分析的手段,为公司在风险控制、业务创新和客户的精细化管理方面提供决策依据,帮助公司在高频交易、金融创新、精准营销等领域加速推进,通过实时和非实时的计算分析能力,为企业提供全周期的低成本高性能商业智能平台支持。

# 任务 6.3　证券大数据应用案例分析

**案例 1：应用网络舆情分析投资者情绪的基本步骤**

根据行为金融学和已有的相关研究，投资者情绪对股价或收益率有影响。大量参与和使用股票论坛的投资者受到网络舆论的影响，对股票市场的走势做出主观的判断，投资者基于这种判断做出投资决策并进行交易，进而影响股票市场。当对股市持看涨态度时，投资者情绪高涨，投资者将进行持有、买进和加仓等积极投资操作，这些操作反过来可能会促进股市行情上涨；反之，当对股市持看跌态度时，投资者情绪低落，投资者可能会进行卖出、减仓甚至退出等消极投资操作，这些操作可能会促使股市行情下跌。因此网络舆论是股市的重要影响因素。如果我们能够应用网络舆情分析投资者情绪，将有助于我们对市场未来走势做出更为准确的预判。下面我们将和大家一起了解一下应用网络舆情分析投资者情绪的基本步骤，如图 6-1 所示。首先，应用文本挖掘技术，从杂乱无序的网络媒体信息中获取有价值的信息，把非结构化的文本信息转化为结构化文本信息，从文本信息中提取投资者情绪测评指标，结合属性词典和情感词典，应用情感分析引擎，获得投资者情绪分析结果。然后，可支撑两方面的应用：一是基于投资者情绪分析结果，以及情绪与股票市场之间走势的关联，对市场行情进行预测。二是基于文本信息中的上市公司属性和投资者情感倾向，预测各类上市公司的股票价格走势，为买入、观望、卖出等决策提供支撑。

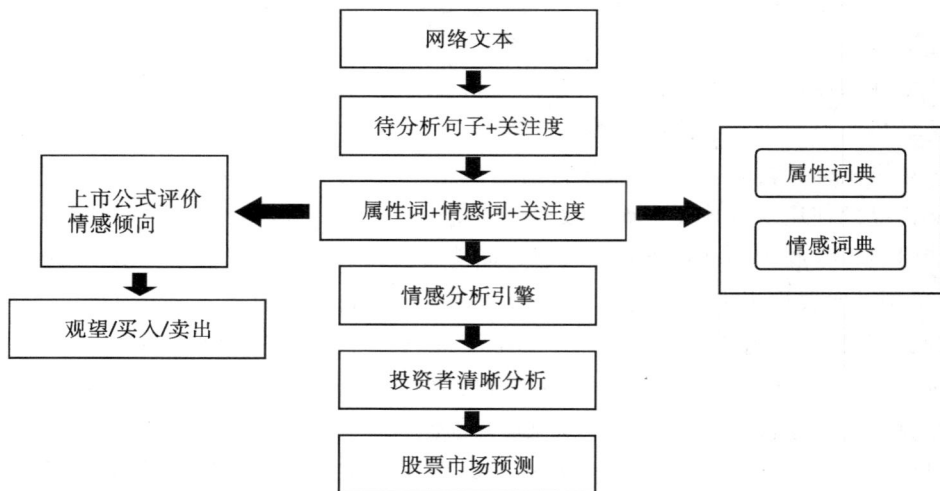

**图 6-1　应用网络舆情分析投资者情绪的基本步骤**

资料来源：何平平、车月云：《大数据金融与征信》，清华大学出版社 2017 年版。

### 案例 2：伏流投资：掘金大数据，筑建量化投资

"我们先是一家数据科技公司，然后才是资产管理公司。"伏流投资强调，公司将大数据、量化分析和交易技术作为公司的基石，数据分析和数据科技是基础；量化模型分析建立在厚实的基础数据之上，致力于 SmartBeta、Alpha 的发现和获取；交易技术则为实现交易实践提供技术支撑，三者融合，缺一不可。

伏流投资目前拥有成熟的模型和策略，囊括不同周期、不同品种，可容纳资金量约 5 亿元。在公司内部，一个交易策略从研发到成熟，要经过严格的回测分析、黑箱测试、参数检验、失效检验、边界分析，最后进入策略库。他们认为，策略要保持一致性，符合公司收益风险特征；要观察策略在正常情况下 sharp 比率、换手率等指标的表现；评判策略是否失效则要通过市场检验伏流投资以月为周期更新策略，调整策略参数，一旦失效则停止该策略。

伏流投资的量化模型建立在基本面和技术面数据之上，同时参考大数据舆情面数据指标，即考察市场参与主体和大众的情绪认知。此外，成交量也会作为量化模型的参考。量化投资最大的风险来源于参数调优过度拟合、历史回测与实际交易偏差、量化模型失效以及极端行情风险。针对这些风险，公司建立了事前、事中和事后完整的风控体系——事前规划、事中全程监控、事后复盘分析。

大资管时代，伏流投资亦走上自主发行产品之路，目前首只产品已经完成备案，该产品使用混合型策略，投资标的包括股票和商品期货。按照公司规划，伏流投资未来品线将逐渐覆盖量化选股、量化对冲、海外产品、固定收益类产品亦在计划之中。

伏流投资认为，量化投资因为其风险收益可度量、可回测以及客观等特性，加之交易工具的进步，量化投资将成为主流趋势。在百舸争流的局面下，私募机构唯有在人才、策略、产品、营销、合作等各方面有综合优势，才能长远发展。

未来 3～5 年，伏流投资将着力多策略、全品种、全天候的研发，把人才培养、技术更新和产品绩效作为重点工作来部署，进一步拓宽市场的广度和深度，丰富投资策略，不盲目追求资产规模，稳健发展，为将来资产管理规模的扩展做好准备。

（资料来源：《期货日报》2016 年 7 月 20 日第 4 版。）

**参考文献**

[1]李勇,许荣.大数据金融[M].北京:电子工业出版社,2016.

[2]何平平,车月云.大数据金融与征信[M].北京:清华大学出版社,2017.

[3]郭建峰.大数据网络舆情对证券投资收益与风险影响研究[J].经济研究导刊,2017(35):127-129.

[4]王磊.关于证券公司业务中大数据的应用分析[J].财务金融,2019(10):179-180.

[5]吕建林.基于大数据技术的股票投资应用[J].生产力研究,2019(6):54-67.

[6]胡鸿宇.基于网络舆论的投资者情绪对股价影响的实证分析[D]上海:上海外国语大学,2017.

[7]申晨,姜志旺,程冬玲,等.网络大数据中情绪指数的构建及应用分析——以证券市场为例[J].无线互联科技,2019(15).

[8]华泰证券课题组.证券公司投资者适当性管理的大数据应用研究[J].金融纵横,2019(7):13-21.

# 项目七　供应链金融

## 知识脉络图

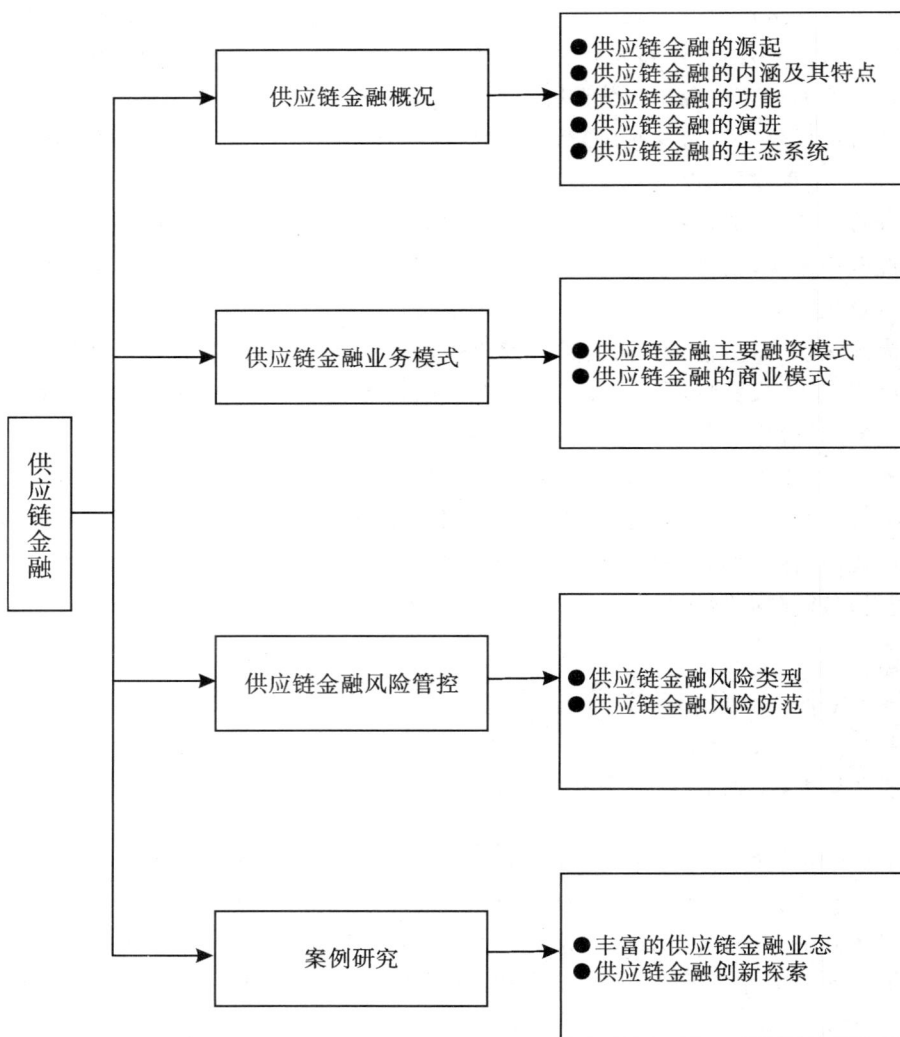

## 学习目标

通过本项目的学习,学生能够掌握供应链金融的内涵、特点及功能,了解供应链金融演进;掌握供应链金融融资模式,了解其商业模式;掌握供应链金融风险分类及防范建议;了解大数据在供应链金融中的应用,了解典型案例;能够根据所学知识初步将供应链金融应用于融资中。

## 案例导入

### 你所不知道的供应链金融

1.中铁物流简介

中铁物流集团(以下简称"中铁物流")成立于 1993 年 3 月,涵盖电商服务、仓储、整车、零担、公路、铁路、金融、冷链、代理报关报检、贸易、国际快件等业务,是目前国内物流行业唯一实现全产业链覆盖的现代综合物流企业。

截至 2016 年,中铁物流全网营业网点共 5 320 个,运营车辆 11 280 台,从业员工 4.1万人,仓储管理面积超过 4 000 万平方米,在美国、英国、俄罗斯、韩国、日本、尼泊尔、印尼、香港地区设有境外分支机构和多个海外仓,为全球客户提供方便、快捷、安全的物流综合服务。

2.产业发展瓶颈

中铁物流自成立以来,先是从事物流服务,后来通过逐步自建仓储,实现"物流-仓储"一体化,完成第一次产业升级。

中铁物流及其核心客户作为整个产业链生态体系中的核心骨干企业,其发展速度带动着整个产业链的发展,却也受制于产业链整体的发展。纵观整个产业链,涵盖众多的中小企业,这些为数众多、资金实力较弱的上下游企业在一定程度上决定着核心企业的发展速度。尤其是在核心企业开足马力前行的时候,上下游企业相对滞后的配套服务就会成为瓶颈,制约着整个产业链的发展。

这些上下游企业面临哪些问题呢?首先,规模小,服务能力有限;其次,资金实力弱,面对大额订单心有余力不足;第三,贷款需求具有小额、短期、高频的鲜明特点,同时放款需求急迫,时效性要求高,传统金融机构很难满足这种需求。

3.产业升级的风口——供应链金融

面对产业转型的重大关口,中铁物流作为产业链的核心企业之一,拥有资金流、物流、信息流,三流合一,具备对产业链上下游企业提供供应链金融融资的能力。通过供应链金融,不仅可以帮助整个产业链保持稳定、快速增长,而且也能增强中铁物流核心客户的黏性。

(1)供应链金融体系的搭建是从无到有的重大创新工作,面临重重挑战

整个供应链金融体系涵盖的业务极其复杂,包括订单融资、仓单融资、应收账款融资、代采购、融资租赁等。业务的复杂性对流程以及系统建设工作带来了极大的挑战。

供应链金融体系要想稳健高效运行,必须重视风险管理和流程效率。如何有效控制

风险,同时又能大大提高运营效率?

供应链金融系统的完美运作离不开产业链中若干核心公司的数据共享,然而核心企业出于财务风险以及运营工作量的考虑,主动参与信息共享的意愿缺失。如何解决他们的共享动力问题?

(2)中铁物流供应链金融平台功能亮点

亮点一:流程自动化。

为了满足供应链上下游企业短期、多频次、高时效性的融资需求,通过流程自动化、风控智能化的供应链金融系统架构,实现高频次的资金流转和优质的客户体验。

通过对数据进行分类识别出非结构化数据,并将非结构化数据进行结构化处理,使得系统可通过影像技术自动触发流程流转。只有出现问题、可能引发风险时,才需要人工介入,从而大大提高了运营效率,使得有限的人力资源只关注有问题的流程,没有问题的流程自动流转,实现流程的自动化。系统建成之前,从接到申请到申请处理完毕,一条流程的运转需要1~2周的时间。而系统建成后,仅需要1天即可完成。

亮点二:保证系统安全性、开放性和可扩展性的同时,保障交易过程的风险可控。

首先,系统在规划设计之初就充分考虑了各种可能的情况,建立数据对接的策略,在保证安全的前提下,实时获取供应链金融业务所需要的数据。

其次,针对可能出现的风险,供应链金融系统嵌入了各种风险分析和控制模型,能够及时通过事中的运营情况监控,识别风险。一旦出现问题,系统会自动触发预警,降低操作风险。

通过以上策略设计,达到效率和风险的兼顾。

中铁物流是在通过供应链金融打造大数据平台,实现大数据变现。中铁物流完成了一次从"物流-仓储一体化"到"物流+仓储+金融"的转型过程,实现了一次完美的产业升级。

请思考,到底什么是供应链金融?它可以应用于哪些场景呢?思考大数据在供应链金融融资及风控等所起的作用是什么?

(资料来源:https://www.sohu.com/a/201926371_694623.)

# 任务 7.1　供应链金融概况

## 一、供应链金融的源起

供应链金融来源于供应链管理。传统的供应链管理要求企业将顾客所需产品在合理的时间内,按照正确的数量、质量和状态送达正确的地点,以此来最小化成本。随着经济全球化与网络化的发展,不同地区、国家或者公司、产业之间的距离越来越小,彼此的联系和沟通加快。大企业和经济强国在供应链中占据非常大的优势,而中小企业和落后地区则处于劣势,成为供应链的短板,这无疑制约了全球供应链的发展。为了稳定供应链,减少供应链的整体成本,在新时代下,企业开始将重点放在资金流上,重点提升资金流效率,供应链金融由此应运而生。

供应链融资产品都是依托于应收账款和(未来)库存进行的。在我国,工业企业应收账款和存货规模已经具备一定体量,为开展相应的供应链融资奠定了基础。然而,供应链融资的规模远远不及基础的应收账款和库存融资规模。银行家调查问卷显示,中小企业贷款需求指数持续大于 50%,说明企业融资的需求持续存在,而银行贷款审批指数持续低于 50%,说明银行贷款审批条件在不断收紧,这表明,影响供应链金融市场规模的因素出现在产品供给端。

## 二、供应链金融的内涵及其特点

供应链金融,是指金融机构围绕着核心企业,管理上下游中小企业的资金流、物流和信息流,把单个企业的不可控风险转变为供应链企业整体的可控风险,通过立体获取各类信息,将风险控制在最低的金融服务。既有利于中小微企业解决融资难问题,降低融资成本,又有利于金融机构延伸服务,防范信贷风险,降低资本消耗,增加中间业务收入来源。"供应链金融"也是一种独特的商业融资模式,依托于产业供应链核心企业对单个企业或上下游多个企业提供全面金融服务,以促进供应链上核心企业及上下游配套企业"产一供一销"链条的稳固和流转顺畅,降低整个供应链运作成本,并通过金融资本与实业经济的协作,构筑银行、企业和供应链的互利共存、持续发展的产业生态。供应链金融交易形态如图 7-1 所示。

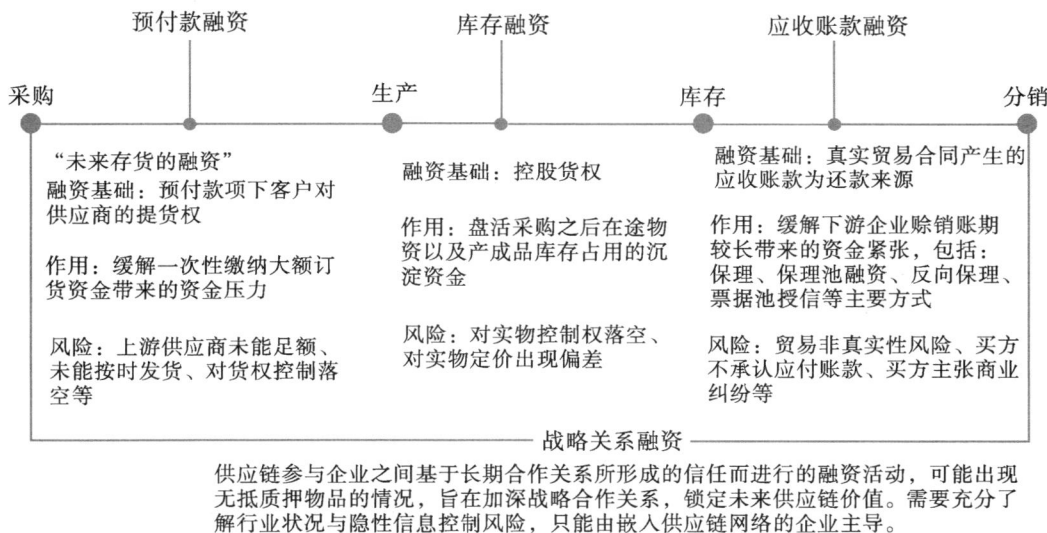

**图 7-1　供应链金融交易形态**

资料来源:艾瑞咨询。

从供应链金融的主要特点来看,从产业供应链角度出发,供应链金融的实质就是金融服务提供者通过对供应链参与企业的整体评价(行业、供应链和基本信息),针对供应链各渠道运作过程中企业拥有的流动性较差的资产,资产所产生的确定的未来现金流作为直接还款来源,运用丰富的金融产品,采用闭合性资金运作的模式,并借助中介企业的渠道优势,来提供个性化的金融服务方案,为企业、渠道以及供应链提供全面的金融服务,提升供应链的协同性,降低其运作成本。具体来看,供应链金融的特点如下。

(1)现代供应链管理是供应链金融服务的基本理念。供应链金融是一种适应新的生产组织体系的全方位金融性服务,特别是融资模式,它不是单纯依赖客户企业的基本面资信状况来判断是否提供服务,而是依据供应链整体运作情况,从企业之间真实的贸易背景入手,判断流动性较差资产未来的变现能力和收益性,通过融入供应链管理理念,可以更加客观地判断客户企业的抗风险能力和运营能力。可以说,没有实际的供应链做支撑,就不可能产生供应链金融,而且供应链运行的质量和稳定性直接奠定了供应链金融的规模和风险。

(2)大数据对客户企业的整体评价是供应链金融服务的前提。整体评价是指供应链服务平台分别从行业、供应链和企业自身三个角度对客户企业进行系统的分析和评判,然后根据分析结果判断其是否符合服务的条件。行业分析主要是考虑客户企业受宏观经济环境、政策和监管环境、行业状况、发展前景等因素的综合影响;供应链分析主要是评判客户所在供应链的行业前景与市场竞争地位,企业在供应链内部的地位,以及与其他企业间的合作情况等信息;企业基本信息的评价主要是了解其运营情况和生产实力是否具备履行供应链合作的能力,是否具备一定的盈利能力与营运效率,最为重要的就是掌握企业的资产结构和流动性信息,并针对流动性弱的资产进行融通可行性分析。显然,上述所有信息都有赖于大数据的建立。事实上,供应链运行中每一笔交易、每一项物流活动,甚至每一个信息沟通都是数据,通过筛选、整理、分析所得出的结果不仅仅只是简单、客观的结论,且能帮助提高企业经营决策。搜集起来的数据还可以被规划,引导供应链金融活动的产生。

## 📋 资料传真

### 国美金融:大数据风控助力供应链金融纾解小微企业融资难

国美控股集团成立于1987年。经过近30年的发展,已成为一家运营稳健、资本雄厚、整合能力强、多元化发展的大型现代化集团型企业。集团现共有员工30余万人,业务涵盖零售、电商、物流、地产、投资、文化传媒、医药健康、金融和高端俱乐部九大领域,旗下拥有国美电器控股有限公司、中关村科技、三联商社、国美金融科技等多家上市公司。

2015年,国美控股集团围绕"打造全零售生态圈"战略目标,构建了线下零售、互联网、智能家居制造、智能手机制造、金融投资、地产六大业务板块。同年,国美金控投资有限公司紧绕核心零售生态圈,构建支付金融、数据云、资产交易、创新金融和创投金融五大平台,打造消费金融、供应链金融、理财、保险、基金以及跨界创新六大产品体系,未来,国美金融将紧绕国美的新零售战略,以金融为核心,依托场景和科技,实现国美金融的用户和交易量不断增长的目标。

国美金控供应链金融业务于2015年8月正式上线,国美把整条供应链看作一个集成体,将链上企业看作合作伙伴,通过自己所处的核心地位,对整个供应链进行信息流和物流的协调,使各个职能分工合作,对整个链上物流、商流、信息流和资金流进行整合及优化,从而提高整条供应链的竞争能力。依托国美强大的生态圈,内部外部同时发力,业务类型涵盖商业保理、融资租赁、订单融资、预付款融资、信用贷款、票据贴现、仓单融资等,快速解决企业在发展过程中遇到的资金问题,致力于打造企业一站式融资服务平台。

在平台建设上,国美供应链金融采用流程全线上操作,与核心企业实现系统对接,做到销售、应付、库存、合同等经营性数据在平台上实时推送。基于这些产业链的数据优势,国美金融便可利用科技力量,对于链上中小企业的经营状况有充分了解。以大数据为基础,在目标客户选择方面更具有针对性,且授信方式相对灵活。这就解决了中小企业的信用低、难获融资的问题。

此外,为了提高融资效率,国美金融还通过大数据、云计算等技术,做到对链上中小企业提前授信、动态调整、随需随用。这些不仅使得链上中小企业获得在以往条件下难以取得的信贷支持,也让他们的融资意愿变得更高。

截至 2019 年 8 月,国美金控供应链金融业务已为近 5 000 个中小微企业提供企业融资服务,共计投放近 30 亿元,客户覆盖汽车、电器、化工、农业、精工制造、贵金属等多个领域。

(资料来源:新浪财经。)

(3)具有自偿性、封闭性和连续性的特点。所谓自偿性,指的是企业还款的来源主要是贸易所得的货款,通过操作模式的设计,还款企业的销售收入会自动导入银行的特定账户。封闭性指的是银行等金融机构通过设置封闭性贷款操作流程来保证款项专用,借款人不能用于其他途径。连续性指的是同类贸易行为在上下游之间会持续发生,在此基础上的授信行为也可以反复进行。

(4)构建供应链商业生态系统是供应链金融的必要手段。供应链金融要有效运行,还有一个关键点在于商业生态网的建立。所谓商业生态系统,是指以组织和个人的相互作用为基础的经济联合体,是供应商、生产商、销售商、市场中介投资商、政府、消费者等以生产商品和提供服务为中心组成的群体。它们在一个商业生态系统中发挥着不同的功能,各司其职,但又形成互赖、互依、共生的生态系统。在这一商业生态系统中,个体虽有不同的利益驱动,但身在其中的组织和个人互利共存、资源共享,注重社会、经济、环境综合效益,共同维持系统的延续和发展。在供应链金融运作中,也存在着商业生态的建立,包含管理部门、供应链参与者、金融服务的直接提供者以及各类相关的经济组织,这些组织和企业共同构成了供应链金融的生态圈,如果不能有效地建构这一商业生态系统,或者说相互之间缺乏有效的分工,不能承担相应的责任、义务、进行实时的沟通、互动,供应链金融就很难开展。

(5)参与主体多元化。供应链金融的参与主体不仅包括传统信贷模式中的金融机构与融资企业,还增加了核心企业和物流企业。作为新增的主体,核心企业和物流企业在供应链金融中发挥着重要的作用。核心企业为供应链金融提供信用支持,它的运营状况对供应链的运行情况有着至关重要的影响;物流企业则扮演"中介者""监管者"和"信息中心"的角色,不仅为中小企业提供专业与定制化的物流服务,还利用质押物为中小企业做担保。除此之外,新增主体还为银行提供仓储监管、质押价格评估和拍卖等中间服务,充分发挥其在物流管理、资产设备以及人才上的优势,弥补了银行等金融机构在质押物监管等方面的技能缺失。

### 课堂讨论

请同学们探讨供应链金融与传统金融有哪些区别呢?

### 三、供应链金融的功能

供应链金融的功能是指协作供应链的职能,而非单个组织的职能。供应链金融的出现,使得公司内外部发生了转变,参与的每个主体成为有机整体。这个整体之外的组织提供的资源被视为外部资源。供应链金融的功能主要有以下三点。

#### (一)追踪供应链资金流

供应链金融生态改变了企业之间的关系,从竞争关系转变为协作型战略关系。在供应链金融环境下,我们需要重新审视企业的会计制度体系。所有会计处理相关流程的识别、测量与交流,还要向协作方说明流程的运作情况。

传统中效率是测量绩效的重要指标,而在协作战略背景下,交付时间、缺货比率和交付柔性都有了一定的重要性。除了绩效指标以外,收益率和流动性等财务指标也应该加以考虑。

除了以上基础指标外,不同供应链成员之间的金融资源流动是供应链金融的核心,能够追踪资金流动情况是资源重新分配到更有效率的地方的一个重要前提。如果要识别、测量和交流真实的现金流数字,就必须追溯到支付的源头,静态的资产负债表和利润表,无法实时反映现金流情况。信息的及时可得性对供应链金融来说至关重要,因此共建会计核算中心,以获得相应的财务信息,避免信息偏误带来的分歧和风险。

#### (二)灵活有效运用金融资金

在供应链金融体系下,所有的物流职能都有可能产生协作投资,比如订单处理、库存、包装和运输等。当进行投资决策时,供应链各成员需要同时考虑费用和投资收益。费用易测量,投资则要考虑投资备选方案数量增加,以及最好的选择是为各成员提供最高价值方案的问题。

1.投资备选方案数量增加

协作投资就意味着各成员共同投资于某一对象,需要企业共同决策,投资备选方案的数量也随之增加了。例如一家生产型企业想要加强采购流程建设,可以投资新建仓库或者引入货物处理流程。与这家企业有着金融协作的最重要的供应商提供了一种新的选择:对供应商分销仓库的联合投资可能更有益于加强企业的采购流程建设。

2.最好的选择是为各成员提供最高价值方案

最高价值的方案对于各方均需衡量其现金流情况。上述提到的第一种在财务上非常具有吸引力,但从协作的角度考虑,供应商的客户与合作伙伴更倾向于第二种体系,因为它可以节省不少的费用且方便与合作伙伴进行联系,这样一来,第二种体系是更好的选择。

### (三)扩大金融资源的源泉

供应链成员和服务提供商之间所提供的商品和服务需要进行支付,因此产生了融资需求,最常见的两种方式为内部融资与债权融资。

供应链金融的本质之一在于资金流动,区别于传统企业内部融资分类,因为企业内部融资来源是企业自有资金、未分配利润、折旧和资产置换。从资金流动的角度看内部融资时,这种分类便不复存在了,因为没有资金的支付和流动。内部融资中的资金来源只代表一种现金流入,在资产负债表中,利润不能代表现金,因为它不能用于花费。

企业债权融资主要受公司信用等级、证券价格与债权人意愿等因素的影响。由于知识与资本的集中,供应链金融使各成员获得资本与融资成功的可能性得到了大幅度的提高,债权融资的选择范围得到了扩大,链上企业融资的情况得到改善。

## 📋 资料传真

#### 苏宁金融携手苏宁智能终端输出供应链金融赋能商户

供应链金融,兼具产业和金融的双重属性,近年来,在国家政策支持、金融科技赋能加持下,成为纾解中小企业融资困难的有效渠道,也成为各路资本竞争焦点。普华永道曾测算,中国供应链金融的市场规模到 2020 年达 15 万亿元,未来将迎来黄金发展期。作为国内四大金融科技集团之一,苏宁金融早就看准机遇,率先布局。

苏宁金融自 2013 年起正式推出供应链金融服务,设计开发了账速融、货速融、票速融等为代表的"链速融"系列产品,涵盖了应收账款融资、存货融资、票据融资等融资类型,可以满足不同类型企业在不同场景下的融资需求,真正实现了一站式服务,让企业贷款不再成为难题。

苏宁金融提出"供应链金融+金融科技"的解决方案,目前在科技赋能供应链金融、变革中小企业融资模式与推动产业转型升级的路上,已然有了很好的实践与突破。

利用自身实战经验和科技实力,苏宁金融为供应链上核心企业提供资金方引入、产品、风控、系统、运营等全方位服务——如产品设计上,可根据客群特性及资金方需求,提供定制化产品及方案;在风险管控上,结合多年风控经验积累,利用大数据、机器学习等方式,精准筛选客户,过滤风险。

目前,企业不仅可以通过一箱货、一张订单借钱,还可以通过账单、信用值、采购分期、POS 流水等,便捷化、快速化在苏宁金融获得授信融资。

基于苏宁集团以零售为核心的八大产业,"全品类、全渠道、全客群"的智慧生态圈,苏宁金融可以为苏宁体系内 30 多万家供应商及其上下游商户,从产、供、销、存各环节解决企业融资痛点,提供快速、便捷、低成本的一站式融资解决方案,截至 2019 年 6 月底,累计交易规模已超 2 000 亿元。

2019 年 4 月,苏宁金融和苏宁智能终端公司开始在供应链金融领域进行合作。在一年一度 818 大促来临之际,苏宁智能终端某空调品类的供应商,因为要提前进入备货状态,资金出现紧张现象。经过苏宁智能终端公司推荐,该供应商在线申请了苏宁金融的"账速融",通过应收账款转让,提前收到现汇货款,加快了资金周转,使其在 818 期间提前获得现金流,提升资金使用效率,解决了 818 备货资金的燃眉之急。

据悉,苏宁在 2018 年成立了智能终端公司,联合业内智能语音、影音内容、硬件制造、工业设计、智能家电家居厂商等众多上下游品牌企业,共同成立了苏宁智能 Biu+ 生态联盟,目标直指蓬勃兴起的 IOT 智能家居市场。

值得一提的是,在 2019 年 818 期间,苏宁金融大撒钱,在供应链金融上共计提供超 200 亿贷款资金,以年化 6.0% 左右的低息利率,共计助力 1 000 家供应商。苏宁金融正在构建智能供应链金融生态圈,将产业、科技、金融进行融合,积极对外输出成熟的供应链金融解决方案,助力实力经济发展,切实解决企业融资难、融资贵问题。

（资料来源:搜狐网。）

### 四、供应链金融的演进

供应链金融是以面向供应链的整体运作为核心。早在 200 多年以前,西方国家就开始尝试供应链金融。美国等西方发达国家的供应链金融几乎与其他金融业务同时开展,并经过 200 多年的创新和发展后形成了现代供应链金融的雏形。西方供应链金融的发展大致可以分为以下三个阶段。

第一阶段:19 世纪中期之前

供应链金融模式比较简单,业务比较单一,主要是以存货质押为基础开展的贷款业务。例如,早在 1905 年俄国沙皇时代,农民就"玩"起了最早的供应链金融。丰收季节的谷物市场价格较低,农民就会将剩余的谷物抵押给银行,利用贷款从事其他的生产和生活;待谷物的市场价格回升后,农民再卖出谷物归还银行本金利息。由此,农民可以获得比收割时节直接卖出谷物更高的利润。

第二阶段:19 世纪中期到 20 世纪 70 年代

供应链金融的业务模式在这一阶段逐渐开始丰富起来,承购应收账款等保理业务也悄然出现。但起初主要以存货质押业务为主,应收账款业务为辅。不过,在最开始的时候,应收账款保理业务常常是用于诈骗和金融掠夺。一些银行和资产评估机构联合起来,以较低价格获得企业的应收账款或存货,然后转手高价卖给第三方中介机构。部分金融机构恶意且无序的经营造成了市场严重的混乱,并引发了企业和其他银行的不满和抗议。为了使供应链金融市场变得规范起来,美国在 1954 年颁布了《统一商法典》,明确了金融机构开展存货质押应遵循的规范。由此,供应链金融开始步入健康发展的时期,但这一阶段的供应链金融业务仍以"存货质押为主,应收账款为辅"。

第三阶段:20 世纪 80 年代至今

供应链金融的业务开始繁荣,业务模式变得越来越多样化,除了应收账款业务和存货质押业务以外,还出现了预付款融资、结算和保险等融资产品。这要归功于物流业高度集中和供应链理论的发展。这也就促使产生了新的"物流为主,金融为辅"的供应链金融模式,这样做极大地加快了供应链金融的发展速度。

#### (一)供应链金融的发展阶段

1.供应链金融 1.0 阶段

在 1.0 阶段,也就是线下阶段。商业银行的确是供应链金融的主体,产业供应链的参与各方与银行之间是一种资金的借贷关系,与传统借贷相比,结构方式发生了改变。传统借贷是点对点的关系(银行与借款人之间的关系),而供应链金融 1.0 则是点对线的关系(银行与供应链参与各方之间的关系)。但是作为金融服务的主体——银行,并没有真正参与供应链运营的全过程,只是依托供应链中的某个主体信用,延伸金融服务。基于大型产业的核心企业,这就是 1999—2009 年最为经典的 1+N 模式,特点是核心化。1+N 模式至今仍然是深为人们所熟知的供应链金融的主流,但是线下模式基本上已消亡。

2.供应链金融 2.0 阶段

到了 2.0 阶段,金融服务的主体及其在供应链中的位置已经发生了变化。供应链金融服务的提供者逐渐从单一的商业银行转向供应链中各个参与者,也就是说供应链中的生产企业、流通企业、第三方或第四方物流,其他金融机构(如保理、信托、担保等)都可能成为供应链金融服务的提供方。

因此,在从事供应链金融业务的过程中,出现了生态主体的分工,即供应链直接参与方成了供应链金融交易服务提供商(供应链运营信息的聚合)和综合风险管理者(供应链金融业务的设计和提供),而传统的商业银行逐渐从融资服务的主体转向流动性提供者(提供资金方)。

在供应链金融 2.0 阶段,由于服务企业不仅与上下游企业、物流服务提供商、商业银行产生关联,而且整个的交易过程、物流过程和资金流过程是由服务企业设计和组织,供应链其他各参与主体与服务企业之间形成了序列依存关系,因此,其在网络中具有很好的信息资源。

2.0 是线上模式,效率得到了极大的改善与提高,整个融资过程中用户体验得到提升,特点是在线化,从 2009 年开始,基本各大商业银行的供应链金融都陆续实现了在线化。

3.供应链金融 3.0 阶段

进入 3.0 阶段,作为金融服务主体的企业,其功能和位置发生了更大拓展变化。此时服务企业不仅仅是供应链运营的组织者,更成为供应链平台的建构者。

即在供应链金融 2.0 阶段,服务企业发挥着供应链业务协调者和流程管理者的作用,而在 3.0 金融阶段,除了上述功能外,服务企业更是网络链的平台建设者、管理者和规则制定者,因此,服务企业与其他组织和企业之间的关系不仅是序列依存,更是依存和相互依存关系。

此外,网络中的参与主体范围极大扩展,不仅是供应链各环节都形成了复杂的群落(如不再是单一的上游或下游,而是上游或下游本身就形成相互作用、相互影响的网络),而且供应链的参与方从直接利益相关方延伸到了各种间接利益相关方(如一些政府管理部门、行业协会等)。

3.0 是平台模式,平台是构建供应链金融产品化的基础,从项目化逐渐过渡到平台化(并不是说项目化过时),这在获客方式、获客渠道方面都得到了极大的改善。

**(二)供应链金融迎来政策契机**

2017 年 3 月 28 日,人民银行联合工信部、银监会、保监会和证监会印发了《关于金融支持制造强国建设的指导意见》,其中第八条指出:大力发展产业链金融产品和服务。鼓励金融机构依托制造业产业链核心企业,积极开展仓单质押贷款、应收账款质押贷款、票据贴现、保理、国际国内信用证等各种形式的产业链金融业务,有效满足产业链上下游企业的融资需求。

2017 年 10 月 5 日,国务院办公厅印发《关于积极推进供应链创新与应用的指导意见》,鼓励商业银行、供应链核心企业等建立供应链金融服务平台,为供应链上下游中小微企业提供高效便捷的融资渠道。鼓励供应链核心企业、金融机构与人民银行征信中心建设的应收账款融资服务平台对接,发展线上应收账款融资等供应链金融模式。

2017 年 12 月 15 日,沪深交易所、机构间私募产品报价与服务系统相继发布了《企业应收账款资产支持证券挂牌条件确认指南》,对应收账款 ABS 的发行和存续期管理进行了规范。

2017 年,国办发〔2017〕84 号文《关于积极推进供应链创新与应用的指导意见》将供应链发展上升为国家战略,这也是国家首次为供应链金融的发展指明方向。供应链金融已经成为与产业发展关系最为密切的金融形态。

2018 年 1 月 19 日,商务部等 5 部门印发了《商贸物流发展"十三五"规划》的通知,提出扩大融资渠道,推广供应链金融。

2019 年中国银行保险监督管理委员会〔2019〕155 号文件也对供应链金融提出总体要求。银行保险机构依托供应链核心企业,基于核心企业与上下游链条企业之间的真实交易,整合物流、信息流、资金流等各类信息,为供应链上下游链条企业提供融资、结算、现金管理等一揽子综合金融服务。银行保险机构在开展供应链金融业务时坚持以下基本原则:一是坚持精准金融服务,以市场需求为导向,重点支持符合国家产业政策方向,主业集中于实体经济、技术先进、有市场竞争力的产业链链条企业。二是坚持交易背景真实,严防虚假交易、虚构融资、非法获利现象。三是坚持交易信息可得,确保直接获取第一手的原始交易信息和数据。四是坚持全面管控风险,既要关注核心企业的风险变化,也要检测上下游链条企业的风险。

## 五、供应链金融的生态系统

供应链金融生态系统是由参与主体和外部环境构成的。

### (一)供应链金融生态系统的参与主体

#### 1.供应链上的节点企业

供应链中的节点企业指的是核心企业与成员企业。供应链核心企业在整条供应链中发挥着关键作用。不同行业的供应链,核心企业所处的位置往往不同。在传统制造行业中,核心企业是掌握先进技术、生产关键元件的企业;在高科技产业,核心企业是掌握研究力量和关键技术的企业;在商贸行业中,核心企业则是控制着销售渠道与客户资源的企业。核心企业掌握了产业链或价值链的核心价值,其财务实力突出、资信水平比较高,在金融市场上获取的金融资源比较丰富,拥有较高的信用。核心企业可以利用供应链金融业务从上下游企业获得更为优惠的价格、交付款方式或者账期,更大的金融利益向核心企业集中。核心企业是供应链的组织者、管理者和终极受惠者,在供应链中占有支配地位。它可以决定是否组建供应链以及挑选为其提供配套服务的成员企业,并且在成员企业出现生产技术、产品质量等问题的情况下,有权要求其退出供应链,以保证供应链的稳健运作。核心企业在供应链中处于领导地位,一旦核心企业出现较大问题,整条供应链也就有可能处于崩溃边缘。

供应链的成员企业一般是指处于核心企业上游的供应商或下游的分销商。这些企业通常是实力较小的中小企业,它由于在某些领域拥有优势而为核心企业提供原料或者开展营销而成为核心企业的配套企业,与核心企业共同成为供应链上的成员。成员企业对于整条供应链的健康发展也发挥着重要的作用。

成员企业由于与核心企业的谈判地位较低,又面临同类企业的激烈竞争,在交易价格、结算方式、供货速度等方面都受到核心企业的挤压,导致出现利润下降和资金流紧张的情况。成员企业资产的主要形式是预付款、存货和应收账款,占用了企业的大量流动资金,可能导致企业资金流恶化。成员企业的信用基础薄弱,属于银行的高风险客户,融资便利性差、成本高。尽管在整条供应链中,单个成员企业的生存状况不会影响到整条供应链的效率,但是如果供应链的成员企业系统性地出现财务困境,则需要在核心企业的帮助下,对财务安排进行调整。供应链中的成员企业集群与核心企业的交易与利益绑定,成员企业集群面临资金困境而无法解决时,会出现成员企业批量退出供应链的情况,此时核心企业就应当启动对链条整体融资安排的评估程序。供应链金融基于成员企业的资金缺口,为其提供了三种融资方式,可以有效地解决短期资金短缺问题,有助于成员企业自身的运转以及核心企业、整条供应链的和谐发展。

2.以商业银行为代表的金融机构

商业银行是供应链金融业务的重要参与者之一,为资金的提供主体。传统上,商业银行主要以一对一的方式开展金融业务,信贷评审的重心在于受信客户的独立经营能力所支撑的还款能力,在供应链金融模式下,商业银行演变为供应链核心企业的财务战略伙伴,综合财务成本降低和流动性补充所带来的供应链运行的稳定性为商业银行与核心企业二者共同的利益来源,并由此派生出新增的商业利润与金融服务收益。

在供应链金融业务中,商业银行对核心企业及其供应链的整体资信和商业前景进行评审,评审结果优良的供应链将获得银行给予的信用配给,这种信用配给的方式就是核心企业的间接授信额度,是对核心企业信用的再分解。从某种意义上说,核心企业由此从银行获得了向链条成员分配信用资源的授权,这种分配方式可被用作一种激励或淘汰机制。商业银行与供应链核心企业成为战略伙伴关系,核心企业的信用介入,降低了商业银行的信贷风险。另外,近年来商业银行提供的产品与服务的差异性越来越小,市场竞争也越来越激烈,传统的利润源——存贷息差在不断缩小,同时还要面临外资银行所引进的先进管理技术和产品的挑战。因此商业银行必须利用有限的经济资源,探索自身的发展渠道和空间,进行战略转型。供应链金融对商业银行业务模式的转型开辟了一条全新的思路,增加了银行的中间业务收入,促进了银行的产品创新和服务创新。

3.支持型机构

供应链金融涉及大量操作环节,部分超出了商业银行的专业领域甚至经营范围,因此需要其他支持型机构的协助,主要包括第三方物流公司、第三方电子商务平台以及保险公司、抵押登记机关等。第三方物流公司是国内供应链金融业务最重要的支持型机构之一,第三方物流的引入满足了相关金融产品中对货物监管的需求。在供应链客户关系中,第三方物流处于银行代理人的位置,它们不仅代表银行管理和控制抵押物,还对受信企业的经营活动实行某种程度的现场监测,为银行提供预警信号,并在应急过程中扮演重要角色。近年来,对自有的运输、仓储、配送等客户的引入,已成为大型物流公司与银行合作越来越重要的盈利模式导向。在这种模式下,某种程度上第三方物流企业成为银行产品销售的渠道商,或者说银行成为物流企业向客户提供金融增值服务的附属机构。

第三方电子商务平台也是供应链金融业务的重要参与者之一。第三方电子商务平台增强了交易信息流的可视度与公正性,为银行等金融机构的融资服务提供了一系列确定的介入时点。与此同时,商务平台运行的法律框架约束,保证了平台上信息流的公正性与严肃性,降低了银行向虚假交易背景提供授信出账的风险。第三方电子商务平台对贸易背景进行实时描述,省却了银行信贷资料的收集与查实工作,银行的授信调查与跟踪环节实际上外包给了第三方电子商务平台。

从更广的范围来看,抵押登记机关、保险公司等也是供应链金融业务的支持型机构。登记机关对抵押信息的登记办理,防范了第三方主张抵押物权利的风险。保险公司作为风险经营者,在供应链金融业务中接受了银行部分风险的打包出让,银行可以放弃部分环节的风险管理,交由保险公司进行管理。

4.监管部门

完善的监管制度对信贷市场发展的意义重大,供应链金融业务主要是资产支持型信贷业务,因此有关信贷人权利的法律安排以及监管制度,将直接影响到金融机构开展此类业务的安全性,进而影响商业银行开展此类业务的积极性。金融监管当局通过颁布法律、设立各项监管要求来管理供应链节点企业、商业银行以及支持型机构的行为,保障供应链融资业务的顺利开展。监管部门一方面严查供应链金融业务中的不法行为,严惩违法犯罪;另一方面,监管部门应通过实施一些政策为供应链金融业务的发展提供便利。各国的银行业务监管机构设置不同,目前在中国主要指的是各级银保监会以及相关政府机构。

**(二)供应链金融生态系统的外部环境**

供应链金融生态系统的外部环境包括制度环境和技术环境两个方面。

制度环境主要包括法律法规、司法体系以及金融监管体系。供应链金融业务主要是资产支持型信贷业务,完善的法律法规对于供应链金融生态系统的建设有重要的影响。司法体系关乎信贷人权利的实现方面,相对于制定法律的能力,司法能力及其效率的提升则是一个更加缓慢的过程,司法体系不完善,那么所制定的法律也就失去了意义。作为一项创新型业务,供应链金融业务的开展必须符合监管部门的各项监管要求,监管部门的目标主要有两个:金融安全监管与金融服务监管,监管部门应该随着供应链金融业务发展而不断出现的新状况,制定监管措施,保证供应链金融生态系统的秩序。技术环境主要包括供应链金融技术和电子信息技术。金融行业属于信息密集型行业,其发展与电子信息技术的发展息息相关。金融技术是指供应链中的企业与商业银行进行风险评估与管理的各种方法与工具,金融技术的发展水平决定着供应链金融产品与服务的水平,也决定着金融市场的广度和深度。从供应链金融业务来看,信息系统为商业银行开展供应链金融业务提供了必要的技术基础,同时也为商业银行研发更多的创新业务提供了可能。供应链金融生态系统中的节点企业之间也要进行信息交流与沟通,这也需要电子信息技术的支持。

供应链金融生态系统中的所有参与主体都置身于供应链金融生态系统的外部环境当中,受到技术环境与制度环境的影响与制约。供应链内,核心企业与成员企业之间有物流、信息流、资金流的协作。金融机构、供应链节点企业、支持型机构以及监管部门之间存在着相互作用,共同组成四元结构,其中金融机构与供应链节点企业开展融资与投资活动,共同开展供应链金融业务;支持型机构在供应链金融业务中以银行代理人的身份,管理和控制着节点企业的抵押物,同时这一业务也为支持型机构带来了收入,因此从某种角度讲,银行为支持型机构提供了增值服务;供应链的节点企业与支持型机构开展业务合作,既有传统的物流配送业务,也有创新性的金融业务;监管部门对上述三类参与主体的业务合作进行监督,另外三类主体对于监管部门的政策或相关的法律法规存在反馈的机制,三类参与主体可以及时将不适应供应链金融业务发展的政策或法律法规反馈给监管部门,使监管部门尽快做出调整。

供应链金融生态系统有序、稳定的发展,离不开四类参与主体之间的合作,只有各方面都实现了协调,才能保证最大限度地发挥供应链金融生态系统的整体功能。

# 任务7.2 供应链金融业务模式

供应链金融本质上是一种融资模式,针对主体是产业链上下游企业,其中核心企业在产业链中居主导地位。

## 一、供应链金融主要融资模式

### (一)应收账款融资

应收账款融资模式是指企业为取得运营资金,以卖方与买方签订真实贸易合同产生的应收账款为基础,为卖方提供的,并以合同项下的应收账款作为还款来源的融资业务。应收账款融资(国内保理)业务流程(见图7-2):供应商首先与供应链下游达成交易,下游厂商发出应收账款单据。供应商将应收账款单据转让给金融机构,同时供应链下游厂商也对金融机构做出付款承诺;金融机构此时给供应商提供信用贷款,缓解供应商的资金流压力;一段时间后,当下游厂商销货得到资金以后再将应付账款支付给金融机构。主导方为核心企业。应收账款融资的主要方式有:保理、保理池融资、反向保理、票据池授信、出口应收账款池融资和出口信用险项下的贸易融资。

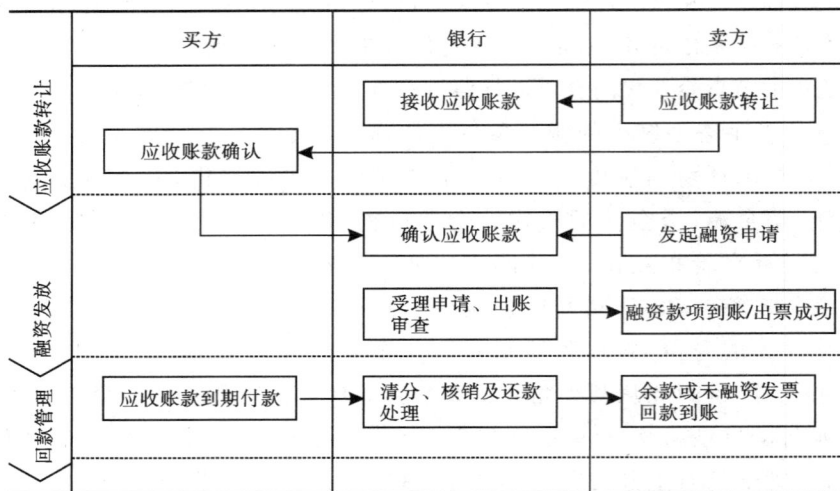

**图 7-2　应收账款融资(国内保理)业务流程**

### (二)库存融资

库存成本是供应链成本的重要组成部分。库存融资又称为存货融资。库存融资与应收账款融资在西方统称为 ARIF(accountsreveivable and inventory financing),是以资产控制为基础的商业贷款。库存融资能帮助加快库存中占用资金的周转速度,降低库存资金的占用成本。主导方为物流公司。目前我国库存融资的形态主要方式有:融通仓融资、

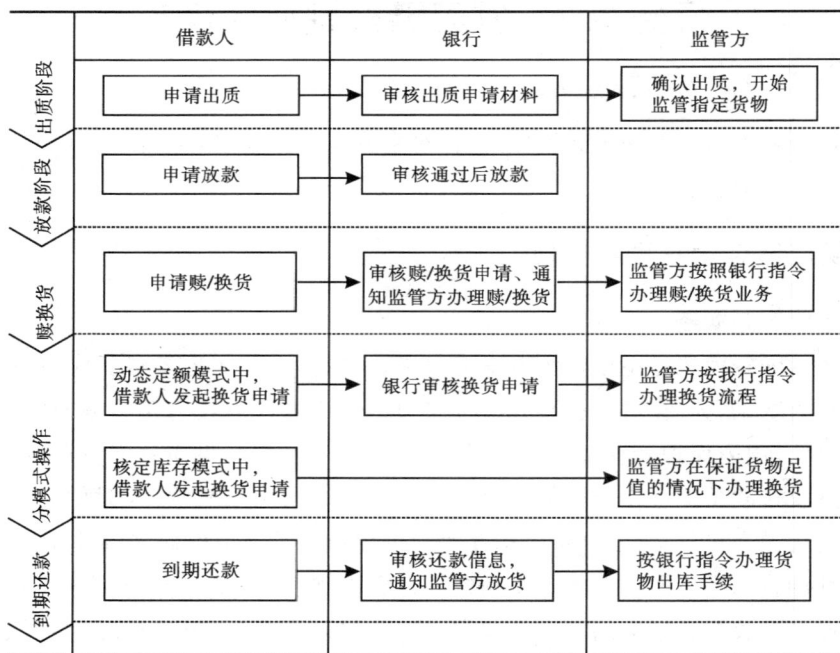

**图 7-3　现货货押业务流程**

标准仓单融资、现货质押融资、浮动融资等。现货货押业务流程如图 7-3 所示。

### (三)预付款融资

预付款融资模式是指在上游企业承诺回购的前提下,由第三方物流企业提供信用担保,中小企业以金融机构指定仓库的既定仓单向银行等金融机构申请质押贷款来缓解预付货款压力,同时由金融机构控制其提货权的融资业务。主导方为核心企业。预付款融资的主要类型有:先票/款后货授信(见图 7-4)、担保提货(保兑仓)授信、进口信用证项下未来货权质押授信、国内信用证和附保贴函的商业承兑汇票。

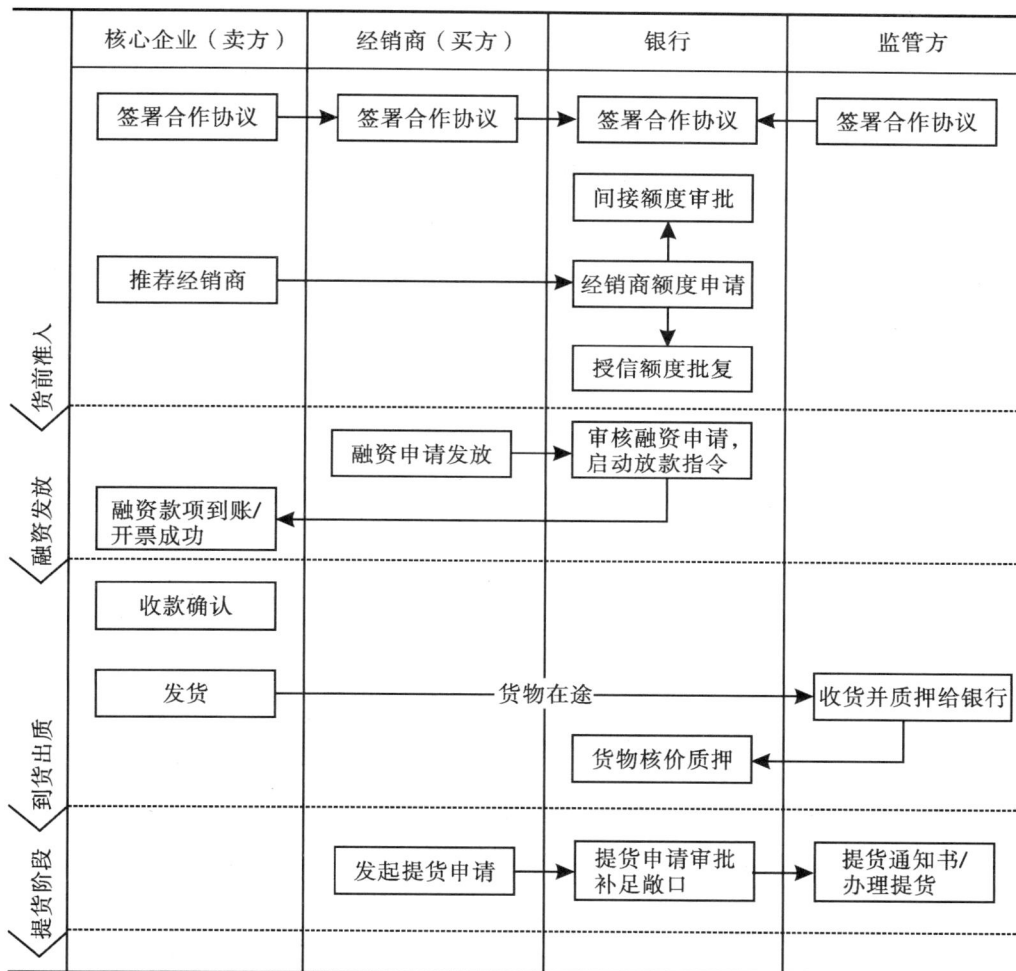

**图 7-4　先票/款后货业务流程**

### (四)战略关系融资

除了上面介绍的三种融资方式都属于有抵押物前提下的融资行为,然而在供应链中存在着基于相互之间的战略伙伴关系、基于长期合作产生的信任而进行的融资,我们将其称之为战略关系融资。这种融资方式的独特之处在于要求资金的供给方与需求方相互非常信任,通常发生在具有多年合作关系的战略合作伙伴之间。战略关系融资更多意义上代表了供需双方之间不仅依靠契约治理,还有进行关系治理。

### (五)信用类融资

信用类融资是指电商平台或第三方服务平台根据长期交易数据跟踪,用数据担当抵押物的信用融资方式。主导方为电商平台、ERP、第三方服务平台等,主要表现为信用贷。

## 二、供应链金融的商业模式

在实践中,供应链金融逐渐形成了以银行、第三方支付平台、电商企业、物流企业、P2P平台为主导的商业模式。

### 1. 银行主导的商业模式

银行主导的商业模式涉及资产业务产品和中间业务产品,具体如图 7-5 所示。

| 资产业务产品 | 中间业务产品 |
|---|---|
| 应收账款质押贷款 | 应收账款清收 |
| 保理<br>保理池融资<br>票据池融资<br>提前支付折扣 | 资信调查<br>财务管理咨询 |
| 存货质押贷款<br>仓单质押<br>未来货权质押 | 现金管理<br>结算<br>贷款承诺 |
| 出口信用险项下授信<br>出票/款后货授信 | 汇兑<br>换汇 |

图 7-5　银行主导商业模式产品

### 2. 第三方支付平台主导的商业模式(见图 7-6)

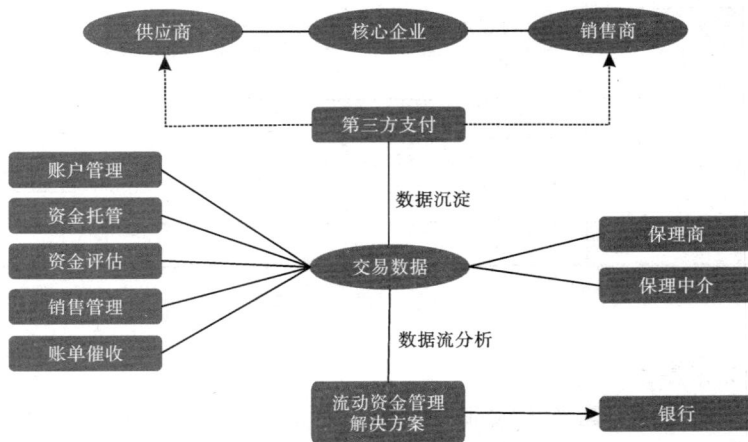

图 7-6　第三方支付平台主导的商业模式

### 3.电商企业主导的商业模式

阿里巴巴及京东模式如图 7-7、图 7-8 所示。

图 7-7 阿里巴巴平台模式

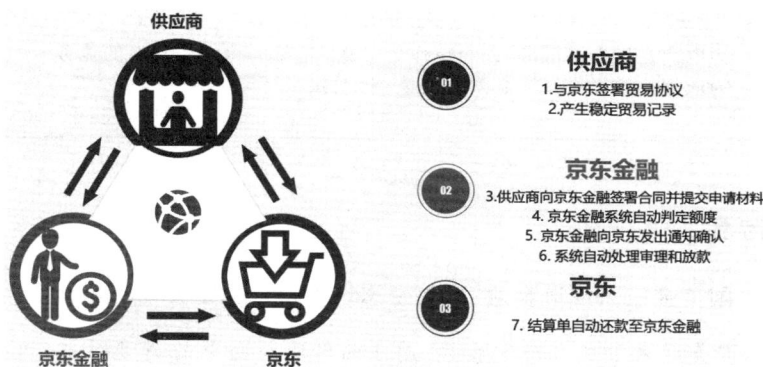

图 7-8 京东模式

### 4.物流企业主导的商业模式

怡亚通平台的商业模式如图 7-9 所示。

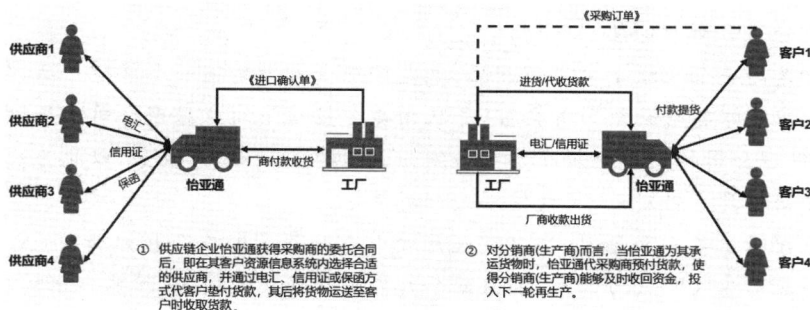

图 7-9 怡亚通平台

5.P2P 平台为主导的商业模式(见表 7-1)

表 7-1    P2P 平台为主导的商业模式

| 融资产品 | 产品介绍 | 产品额度 | 产品周期 |
|---|---|---|---|
| 电商贷 | 无抵押、纯信用,拥有正常经营的电商店铺即可申请贷款 | 0～300 万(评价额度 20 万～30 万,超 100 万的业务对接银行资金) | 30～90 天 |
| 垫资代采 | 电商在正常经营过程中因短期资金周转困难需要及时支付给供应商货款 | 0～300 万(评价额度 50 万,超 100 万的业务对接银行资金) | 30～90 天 |
| 应收账款 | 正常经营过程与第三方平台发生一定周期的积压应收款,导致电商短期资金周转困难 | 0～1 000 万(超 100 万的业务对接银行资金) | 30～90 天 |
| 仓储金融 | 为电商提供仓储服务,以仓单作为质押标的提供对应金融的贷款 | 0～1 000 万(超 100 万的业务对接银行资金) | 7～90 天 |

## 📋 资料传真

**国美金控供应链金融:国美生态链组合拳的重要一棋这么下!**

2017 年,国美迎来了成立与发展 30 周年的转变与变革的关键时期,这也是国美实施新零售战略的开局之年。未来,国美金融将紧绕国美的新零售战略,以金融为核心,依托场景和科技,实现国美金融的用户和交易量不断增长的目标。

一、国美生态圈内部供应链金融产品

国美根据自身优势,在内部供应链金融产品开发上贴合上下游企业的需要,共开发出账云贷、货云贷、信云贷、票云贷四款产品(见图 7-10)。

1.账云贷——商业保理

账云贷是国美金控旗下的保理产品,也是国美金控投的第一个落地产品,供应商将对国美电器的应收账款转让给国美金控,并从国美金控旗下商业保理公司进行融资,与银行相比,商业保理公司的主要优势在于市场细分、数据处理和客户服务,以此为基础,在目标客户选择方面更具有针对性,且授信方式相对灵活。

银行保理圈于多方面原因,难以有效开展小微业务。国美金控账云贷(见图 7-11)以国美上游供应商应收账款为依托,采取三个月内随结随还的模式,按账期由国美电器付款给保理公司进行还款,剩余差额尾款由国美信达商业保理公司支付给供应商。该产品通过应收账款转让融资让未来的现金流提前变现,加速流动资金周转,改善经营状况,缓解客户由于应收账款积压而造成的流动资金不足的状况。

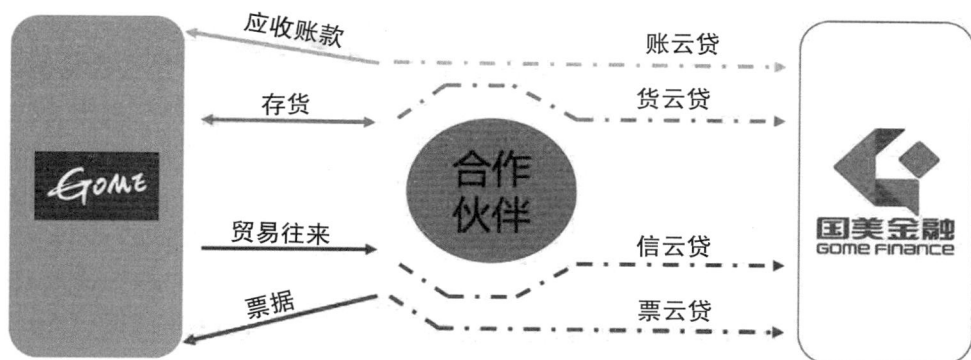

图 7-10 国美金融主要产品

图 7-11 账云贷流程图

某小家电供应商——A 商贸公司合作案例：A 商贸有限公司是九阳系列小家电的指定代理商，与国美合作已有十余年之久。和所有家电的经销商一样，A 商贸有限公司每月补货、备货常常需要大量的资金。而应收账款无法第一时间回笼，给其造成了资金周转上的困难。

2015 年 8 月 13 日，国美金控保理产品"账云贷"上线，为国美电器合作供应商提供收账款融资渠道，切实地解决了 A 商贸有限公司贸易短期资金需求。账云贷采用全线上操作，与传统金融机构相比，账云贷注册极为简便，合作企业仅需登入国美供应链融资平台，上传"三证"并填写银行账户等基本注册信息，便可提交审核，整个过程不到三分钟，快速有效地将合作供应商的应收账款转化为可持续的现金流。

2. 货云贷——存货质押

货云贷产品是国美供应链金融上线以来推出的第二个产品。供应商以存货作为质押，向国美金融申请贷款，货云贷流程如图 7-12 所示。该产品能够有效盘活企业库存，将存货转化为现金流。

某电气企业解决方案：该企业是专业从事电气及末端电源集成互联解决方案的企业，集产品的投资、研发、制造、销售、服务于一体。作为国美合作多年的供应商，该企业一直与国美有良好的贸易往来。对于该企业而言，全年销售基本没有淡季，强大的现金流是其

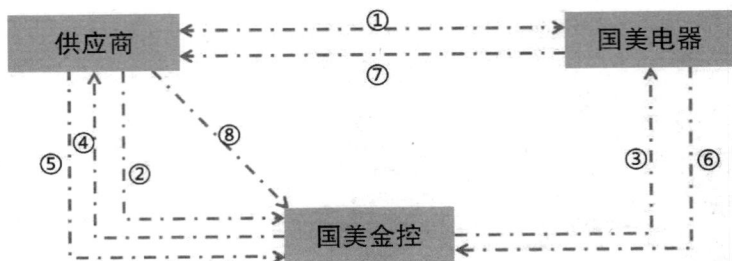

图 7-12　货云贷流程图

企业正常运转的有力保障。然而,应收账款转让不能完全满足其用款需求。通过与国美金融客户经理的沟通,该企业关注到自己在国美的库存,存量闲置也会造成一定成本。而国美金融存货质押贷款产品货云贷,恰好是最适合它的产品。同以往银行贷款相比,货云贷全线上操作,盘活供应商库存,且授信期内不需要像银行贷款那样每年全额还款一次,规避了烦琐的流程。

3.信云贷——企业信用贷款

信云贷是国美供应链金融于 2016 年 3 月 1 日推出的面向电器供应商的全线上信用类贷款产品,信云贷流程图如图 7-13 所示。产品研发过程遵循精益产品研发 MVP 理念,一周确定产品方案,两周上线全新业务门户和产品核心功能,最短时间发布金融产品。在风控方面,信云贷与电器系统对接,评级模型、授信模型全部数据化,4 000 多供应商预授信额度超 30 亿,产品上线首月放款即突破 1 亿。

| 电器往来贸易数据 | 风控建立评级模型 | 确定授信额度 | 供应商登陆平台申请 |

图 7-13　信云贷流程图

某知名家电经销企业解决方案:该公司成立于 1996 年,代理知名品牌的商用及家用空调,与国美合作十余年,是国美上海地区指定供应商。从初期做美的小家电发展到格力空调等知名品牌的指定代理商,国美与该企业相互见证了彼此多年来的发展历程。

由于空调具有鲜明的季节性特点,每年夏季来临前都是空调的备货高峰期,由于公司备货需提前支付货款,大量的资金需求总是成为公司旺季备货的一大难题。2016 年 3 月初,备货期临近,该公司申请了信云贷产品。通过国美金融独有的信用评价体系以及与国美多年合作建立起来的信任,获得千余万的信用贷款。

4.票云贷——电子票据质押业务

国美的票据质押业务是以电子汇票业务为依托,利用客户持有的承兑汇票做质押开展信贷业务,全流程互联网化操作,更为快捷、透明和安全,重新定义了票据融资新模式。

二、国美生态圈外部供应链金融业务

2016 年 7 月,国美供应链金融业务正式向外延伸,走出国美现有生态圈,对外输出平台的技术及风控能力。在核心企业整条供应链运作的基础上,国美金融通过对供应链整体经营状态的评估,尤其是对核心企业支付能力和信用等方面的评估,为围绕核心企业的上下游中小企业提供融资服务,推进物流、信息流和资金流的高度整合,实现供应链核心企业与其上下游中小型企业"供—产—销"的顺利进行,最终提升整个供应链的核心竞争力,使三方达到共赢的局面。在推进"1+N"模式的基础上,探索与B2B平台深入合作,对其平台的上、下游小微企业提供融资服务,去中心化,打造"N+1+N"(见图7-14)的供应链金融新模式。

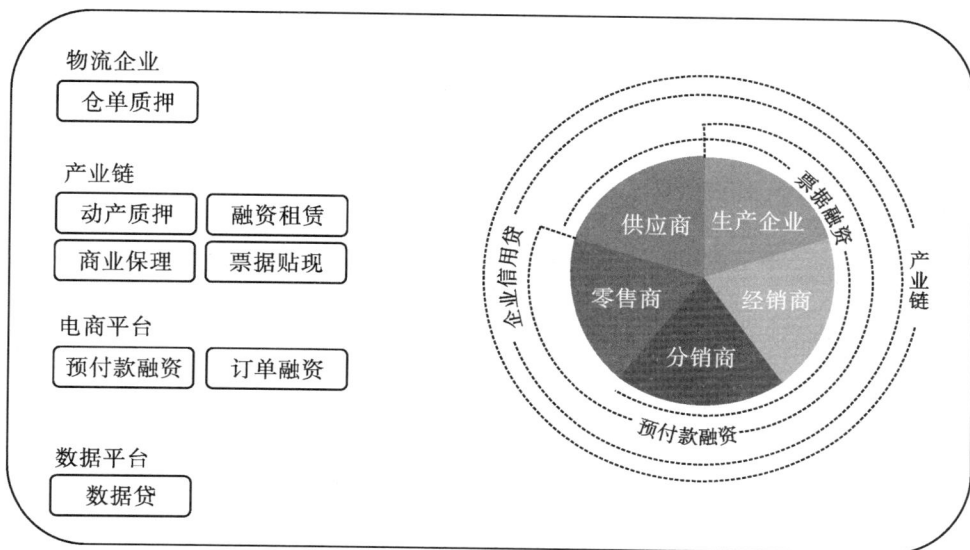

**图7-14 "N+1+N"的供应链金融新模式**

某化工类B2B电商平台M网解决方案:化工领域品类众多,聚集了大量小型生产制造企业和贸易型企业,针对传统化学品交易信息不对称、中间贸易链条长、交易效率低下等问题,M网结合自身优势为全球化工、医药、新材料等行业的供应商和采购商提供信息资讯、交易撮合、现货商城及供应链金融等闭环服务。

国美金融依托M网真实交易数据,实现金融服务全链条覆盖。传统化工行业应收账款规模大,中小企业融资需求强烈,下游客户分散且存在中间贸易商。国美金融将自己在供应链金融领域实践的经验融入与M网合作当中,依托自身特有的综合金融平台,以资源整合、平台经营、专业服务为导向,积极创新产品和业务模式,对供应链各方经营活动中所产生的商流、物流、资金流、信息流进行归集和整合,提供供应链全链条的在线融资、结算等综合金融与增值服务。生态圈外部供应链金融业务流程如图7-15所示。国美供应链金融平台是以核心企业为中心的企业金融服务平台,企业客户通过操作在线进行业务申请、办理。企业服务平台完成对接企业金融服务的窗口,围绕企业打造便捷金融服务中心。

(资料来源:https://www.sohu.com/a/208381920_454338.)

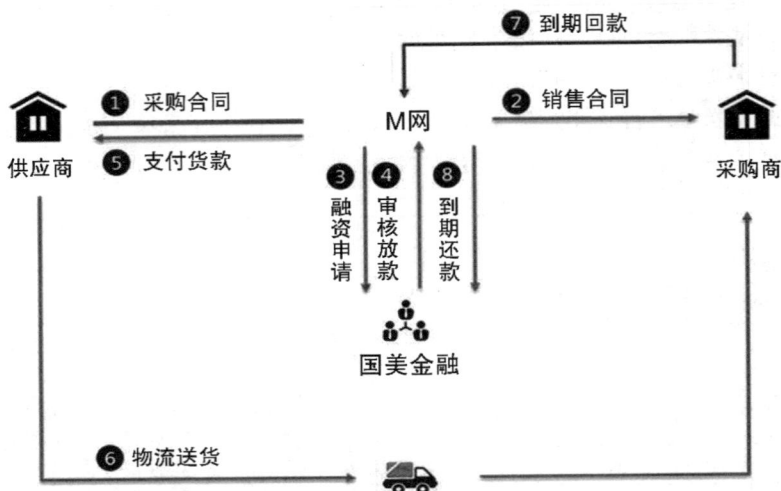

图 7-15　生态圈外部供应链金融业务流程

# 任务7.3　供应链金融风险管控

供应链金融依托于核心企业对上下游多个企业提供全面金融服务,以促进供应链上核心企业及上下游配套企业在原料采购、加工制造、销售推广等各环节顺畅流转。不可否认,这种新型的金融模式降低整个供应链运作成本,并通过金融资本与实业经济的协作,构筑银行、企业和供应链的互利共存、持续发展。然而,由于授信过程中,参与主体众多、操作程序复杂、成员关系动态变化、内部管理与道德风险等原因,供应链金融在风险类型、风险管理等方面与传统信贷业务相比,更为特殊、复杂和隐蔽。

## 一、供应链金融风险类型

### (一)核心企业信用风险

为适应新的生产组织体系,供应链金融改变了单一企业主体的传统授信模式,转而对供应链上下游企业提供综合性金融产品和服务。简单来说,供应链金融改变了融资模式。商业银行进行传统授信时主要依赖单个客户企业的基本面,涵盖财务状况、企业发展、经营状况等。而供应链金融是"以核心客户为依托",在供应链金融中,核心企业掌握了供应链的核心价值,担当了整合供应链物流、信息流和资金流的关键角色,商业银行正是基于核心企业的综合实力、信用增级及其对供应链的整体管理程度,而对上下游中小企业开展授信业务。因此,核心企业经营状况和发展前景决定了上下游企业的生存状况和交易质量。

风险一:核心企业一旦在经营能力、运营状况、抗风险能力、履约能力等方面产生问题,可能因信用捆绑累积的或有负债超过其承受极限,导致危机扩散至整个供应链条,使供应链合作伙伴之间出现整体兑付风险。风险二:当核心企业面临不利因素,威胁其行业地位或企业商业付款能力和信用时,核心企业可能变相隐瞒交易各方的经营信息,甚至出现有计划的串谋融资,利用其强势地位要求并组织上下游合作方向商业银行取得融资授信,再用于体外循环,致使银行面临巨大的恶意信贷风险。

### (二)上下游企业信用风险

一般来讲,供应链核心企业对供应链成员企业建立了筛选机制,供应链成员在经营、财务和管理等层面具备一定优势。通过成员筛选机制,供应链金融弥补了中小企业信息不充分和降低了中小企业整体的信贷信用风险。然而,作为直接承贷主体的中小企业,其公司规模小、经营风险大、管理制度不完善、技术力量薄弱、资产规模小、人员更替频繁、生产经营不稳定、抗风险能力弱等问题仍然存在,特别是中小企业经营行为不规范、经营透明度差、财务报表缺乏可信度、守信约束力不强等现实问题仍然难以解决。此外,供应链金融受宏观经济影响比较明显,融资需求方一般为产业链上的中小企业,中小企业的抗风险能力弱,在宏观经济下行的大环境下,经营情况容易出现恶化,从而影响还款能力,并且风险易于在产业链的企业中传到,出现行业的系统性风险。

与此同时,在供应链背景下,中小企业的信用风险已发生根本改变,其不仅受自身风险因素的影响,而且还受供应链整体运营绩效、上下游企业合作状况、业务交易情况等各种因素的综合影响,任何一种因素都有可能导致企业出现信用风险。

### (三)贸易真实性风险

根据银保监会印发《关于推动供应链金融服务实体经济的指导意见》,要求银行保险机构应依托供应链核心企业,基于核心企业与上下游链条企业之间的真实交易,整合物流、信息流、资金流等各类信息,为供应链上下游链条企业提供融资、结算、现金管理等一揽子综合金融服务。即供应链金融是"以真实贸易背景为前提"开展的金融活动。

在融资过程中,真实交易背后的存货、应收账款、核心企业补足担保等是授信融资实现自偿的根本保证,一旦交易背景的真实性不存在,出现伪造贸易合同、融资对应的应收账款的存在性/合法性出现问题、质押物权属/质量有瑕疵、买卖双方虚构交易恶意套取银行资金等情况出现,银行在没有真实贸易背景的情况下盲目给予借款人授信,就将面临巨大的风险。近年来,不乏供应链金融参与者利用市场热度,伪造业务和证据、骗取资金、刻萝卜章、签假合同等造假情况频出,履约风险高。

### (四)物流监管方风险

所谓物流监管是指在供应链金融模式下,为发挥监管方在物流方面的规模优势和专业优势,降低质押贷款成本,银行将质物监管外包给物流企业,由其代为实施对货权的监督。物流监管方提供自有库监管、在途监管和输出监管等。但此项业务外包后,银行可能会减少对质押物所有权信息、质量信息、交易信息动态了解的激励,并由此引入了物流监管方的风险。

由于信息不对称,物流监管方会出于追逐自身利益而做出损害银行利益的行为,或者由于自身经营不当、不尽责等致使银行质物损失。如个别企业串通物流仓储公司有关人员出具无实物的仓单或入库凭证向银行骗贷,或者伪造出入库登记单,在未经银行同意的情况下,擅自提取处置质物,或者无法严格按照操作规则要求尽职履行监管职责导致货物质量不符或货值缺失。

### (五)抵质押资产风险

在供应链金融过程中,抵质押资产作为第一还款来源,其重要程度不言而喻。一方面,抵质押资产是受信人如出现违约时银行弥补损失的重要保证;另一方面,抵质押资产的价值也影响着受信人的还款意愿,当抵质押资产的价值低于其信贷敞口时,受信人的违约动机将增大。

结合供应链金融模式,首先,应收账款融资模式下,应收账款作为借款方的唯一质押物,风险主要在于应收账款的真实性、合法性、应收账款交易对手信用状况、应收账款账龄、应收账款退款的可能性等。其次,存货类融资的主要风险在于仓单风险、物流企业的资信风险、质物是否缺失、质物价格是否波动较大、质物质量是否容易变异以及质物是否易于变现等。

## 📋 资料传真

### 供应链金融的这些坑要提防!

近几年来不少上市公司纷纷布局供应链金融,原本指望借此顺利转型,却发现面临巨亏甚至"披星戴帽"的窘境。

值得注意的是,已有＊ST华业(600240.SH)、＊ST九有(600462.SH)、宁波东力(002164.SZ)等多个上市公司踩了供应链金融的"坑"。

"上市公司在考虑供应链金融业务时,必须考虑供应链金融的风险控制问题,思考商业模式能否持续,比如是否拥有行业核心资源,是否对行业全产业链充分了解。"中泰证券分析师戴志峰表示。

那些"坑"

仅2018年,就有＊ST华业、＊ST九有、宁波东力等多家公司通过公告披露了其在供应链金融业务开展中遇到的合同诈骗、失去有效控制等风控问题。

华业资本(现为＊ST华业)传统主营业务为房地产开发,为推进业务转型升级和打造公司新的利润增长点,从2015年开始引入医疗金融供应链业务,运作模式为通过资管计划、合伙企业、信托计划等金融产品以折扣价收购供应商向三甲医院提供药品、设备、耗材等产生的应收账款,三甲医院会于到期日按应收账款原值归还资金,从而实现投资收益。

然而,华业资本自2018年9月26起的陆续公告,揭开了该业务存在的重大风险——应收账款债权造假问题。9月26日,其子公司西藏华烁投资有限公司投资的应收账款债权出现逾期,应收账款业务累计出现逾期未回款的金额为8.88亿元。28日,华业资本公告表示,公司委派律师对债务人进行走访,债务人表示相关债权协议上的公章是伪造的。当年10月8日,华业资本公告认为公司关联方重庆恒韵医药有限公司(下称"恒韵医药")涉嫌伪造印章,虚构与医院的应收账款债权交易,可能导致公司遭受重大资产损失。

根据上述公告,华业资本应收账款存量规模为101.89亿元,全部为从转让方恒韵医药受让取得,而恒韵医药尚无合理解释,且其实际控制人李仕林处于失联状态,直接导致公司存量应收账款面临部分或全部无法收回的风险。

涉及金额上百亿的"萝卜章"事件,让华业资本"一蹶不振"。2018年年报显示,华业资本全年实现营业收入48.87亿元,归属于上市公司股东的净利润亏损64.38亿元,去年同期实现净利润9.98亿元,同比下降745%。大华会计师事务所对其财报审计后出具了无法表示意见的审计报告,因此公司股票在2018年年度报告披露后被实施退市风险警示,起始日期为2019年4月30日。

2019年6月21日,*ST华业公告,恒韵医药合同诈骗案实际控制人李金芳已被提起公诉,公司实际控制人李仕林已被批捕,案件尚在侦办中。值得注意的是,涉案人员还包括华业资本前董事兼总经理燕飞、前董事孙涛。华业资本表示公司与部分债权人达成意向协议,拟以未来可能追回的资产设立基金公司,用于债务偿还分配,先期金额30万元。但案件进展、可能追偿金额及追回时间尚存在不确定性。

资深投行人士王骥跃表示,每个供应链金融合同的设计,交易结构和框架逻辑都是成立的,但是底层资产或者基础资产是不是真实可靠的,不能轻易下判断。同时他指出,供应链金融中的应收账款往往是滚动型的,不排除初期有真实的应收账款,但后期滚动阶段就未必是了。"基础资产是短期的,但借款是长期的,中间可能就没有基础资产支撑了。"

一位从事供应链金融的前民生银行人士表示"供应链融资主要依托的是核心企业的信用,但不少核心企业都是大体量公司,往往存在大企业病,内部管理存在失控,所以有可能出现大企业内部和上下游一起勾结、虚构往来凭空融资的情况。"

(资料来源:财经观察网。)

## 课堂讨论

请同学讨论,面对供应链金融的风险,参与主体可以如何进行风险控制呢?

### 二、供应链金融风险防范

#### (一)加强总体风险管控

银行业金融机构应建立健全面向供应链金融全链条的风险控制体系,根据供应链金融业务特点,提高事前、事中、事后各个环节的风险管理针对性和有效性,确保资金流向实体经济。银行业金融机构应建立健全风险管理组织体系,实现全过程、全方位、全天候的管理。

#### (二)加强核心企业风险管理

银行业金融机构应加强对核心企业经营状况、核心企业与上下游链条企业交易情况的监控,分析供应链历史交易记录,加强对物流、信息流、资金流和第三方数据等信息的跟踪管理。银行保险机构应明确核心企业准入标准和名单动态管理机制,加强对核心企业所处行业发展前景的研判,及时开展风险预警、核查与处置。同时,加强大数据在风险管理中的应用,可以对核心企业客户财务数据、生产数据、电水消耗、工资水平、订单数量、现金流量、资产负债、投资偏好、成败比例、技术水平、研发投入、产品周期、安全库存、销售分配等进行全方位分析,信息透明化,能客观反映核心企业状况,从而提高资信评估和放贷速度。

### (三)加强真实性审查

银行业金融机构在开展供应链融资业务时,应对交易真实性和合理性进行尽职审核与专业判断。鼓励银行保险机构将物联网、区块链等新技术嵌入交易环节,运用移动感知视频、电子围栏、卫星定位、无线射频识别等技术,对物流及库存商品实施远程监测,提升智能风控水平。运用数据挖掘和分析技术,通过追溯贸易关系,耦合不同供应链上的节点,勾勒多条供应链之间的网状联系,确保交易的真实性。

### (四)加强合规管理

银行保险机构应加强供应链金融业务的合规管理,切实按照回归本源、专注主业的要求,合规审慎开展业务创新,禁止借金融创新之名违法违规展业或变相开办未经许可的业务。不得借供应链金融之名搭建提供撮合和报价等中介服务的多边资产交易平台。

### (五)加强各方权责利的划分管理

由于动产的流动性强以及我国法律对抵质押担保生效条件的规定,银行在抵、质押物的物流跟踪、仓储监管、抵质押手续办理、价格监控乃至变现清偿等方面都面临着巨大挑战,目前质押物管理环节多由物流公司或仓储公司负责,银行要加强与这些企业的联系,注意对其资格的审查,并且随时进行抽查。银行应督促物流企业不断提高仓库管理水平和仓管信息化水平,并制订完善的办理质物入库、发货的风险控制方案,加强对质物的监管能力。有针对性地制定严格的操作规范和监管程序,杜绝因内部管理漏洞和不规范而产生的风险。

### (六)加强信息科技系统建设

银行保险机构应加强信息科技系统建设,鼓励开发供应链金融专项信息科技系统,加强运维管理,保障数据安全,借助系统提升风控技术和能力,构建物联网、云计算和大数据分析处理。经过商贸、金融和物流三方协作建造供应链金融渠道,使用渠道大数据使买卖渠道与物流渠道集成、与付出系统集成、与买卖融资系统集成,到达信息流、资金流、物流、商流的无缝隙连接。

## 课堂讨论

根据本项目所学知识,探讨大数据技术在供应链金融中的应用。

## 资料传真

### 全自动估值授信!看网商银行如何利用大数据玩转供应链金融

浙江网商银行股份有限公司(以下简称"网商银行")是中国银保监会批准的首批试点民营银行之一,于2015年6月25日正式开业。

网商银行将普惠金融作为自身的使命,希望利用互联网的技术、数据和渠道创新,帮助解决小微企业融资难融资贵、农村金融服务匮乏等问题,促进实体经济发展。

网商银行是中国第一家将核心系统架构在金融云上的银行。基于金融云计算平台,网商银行拥有处理高并发金融交易、海量大数据和弹性扩容的能力,可以利用互联网和大数据的优势,给更多小微企业提供金融服务,定位为网商首选的金融服务商、互联网银行的探索者和普惠金融的实践者,为小微企业、大众消费者、农村经营者与农户、中小金融机构提供服务。

痛点催生创新发展

网商银行通过整合阿里电商生态所沉淀的全网商品、交易大数据,运用大数据计算挖掘能力,搭建全网商品全自动估值能力,实现消费品也能融资。

在与菜鸟物流共建的分钟级存货水位管理、智能仓储管控体系基础上,再打通客户的销售回款资金链路,实现了商品入仓实时有估值、存货质押仍可出库销售的客户体验,整个融资过程完成了"商品预付—存货质押—应收回款"的供应链小闭环,同时网商的供应链金融也是"310"模式:3分钟申请,1秒钟放款,全程0人工干预。

推动解决中小企业融资难融资贵问题,一直是国家相关部门关注的重点。网商银行独特的供应链金融创新模式也是源于现实交易中的痛点需求。

①痛点一:消费品质押。传统基于货物的供应链金融质押标的往往是钢材、有色金属等大宗商品,对于品类众多的消费品行业少有涉及,而网商银行作为一家没有线下门店的纯互联网银行,面对上百万种淘宝天猫的消费品,无法通过传统银行的方式一一对其进行审批尽调,在这种情况下如何进行风险防控,给出合理的额度与定价,是一大痛点。

②痛点二:大额风险管理与客户体验。供应链金融往往与核心企业风险相挂钩,贷款额度通常较大,目前在支持大促双十一、618期间,网商银行的供应链金融产品给出的最高授信额可达8000万;与此同时,以蚂蚁金服为代表的互联网金融一贯秉承极致的客户体验,因此如何对这类大额信贷资产进行风险管理,并兼顾客户体验,是另一大痛点。

③痛点三:仓。基于在仓货物的供应链融资,需要仓库具备一定的信息化水平以及完整的仓管理体系,才能完成与网商银行的对接,进而支持基于货的供应链金融业务的开展,这是痛点之三。

核心优势在哪?

脱胎于阿里电商生态体系的网商银行,靠什么成为银行界的一匹黑马?或许了解过网商银行的产品特点后,这个问题就会迎刃而解。

①特点一:大数据风控模型。首先是对于消费品的动产融资,通过整合阿里巴巴集团内的商流、资金流、信息流以及菜鸟的物流数据,建立基于全网商品估值的大数据风控模型,系统自动化甄别风险并给出额度与定价,创新地做到无须发票,商品入菜鸟仓即可贷款,品类覆盖大小家电、3C数码、美妆、快消等相关行业与类目,并在持续不断拓展中。

②特点二:在押品也可销售。供应链上的全流程风控,从上游的采购预付,到入仓后的存货,再到销售出库后的应收回款,引入上游核心品牌商及下游消费者,打通全流程的风控闭环,从而面向中小企业,给出了较高额度,并建立了完整的一套贷后预警监控措施,以及一旦出险所采取的贷后处置流程。

此外,针对消费品市场高频交易的特点,商家获贷后无须还款即可出库,给到商家极致的客户体验。

③特点三:商品库存及物流数据的实时采集。与菜鸟的分工协作:菜鸟拥有管理严格的仓储体系与现代化的智能物流,同时也是仓储物流的数据平台,可提供每个SKU精确到分钟级别的出入库及物流详情。

此外，为满足金融业务开展的要求，菜鸟建立了一套完整的贷前抽检、贷后巡检以及仓内管理作业流程；针对质押标的为消费品的特点，菜鸟还提供了美妆、快消等行业的有效期管理、批次管理可行性方案。

在此基础上，网商与菜鸟一同对供应链金融所涉及的全流程风险进行把控，为入仓商家提供融资服务，提供3分钟申贷、1秒钟放款的客户体验，切实解决中小企业融资难、融资贵的问题。

"一票到底"的真实用户体验

2017年3月，某经销商（天猫商家）因为所经销品牌准备全产品线涨价5%～10%，所以希望在涨价前采购一批热销消费类产品，以锁定企业采购成本，但经销商此时短期无法调动大笔采购资金，很可能因无法按期向品牌供应商支付采购款，而导致采购计划落空。

在与客户需求进行深度对接后，网商银行为该经销商提供了采购预付融资解决方案，客户通过网商银行"采购预付融资系统"，在线完成采购下单、贷款支用、定向支付货款的过程，顺利完成了本次采购计划。

在完成采购下单的15天后，采购的商品被分批送入菜鸟物流仓。在商品入仓后，客户的预付融资额度实时完成向存货质押额度的转换，存货质押中的商品仍可以正常出库销售，在完成销售后，形成的应收账款再用于偿还客户的贷款。整个过程中经销商无须进行贷款合同的变更，无须还款提货，真正实现了从采购预付到应收回款的无缝衔接，实现"一票（贷款）到底"的用户体验（见图7-16）。

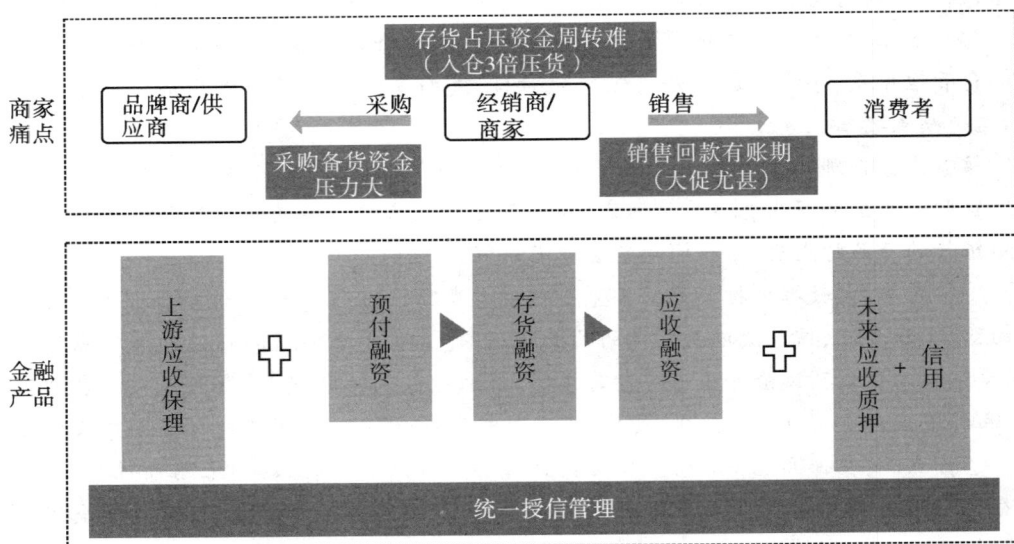

图7-16 "一票（货款）到底"业务模式

用成绩证明实力

①成果一：消费品也能融资。网商银行通过整合阿里电商生态所沉淀的全网商品、交易大数据，运用大数据计算挖掘能力，搭建全网商品估值模型，对几乎所有消费品类（从洗护纸品，到生鲜冻肉）都可实现精准估值和动态预测。估值模型当前已覆盖超过6.9万个消费品SKU和菜鸟仓内对应的4 000万件货品。

②成果二：质押物仍可出库销售。在网商银行与菜鸟物流共建的分钟级存货水位管理、智能仓储管控体系基础上，再打通客户的销售回款资金链路，实现了商品入仓实时有估值、存货质押仍可出库销售的客户体验，整个融资过程完成了"商品预付—存货质押—应收回款"的供应链小闭环，对于客户真正实现了"一票（贷款）到底"。

③成果3：供应链金融也是"310"模式。依托网商银行的大数据风控和互联网产品设计优势，供应链金融客户仍可享受3分钟申请、1秒钟放款、全程0人工干预的产品使用体验。

（资料来源：网易。）

# 任务7.4　案例研究

在云时代，大型互联网公司凭借其手中的大数据成为供应链融资新贵，阿里蚂蚁金服、京东、苏宁等都是典型代表。他们都有一个共通的特性，那就是"产融结合"。

## 一、丰富的供应链金融业态

### （一）基于电商平台的供应链金融

B2B电商门户网站如焦点科技、网盛生意宝、慧聪网、敦煌网等，B2B电商交易平台如上海钢联、找钢网等，都在瞄准供应链金融。找钢网在2015年上线胖猫物流及以"胖猫白条"打头的金融服务。"胖猫白条"针对优质采购商提供的"先提货，后付款"合作模式，意味着找钢网在供应链金融方面迈出了实质性脚步。截至2019年，找钢网已经积累了接近4年的客户交易数据。

B2C电商平台，如淘宝、天猫、京东、苏宁、唯品会、一号店等都沉淀了商家的基本信息和历史信息等优质精准数据，这些平台依据大数据，向信用良好的商家提供供应链金融服务。

京东通过差异化定位及自建物流体系等战略，通过多年积累和沉淀，已形成一套以大数据驱动的京东供应链体系，京东供应链金融是其金融业务的根基。涉及从销量预测、产品预测、库存健康、供应商罗盘到智慧选品和智慧定价等各个环节。京东供应链金融利用大数据体系和供应链优势在交易各个环节为供应商提供贷款服务，可以分为六种类型：采购订单融资、入库环节的入库单融资、结算前的应收账款融资、委托贷款模式、京保贝模式、京小贷模式。

以下以京东供应链金融为例（京保贝）。

京东依托京东商城积累的交易大数据，以及自建的物流体系，在供应链金融领域已经得到了飞速发展。"京保贝"是京东首个互联网供应链金融产品，也是业内首个通过线上完成风控的产品。京东拥有供应商在其平台上采购、销售等大量的财务数据，以及之前与银行合作开展应收账款融资的数据，通过大数据、云计算等技术，对数据池内数据进行整合分析，这样就建成了平台最初的授信和风控系统。

具体模式流程整理如下:

(1)京东与供应商之间签订采购协议,确定稳定的合作关系,从而获得长期的真实交易数据。

(2)由供应商向京东金融提交申请材料,并签署融资协议。

(3)以过往的交易数据和物流数据为基础,系统可以自动计算出对申请供应商的融资额度,之后京东金融将批准额度告知京东。

(4)供应商在线申请融资,系统自动化处理审批并在核定额度范围内放款。

(5)京东完成销售后,向其金融部门传递结算单,自动还款,完成全部交易过程。

京东金融的融资流程:

(1)核定额度:当供应商确认办理供应链金融业务后,供应链金融业务专员将发送邮件给供应商,告知最高融资额度,融资总金额须小于或等于最高融资额度。

(2)银行开户:供应商在获得最高融资额度后,到京东指定业务受理银行开立银行的融资专户。

(3)提交融资申请:供应商完成开户后,即可办理融资业务,每次融资时,应向采销同事申请,确认进行融资的采购订单等事项。

(4)核对结算金额:供应商选定采购订单后,应与采销同时核对结算金额。

(5)提交结算申请单:采销负责人在京东系统中提交结算申请单,先勾选供应链金融结算,再选择付款结算申请。

(6)结算单审批:融资资料提交以结算单在系统完成审批为前提,审批进度影响放款进度,需供应商和采销负责人保持沟通。

(7)融资资料准备:在结算单提交后,供应链金融专员准备融资资料,融资内容以结算单信息为主。

(8)审核通过、提交资料:结算单审核通过后,供应链金融专员向银行提交准备好的融资资料,跟进放款进度。

(9)银行放款、京东还款:银行审核融资资料无误后,放款给供应商。到期日,京东为供应商还款给银行。授信是指银行向客户直接提供资金支持,或对客户在有关经济活动中的信用向第三方做出保证的行为。

### (二)基于 ERP 系统的供应链金融

传统的 ERP 管理软件等数据 IT 服务商,如用友、畅捷通平台、金蝶、鼎捷软件、久恒星资金管理平台、南北软件、富通天下、管家婆等,其通过多年积累沉淀了商家信息、商品信息、会员信息、交易信息等数据,基于这些数据构建起一个供应链生态圈。

用友供应链金融

用友早于 2016 年开始供应链金融的布局,2016 年 10 月用友网络成立了供应链金融事业部,并于 2017 年 3 月实现了供应链金融、大数据风控和融资咨询服务三大平台上线。

用友供应链金融是连通企业产业链,为核心企业以及其上下游企业提供综合性金融服务的云平台。操作过程中,用友供应链金融云平台前端对接核心企业的 ERP 系统、财务系统、采购平台、销售平台等,通过和它进行系统对接,获取真实交易数据;后端对接资金方,包括商业银行、信托、基金、保理公司等,根据企业存货、财务、贸易等数据,经过多维度分析,为企业授信、融资、贷后监控提供数据支撑,实现资产端和资金端深度穿透融合,为供应链上下游中小企业提供融资服务。用友供应链金融业务模式如图 7-17 所示。

其中核心企业主要针对的是信息化程度较高,做供应链金融的意愿较强烈,并对上下游客户有一定的准入、退出和相应的激励和约束管理机制的中大型企业。当核心企业正式与资方开展供应链金融"深入接触"后,再从其上下游客户中选择一批较为优质的中小企业提供融资服务。

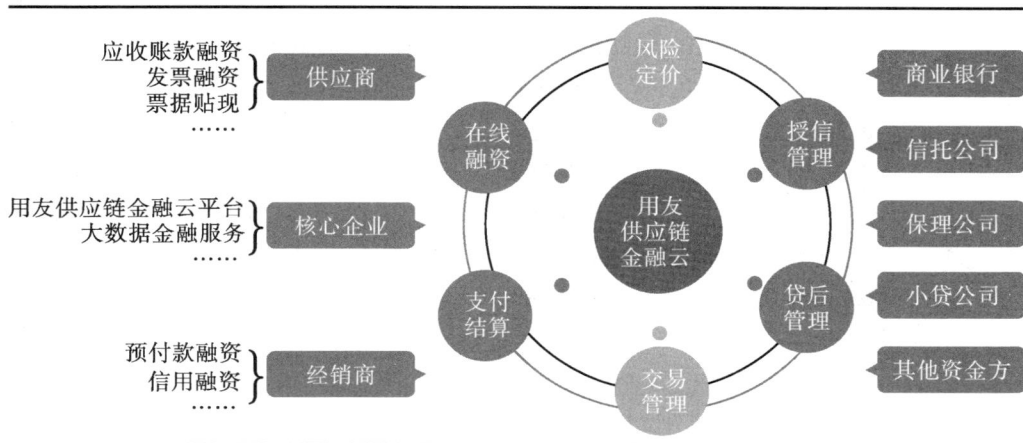

**图 7-17　用友供应链金融业务模式**

### (三)基于大型商贸交易园区与物流园区的供应链金融

大型商贸园区拥有海量的商户,并以他们的交易数据、物流数据作为基础数据。这样的贸易园区有很多,如深圳华强北电子交易市场、义乌小商品交易城、临沂商贸物流城、海宁皮革城等。而这些产业集群的特征是,其上下游小微企业普遍缺乏抵押物,但却具有完整的上下游供应链。

海尔供应链金融

以上游供应商为例。上游供应商在资金周转困难时可以选择到海融易平台上申请贷款,将其对海尔的应收账款抵质押或转让给海融易。

海融易通过与海尔的 ERP 对接,分析供应商的历史数据与未来趋势,对供应商的信息流、物流和资金流进行把控,并根据产业周期和行业特性看其融资的真实性与合理性,决定是否通过审核以及具体的授信额度,资金来源于在海融易平台上的投资人。

海尔凭借自身资信,对应收账款确权并为上下游提供信用担保,承诺到期付款。

放款后,海融易应用基于进货、出货等产业数据,资金往来信息等金融数据以及征信数据建立的风控模型进行动态监控,一有情况马上预警,将风险降到最低。贷款到期时,海尔直接还款到海融易,后者再还款给投资人。

得益于移动互联和大数据技术的发展,作为交互用户体验引领下的开放平台,日日顺可以将其拥有的客户群体和规模庞大的经销商数据与中信银行或平安银行平台连接,成为银行授信的重要依据。海尔与银行的合作,整合了银行的资金、业务以及技术的专业优势和海尔集团分销渠道网络、交易数据和物流业务等要素的雄厚积淀,通过日日顺的交易记录,将产业与金融通过互联网的方式集合在一起,开拓了针对经销商的"货押模式"和"信用模式"两种互联网供应链金融业务。

这两种互联网供应链金融产品的差异在于"货押模式"针对经销商为了应对节日(如五一、十一、春节等)消费高峰,或者抢购紧俏产品/品种,或者每月底、每季底为了完成当月或季度计划获得批量采购折让而进行的大额采购实施的金融解决方案。"信用模式"则是针对经销商当月实际销售而产生的小额采购实施的金融解决方案。

"货押模式"的具体操作流程(见图7-18)是:首先经销商通过日日顺B2B官网向海尔智慧工厂下达采购订单,之后经销商需先将30%的预付款付至银行;经销商随后向海尔供应链金融申请货押融资,海尔供应链金融将信息传递至银行,并提出建议额度;银行审核后付款至经销商监管账户,海尔供应链金融将资金(70%敞口)定向付至海尔财务公司,财务公司通知智慧工厂排产生产;工厂生产出产成品后,发货至日日顺物流仓库,货物进入质押状态;随后当经销商实际需要产品时,向海尔供应链金融申请赎货,然后将剩余货款归还至银行;海尔供应链金融在获取全额资金支付信息后,通知日日顺仓库,货物解除质押;日日顺物流将货物配送到经销商,通知经销商提货。

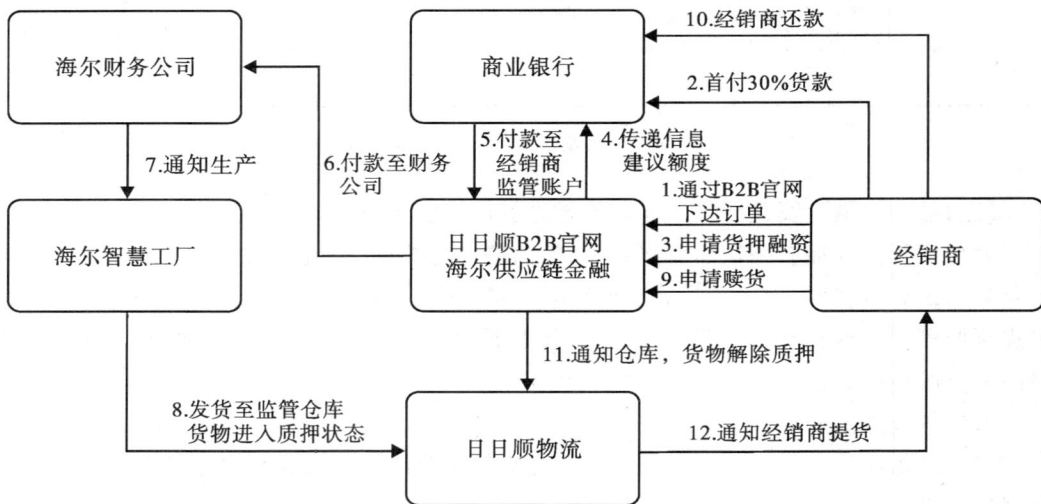

图7-18 海尔货押模式流程图

"信用模式"是海尔供应链金融和商业银行基于经销商的业务信用而提供的金融解决方案,其具体业务流程如图7-19所示:首先,经销商需要向海尔提供当月的预订单(即当月的意向订单);之后海尔智慧工厂根据预订单进行产品生产;海尔供应链金融和银行根据经销商的信用状况提供全额资金,并定向支付至海尔财务公司;财务公司准许工厂发货,工厂则通过日日顺物流配送至经销商处;经销商收到货物后支付款项至商业银行。

海尔供应链金融平台上线后,海尔日日顺B2B平台上的经销商不用抵押、不用担保、不用跑银行办手续,通过平台上的"在线融资"窗口,实现了资金即时到账,不仅方便快捷,效率高,还能享受与大企业一样的优惠利率,大大减少了利息支出。目前海尔互联网供应链金融的"货押模式"利率为年化5.7%左右,而"信用模式"则为年化8%左右,海尔互联

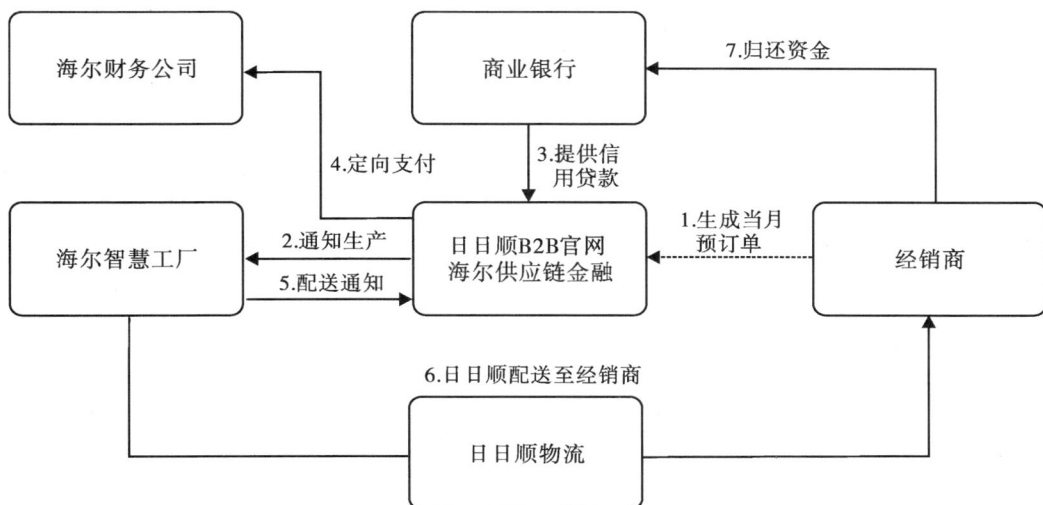

图 7-19　海尔信用模式流程图

网供应链金融则通过商业银行代收获取 1% 的服务费。

不仅如此，海尔供应链金融和中信银行劲松路支行协同创新，充分利用银行票据管理的优势，还提供了银行承兑汇票模式，从而使经销商能零成本获得资金。例如，在"货押模式"下，经销商在支付 30% 的首付后，可以向海尔供应链金融和中信银行申请开票，在支付开票费后，银行在线开具承兑汇票，并付至海尔财务公司，之后经销商打款从日日顺物流赎货。

所有过程中信银行不收取任何融资费，只是需要经销商承担千分之五的开票费和代海尔供应链金融收取的 1% 服务费，而与此同时经销商还能享受 30% 首付款的存款利息。该金融产品推出后，得到了经销商的高度认同和赞许，四川西充县的一位经销商开始了解该产品时表示不信，亲自用电脑在平台上试着发出了 1 元钱的开票申请，而中信银行劲松路支行开具了目前中国最小金额的银行承兑汇票，成为海尔供应链金融一个标志性的样本。

## 二、供应链金融创新探索

供应链金融企业案例——地铁齐鲁闪收付产业链金融

2012 年底，为优化地铁建设管理，健全管理体制，青岛地铁集团有限公司由青岛市政府审批成立。

地铁集团形成了研发部建设、维护运营、投融资、资源开发、文化传媒服务五大业务板块。2017 年 9 月 6 日，青岛地铁集团与齐鲁银行以及青岛闪收付信息技术有限公司达成合作，以青岛地铁为核心企业，借助齐鲁银行供应链金融系统与闪收付科技平台，联手打造了以信息为梁、科技为柱、风控为基的地铁产业链金融线上管理平台。青岛地铁金控、齐鲁银行青岛分行以及闪收付信息技术三方共同建设了"地铁齐鲁闪收付产业链金融——助力城市轨道交通建设发展"项目，围绕地铁集团的核心企业信用，借助齐鲁银行服务中小企业的先进经验和融资管控、支付清算以及账户服务方面的优势,发挥闪收付公司科技创新的实力,实现互惠共赢金融模式。

"地铁齐鲁闪收付产业链金融"项目充分利用青岛地铁产业链核心优势,联合闪收付科技创新技术共同打造。通过该项目精耕细作地铁产业链,助力城市轨道交通建设发展,同时实现分行供应链金融的新突破。2018 年,齐鲁银行青岛分行进一步优化"齐鲁闪收付"产品服务路径,验证了快信、现金折扣、1+N 再保理的全流程的可行性。截至 2018 年底,地铁快信累计交易金额达 5 亿元,注册供应商 210 多户,均开立齐鲁银行线上账户,为地铁保理发放保理款 4 500 余万元。

1.地铁产业链金融平台运行流程

青岛地铁产业链金融平台主要运行流程如图 7-20 所示。

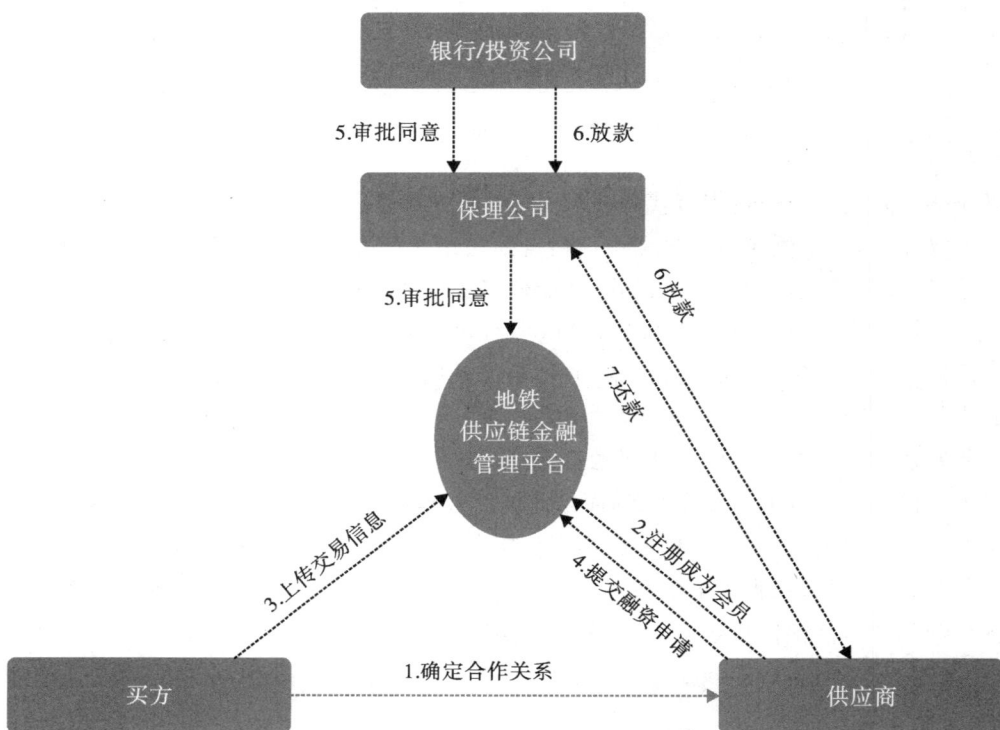

**图 7-20 青岛地铁产业链金融平台运行流程**

(1)青岛地铁集团确定合作者,并与其达成协议。地铁的研发建设、维护运营、投融资、资源开发、文化传媒五大板块,分别涉及了数量庞大的各类供应商,如电客车、车辆段设备、供电、机电、工务、通信工具、仪器仪表、耗材、燃料、劳保用品类供应企业,因此,地铁集团首先根据自身需求通过招标等方式确定各类供应商,双方在各方面达成一致后签订交易合同。

(2)供应商申请注册,成为平台一员。在青岛地铁集团与其供应商签订合同后,青岛地铁集团将根据实际情况在供应链管理平台上录入供应商名单,管理平台将通过短信、微信、邮件提醒等方式邀请供应商加入平台,有意向的供应商进入平台申请入册,成为地铁产业链金融平台一员。

（3）青岛地铁集团上传相关交易信息。青岛地铁集团根据自身签订的采购等交易合同通过平台上传具体信息，主要包括交易时间、项目、供应商名称、应付与实付金额等。

（4）供应商提交融资申请。由于中小企业规模较小、资产负债率高以及财务制度不健全等影响因素，导致在其经营和发展过程中经常会遇到"融资难"的问题。青岛地铁集团的许多供应商由于账上挂着许多应收账款，这就导致其存在资金需求问题，由于自身信用较低及"中国式"跑路现象导致银行无法大量授信于企业，这就导致了上下游供应商"融资难、融资贵"问题。

（5）银行审批融资请求，供应商通过 Ukey 最终确认是否融资。由于线上平台的使用，青岛地铁集团、上下游供应商、金融机构、信息技术公司、物流公司等能实现线上互联互通，大数据、云计算、人工智能等技术的使用，使得银行能够线上快速核实交易情况并做出相关评估。在银行审核通过后，在平台发布审批结果，供应商通过 Ukey 最终确认是否融资。

（6）银行以优惠利率及较高授信额度放款。由于供应商借助了核心企业的信用，使得银行风险评估结果良好，因此银行以较低利率及较高金额向供应商放款。

（7）青岛地铁集团支付未付款项，供应商向银行还款。在约定期限到期后，青岛地铁集团通过平台将应付账款打入供应商银行账户，供应商根据利率及借款金额向银行支付本金及利息。

2. 地铁产业链金融平台运行成果

青岛地铁集团产业链金融平台是一个跨行业、跨区域、跨部门的与各方紧密相连的新型金融生态平台，在线整合整条产业链的贸易交易、金融产品、物流服务，组成了一个生息与共的生态圈，获得显著成效。

（1）供应商有效利用青岛地铁集团的信用，以低成本、高效率进行融资，节省了融资成本，提高了生产效率。另外，由于信息共享，使供应商能及时了解地铁集团需求，根据自身情况调整库存与生产，从而降低了库存管理成本并提高了生产效率。

（2）青岛地铁集团是产业链中的核心企业，其主导了整个流程，在帮助供应商融资的同时不增加银行借款且可延长账期，降低了财务费用，提高了地铁建设及运营效率，优化了自身财务管理与信息管理。齐鲁银行与青岛地铁集团的合作，在进行有效防范风险的同时，获取了更多再保理满足企业融资需求的机会，在授信放款业务上取得重大突破，在金融行业内加大了自身的核心竞争力。

（3）由于青岛地铁集团建设与运营效率的提高，青岛市居民能够快速到达目的地，轻松往返于居住区、商业区、工业区等地，强化了市中心的金融、贸易服务等功能，并为城市新城的形成提供强有力的交通支持。城市交通轨道生态圈的地铁供应链金融创新如图7-21 所示。

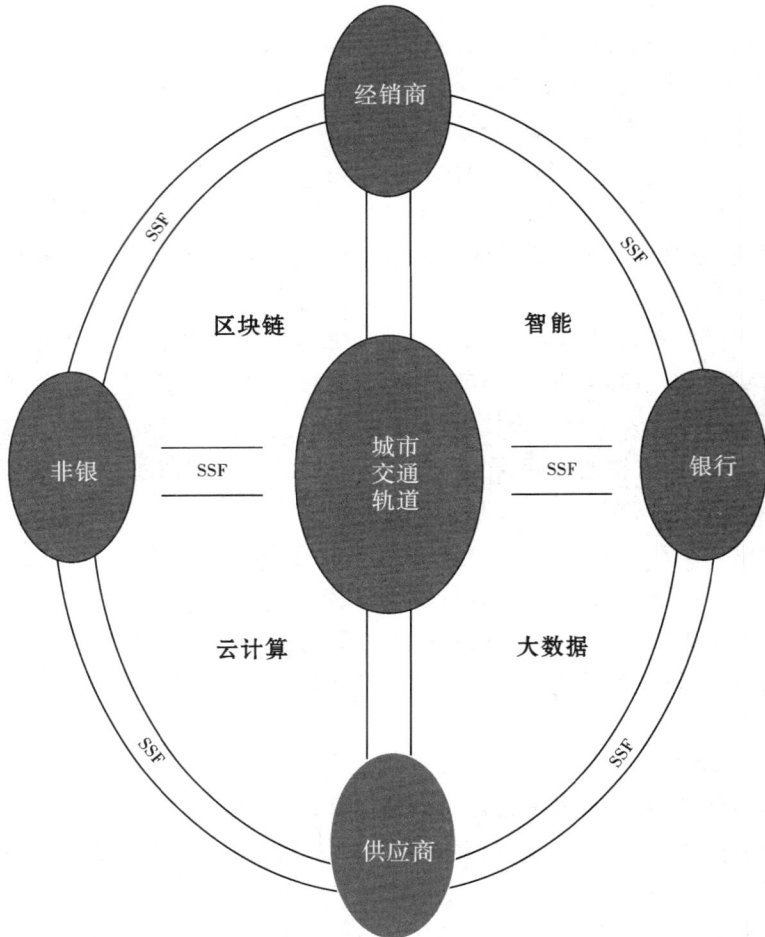

图 7-21　城市交通轨道生态圈的地铁供应链金融创新

## 知识拓展训练

步骤一：请以小组为单位，从供应链金融业务市场参与者（如阿里巴巴、京东、苏宁、用友等）中选择一家，通过网站（百度、萝卜投研等）搜集该参与者供应链相关信息，分析其目前供应链金融的主要模式，讨论其区别。

步骤二：通过同花顺、大智慧、东方财富等网站与 App 搜集该供应链金融链条上的相关企业财务信息，并利用 EXCEL 对相关企业进行"十五级评级指标体系计分表"填写与分析（见表 7-2），判断相关企业风险，确定是否对其进行授信？

### 表7-2 十五级评级指标体系及计分表

担保公司名称： 客户名称： 初评人： 复核人： 评级时间：

**一、客户信用评分**
**（一）客户信用评分——适用于除房地产行业以外的所有行业**

| 指标分类 | 指标名称 | 计算公式 | 计算标准及分值 | | | | | 系数 | 指标值 | 客户信用得分A | 复核 |
|---|---|---|---|---|---|---|---|---|---|---|---|
| | | | 5 | 4 | 3 | 2 | 1 | | | | |
| 财务结构 | 债务权益比 | 总负债÷股东权益 | <0.5 | <1 | <1.5 | <2 | <2.5 | 1 | | | |
| | 流动比率 | 流动资产÷流动负债 | >2 | >1.6 | >1.2 | >0.8 | >0.4 | 1 | | | |
| | 速动比率 | (现金+短期投资+应收票据+应收帐款)÷流动负债 | >1 | >0.75 | >0.5 | >0.25 | >0.1 | 1 | | | |
| | 总负债对销售额比 | (总负债÷销售额) x 100% | <20% | <30% | <40% | <50% | <60% | 2 | | | |
| 偿债能力 | 经营净现金流对债务覆盖比 | 经营活动现金流÷当年到期债务本息和 | >2 | >1.6 | >1.2 | >1 | >0.8 | 3 | | | |
| | 销售现金流对债务覆盖比 | 销售现金流÷当年当期债务本息和 | >6 | >5 | >4 | >3 | >2 | 3 | | | |
| 运营效率 | 总资产周转比率 | 销售额÷平均资产总额 | >2 | >1.6 | >1.2 | >0.8 | >0.4 | 1 | | | |
| 盈利能力 | 销售净利润率 | (净利润÷销售额) x 100% | >10% | >8% | >6% | >3% | >1.5% | 1 | | | |
| | 总资产收益率 | (净利润÷总资产平均额) x 100% | >9% | >7% | >5% | >3% | >1% | 1 | | | |
| | 销售增长比率 | (本年销售额-上年销售额)/上年销售额 x 100% | >15% | >10% | >8% | >5% | >3% | 2 | | | |
| 经营能力 | 竞争力 | 与同类企业相比 | 优秀 | 良好 | 一般 | 较差 | 极差 | 0.8 | | | |
| | 产品 | 品牌、占有率、新品研发储备 | 优秀 | 良好 | 一般 | 较差 | 极差 | 0.8 | | | |
| | 资源控制 | 自然资源、客户资源、权利资源等 | 优秀 | 良好 | 一般 | 较差 | 极差 | 0.8 | | | |
| | 技术 | 专利专有技术,研发能力 | 优秀 | 良好 | 一般 | 较差 | 极差 | 0.8 | | | |
| 信用记录 | --- | 过往银行信用、商业信用及纳税信用记录 | 优秀 | 良好 | 一般 | 较差 | 极差 | 0.8 | | | |
| 客户信用合计得分 A | --- | --- | --- | --- | --- | --- | --- | --- | --- | | |

## 参考文献

[1]宋华.供应链金融[M].北京:中国人民大学出版社,2015.

[2]宋华.供应链金融:Supply chain finance[M].北京:中国人民大学出版社,2016.

[3]陈晓华,吴家富.供应链金融[M].北京:人民邮电出版社,2018.

[4]易宝研究院.2018年供应链金融行业发展趋势研究报告[EB/OL].(2018-06-27)[2020-09-30].https://www.mpaypass.com.cn/download/201806/27141242.html.

[5]中国信息通信研究院.区块链与供应链金融白皮书(1.0版)[EB/OL].(2018-11-01)[2020-09-30].http://www.caict.ac.cn/kxyj/qwfb/bps/201811/t20181101_187987.htm.

[6]佚名.万字长文!读懂供应链金融风险控制的全部套路[EB/OL].(2018-09-20)[2020-09-30].https://www.sohu.com/a/255035898_100250144.

[7]深圳发展银行中欧国际工商学院"供应链金融"课题组.供应链金融:新经济下的新金融[M].上海:上海远东出版社,2009.

[8]佚名.当供应链金融遇上大数据[EB/OL].(2018-09-28)[2020-09-30].https://www.sohu.com/a/256734640_100198443.

[9]中国区块链生态联盟.区块链与供应链金融白皮书(1.0版)[EB/OL].(2018-11-01)[2020-09-30].http://www.caict.ac.cn/kxyj/qwfb/bps/201811/t20181101_187987.htm.

[10]陶璐璐,范宇麟,周咏梅."互联网+"在地铁产业链金融中的应用研究:以青岛地铁为例[J].社会科学前沿,2018,7(9):1514-1520.

[11]佚名.五种最火供应链金融模式分析(附详细案例)[EB/OL].(2018-10-11)[2020-09-30].https://www.10000link.com/hotinfo/2018101190004.html.

[12]中国银行保险监督管理委员会办公厅.中国银保监会办公厅关于推动供应链金融服务实体经济的指导意见[EB/OL].(2019-07-09)[2020-09-30].https://www.sohu.com/a/328048883_100086111.

# 项目八　大数据与征信

💡 知识脉络图

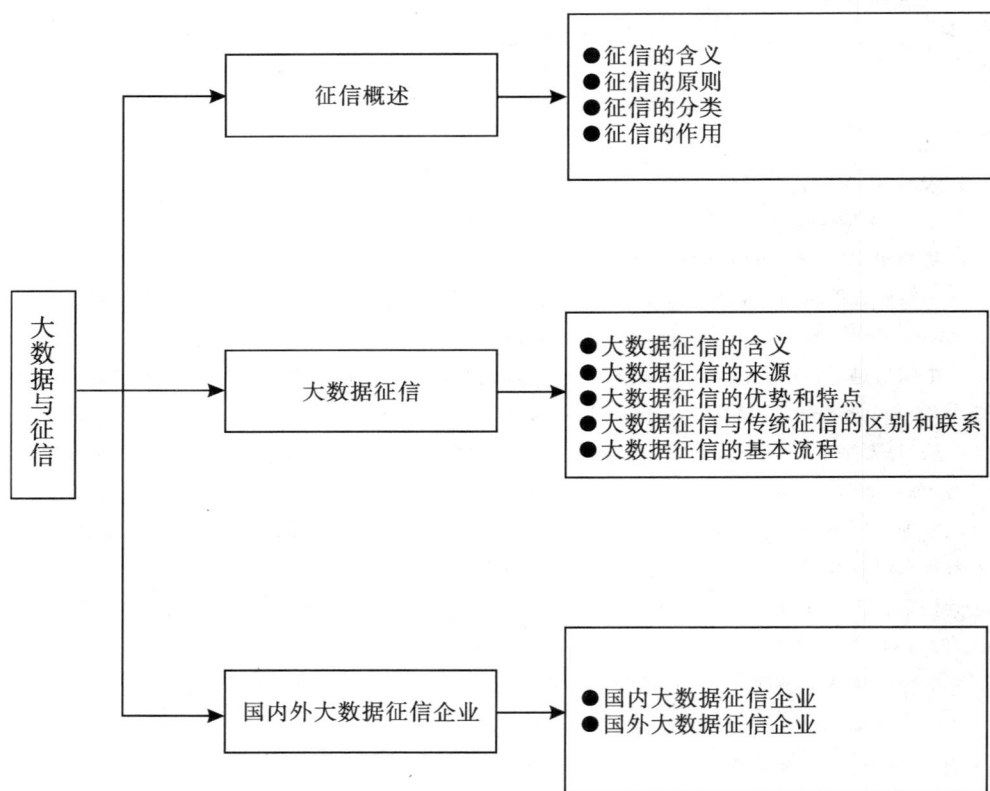

## 💡 学习目标

通过本项目的学习,学生能够了解大数据征信的流程和发展方向,掌握大数据征信拥有的优势与特点,明确传统征信与大数据征信的区别和联系,认识大数据征信在未来的发展趋势和价值意义;了解国内外大数据征信企业及其运营模式。

# 任务 8.1　征信概述

## 📋 案例导入

### 中国征信萌芽:劈开混沌,重拾信用

20 世纪 90 年代,中国的市场经济改革刚刚迈出第一步。经济发展凯歌高奏,却也难免泥沙俱下。

其中,对于银行业而言,一个困扰已久的问题就是企业的"多头开户"。

1996 年,河南省新乡市一家企业的审计报告显示,该企业在银行开立的存款账户数达到 51 个,分散于不同银行以及他们下设的不同分支机构。而趴在这五十多个账户上的是数十笔呆账、坏账,企业银行账户与银行对账单之间长期不符。

当时,类似的问题在很多地区都普遍存在。究其根源,这是中国银行业打破了按行业、地域分工的格局之后,却没有解决信用信息共享问题而不得不面临的发展"阵痛"。事实上,金融监管很早就意识到了这个问题。早在 1992 年,原人民银行深圳分行推出了"贷款证"制度,即把企业的概况和在各家银行的贷款、还款情况由各贷款银行登记在一个纸质的文本"贷款证"上,企业到哪去借款,都必须提供"贷款证",贷款银行就可以查询到企业在其他银行的借款信息。

在 1994 年和 1996 年,央行分别推出《银行账户管理办法》和《贷款证管理办法》进一步管控"多头开户"与"多头借贷",将相关制度推广到全国。到 1997 年,为了克服纸质"贷款证"使用不方便的问题,央行提出"贷款证"要逐渐转向电子化管理,建立银行信贷登记咨询系统,这也成为后来中国征信行业发展的基础。

(资料来源:馨金融,《中国征信往事》。)

### 一、征信的含义

征信是指依法收集、整理、保存、加工自然人、法人及其他组织的信用信息,并对外提供信用报告、信用评估、信用信息咨询等服务,帮助客户判断、控制信用风险,进行信用管理的活动。在我国征信一词最早出现在《左传·昭公八年》中,有"君子之言,信而有征,故怨远于其身",其中,"信而有征"即为可验证其言为信实,或征求、验证信用。近现代以来,"征信"一词被广泛地用来概括企业和个人的信用调查。

## 二、征信的原则

征信的原则是征信业在长期发展过程中逐渐形成的科学指导原则，是征信活动顺利开展的根本。通常，我们将其归纳为真实性原则、全面性原则、及时性原则、隐私和商业秘密保护原则。

### (一)真实性原则

真实性原则，即指在征信过程中，征信机构应采取适当的方法核实原始资料的真实性，以保证所采集的信用信息是真实的，这是征信工作最重要的条件。只有信息准确无误，才能正确反映被征信人的信用状况，保证对被征信人的公平。真实性原则有效地反映了征信活动的科学性。征信机构应基于第三方立场提供被征信人的历史信用记录，对信用报告的内容，不妄下结论，在信用报告中要摒弃含有虚伪偏袒的成分，以保持客观中立。基于此原则，征信机构应给予被征信人一定的知情权和申诉权，以便能够及时纠正错误的信用信息，确保信用信息的准确性。

### (二)全面性原则

全面性原则，又称完整性原则，指征信工作要做到资料全面、内容明晰。被征信人，不论企业或个人，均处在一个开放的经济环境中。人格、财务、资产、生产、管理、行销、人事和经济环境等要素虽然性质互异，但都有密切的关联，直接或间接地在不同程度上影响着被征信人的信用水平。不过，征信机构往往搜集客户历史信用记录等负债信息，通过其在历史履约中的表现，判断该信息主体的信用状况。历史信用记录既包括正面信息，也包括负面信息。正面信息指客户正常的基础信息、贷款、赊销、支付等信用信息；负面信息指客户欠款、破产、诉讼等信息。负面信息可以帮助授信人快速甄别客户信用状况，正面信息能够全面反映客户的信用状况。

### (三)及时性原则

及时性原则是指征信机构在采集信息时要尽量实现实时跟踪，能够使用被征信人最新的信用记录，反映其最新的信用状况，避免因不能及时掌握被征信人的信用变动而为授信机构带来损失。信息及时性关系到征信机构的生命力，从征信机构发展历史看，许多征信机构由于不能及时更新信息，授信机构难以据此及时判断被征信人的信用风险，从而导致征信机构最终难以经营下去。目前，我国许多征信机构也因此处于经营困境。

### (四)隐私和商业秘密保护原则

对被征信人隐私或商业秘密进行保护是征信机构最基本的职业道德，也是征信立法的主要内容之一。征信机构应建立严格的业务规章和内控制度，谨慎处理信用信息，保障被征信人的信用信息安全。在征信过程中，征信机构应明确征信信息和个人隐私、企业商业秘密之间的界限，严格遵守隐私和商业秘密保护原则，才能保证征信活动的顺利开展。

💡 知识拓展

### 加强信息保护个人征信数据不得滥用

近几年,随着大数据征信行业的发展,助贷机构在为金融机构提供借款人推荐服务时,因对个人信息数据的过度收集和滥用,备受诟病。

2019年下半年,多家为助贷机构提供用户信息采集服务的大数据公司被监管、警方等部门严查,要求其暂停业务,其中主要原因就在于这些信息采集公司利用"爬虫"等技术,过度收集、整合个人信用信息。

此外,互联网平台向金融机构收取导客引流费或者信息服务费推高融资成本也受到关注。银保监会消费者权益保护局局长郭武平此前表示,一些大型互联网平台导流收费或者信息服务费达到6%~7%,推高了借贷成本。

为进一步加强对网络平台企业从事金融业务的监管,2021年4月,人民银行、银保监会等金融管理部门联合对从事金融业务的13家主要网络平台企业进行监管约谈。约谈过程中,金融管理部门从支付业务、个人征信业务、资本市场业务、金融消费者权益保护等方面提出整改要求,要求被约谈企业对照问题全面深入开展自查,制定整改方案,并明确完成时间节点。

(资料来源:凤凰网。)

## 三、征信的分类

### (一)按业务模式分:企业征信、个人征信

企业征信机构主要是收集企业信用信息、生产企业信用产品;个人征信机构主要是收集个人信用信息、生产个人信用产品。

### (二)按征信服务对象分:信贷征信、商业征信、雇佣征信

信贷征信主要服务对象是金融机构,为信贷决策提供支持;商业征信主要服务对象是批发商或零售商,为赊销决策提供支持;雇用征信主要服务对象是雇主,为雇主用人决策提供支持;另外,还有其他一些征信活动,诸如市场调查,债权处理,动产、不动产鉴定等。

### (三)按征信范围分:区域征信、国内征信、跨国征信

区域征信一般规模较小,只在某一特定区域内提供征信服务,这种模式一般在征信业刚起步的国家存在较多,征信业发展到一定阶段后,大都走向兼并或专业细分,真正意义上的区域征信随之逐步消失。国内征信是目前世界范围内最多的机构形式之一,尤其是近年来开设征信机构的国家普遍采取这种形式。跨国征信这几年正在迅速崛起,此类征信之所以能够得以快速发展,主要有内在和外在两方面原因:内在原因是西方国家一些老牌征信机构为了拓展自己的业务,采用多种形式(如设立子公司、合作、参股、提供技术支持、设立办事处等)向其他国家渗透;外在原因主要是由于世界经济一体化进程的加快,各国经济互相渗透,互相融合,跨国经济实体越来越多,跨国征信业务的需求也越来越多,为了适应这种发展趋势,跨国征信这种机构形式也必然越来越多。但由于每个国家的政治体制、法律体系、文化背景不同,跨国征信的发展也受到一定的制约。

## 💡 知识拓展

### 哪些行为会影响个人征信

一、逾期造成的不良征信记录

1.信用卡逾期不还

信用卡还款到期日没有按时还款,或还款没有达到最低还款金额。

2.贷款逾期

贷款逾期有的会上征信,有的不会。比如银行贷款、部分小额贷款公司、网贷等都会上征信,尽管有的贷款公司不上征信,但是大家也不要抱有侥幸心理,一旦逾期,贷款公司也有可能跟其他接入征信系统的金融机构合作,将逾期记录上传。

3.费用调整造成的逾期

有的银行利息是浮动调整的,特别是房贷,如果房贷的利息上调了,业主还是按原来的还款金额还款,就容易造成逾期。

4.第三方担保造成的逾期

如果你为别人做了贷款担保,虽然贷款不是你在还,但是如果借款人逾期或不还,担保人的个人征信也会有体现。

5.信用卡年费造成的逾期

有的信用卡是有年费的,大部分银行在你开卡之后就会产生年费,而且一年之后要消费满一定的次数才可以免年费;有的人以为开卡之后只要不刷卡消费就不用还钱,但是实际上会有年费,如果没有刷满次数,也没有还年费,那就会造成逾期。

二、不理性行为造成的不良信用记录

1.频繁查征信

有的朋友有事没事都要去查下自己的征信,或者短期内大量申请贷款调用的征信次数太多。短期之内查征信太多也是会影响个人征信的。

2.短期申请过多信用卡

有的人对于信用卡推销来者不拒,短期之内申请过多的信用卡,每申请一次就会调用一次征信报告,这样同样给征信造成不良影响。

三、社会行为造成的不良征信记录

社会行为造成的不良信用记录主要体现在公共记录里面,通常来说,以下行为会被纳入公共记录里面。

1.欠税

包括个人所得税及其他应交所得税费。

2.民事判决记录

如果涉及民事诉讼,经法院判决并发布之后,没有按时执行的,法院将会将这个行为上传到个人征信。

3.强制执行记录

法院强制执行,同样也会上传到个人征信记录。

4.行政处罚

如果被行政处罚后,没有按时履行处罚的,行政机构也会把这种行为上传到个人征信里面。

5.电信欠费记录

电话欠费看着是小事情,但是如果长期欠费不交的,电信部门也是会将这种行为上传到个人征信记录里面。

6.地铁逃票

地铁逃票还要上征信?没错,目前深圳地铁已经在实行,一旦逃票被抓,这种行为很可能被上传到个人征信系统。

7.闯红灯

目前在深圳、重庆等地已有闯红灯被记入个人不良征信的案例。

8.旅游过失行为

文化和旅游部将分级建立游客旅游不文明档案,航空公司、旅行社、旅游饭店等联动,形成游客旅游不文明信息通报、追责机制,未来还将与征信平台对接。空闹、随意扔垃圾、随意刻字留言等行为都会影响个人征信。

(资料来源:金融界,《这些行为都将影响你的征信!》)

## 四、征信的作用

征信活动服务的范围很广,例如金融业、电信业、公共事业、政府部门等,从这些服务对象的不同角度出发,可以总结出征信具有以下六个方面的作用。

### (一)防范信用风险,促进信贷市场发展

对于单一个体而言,人类行为在很大程度上具有路径依赖的特点,即预测一个人未来行为的最好方法是看其过去的表现,这一点成为社会信用体系建设的理论基础。

银行如果不了解企业和个人的信用状况,为了防范风险,就会采取相对紧缩的信贷政策。通过征信活动,查阅被征信人以前的历史记录,商业银行能够比较方便地了解企业和个人的信用状况,特别是对缺少抵押品的中小企业、中低收入者等边缘借款人采取相对灵活的信贷政策,扩大信贷范围。

### (二)服务其他授信市场,提高履约水平

现代经济的核心是信用经济,授信市场包含的范围非常广泛,除银行信贷外,还包括大量的授信活动,如企业和企业(多以应收账款形式存在)、企业和个人(各种购物卡、消费卡等)、个人与个人(借款)之间的授信活动,一些从事授信中介活动的机构如担保公司、租赁公司、保险公司、电信公司等在开展业务时,均需要了解受信方的信用状况。

征信活动通过信息共享、各种风险评估等将受信方的信息全面、准确、及时地传递给授信方,有效揭示受信方的信用状况,采用的手段有信用报告、信用评分、资信评级等。

### (三)加强金融监管和宏观调控,维护金融稳定

通过征信机构强大的征信数据库,收录工商登记、信贷记录、纳税记录、合同履约、民事司法判决、产品质量、身份证明等多方面的信息,以综合反映企业或个人的信用状况。当从更为宏观的角度进行数据分析时,则可以整合出一个企业集团、一个行业或国家整体

的信用风险状况,因此,可以按照不同的监管和调控需要,对信贷市场、宏观经济的运行状况进行全面、深入的统计和分析,统计出不同地区、不同金融机构、不同行业和各类机构、人群的负债、坏账水平等,为加强金融监管和宏观调控创造了条件。

征信对监管者的帮助主要有两个:一是监控总体信贷质量、测试银行是否满足监管要求。二是通过整体违约率的测算判断经济目前所处的周期,例如,意大利的监管机构就利用征信数据库来测算商业银行的资本金要求、总体风险构成等,作为对商业银行进行监管依据的外部补充。

### (四)服务其他政府部门,提升执法效率

根据国际经验,征信机构在信息采集中除了采集银行信贷信息外,还依据各国的政府信息公开的法规采集了大量的非银行信息,用于帮助授信机构进行风险防范。在这种情况下,当政府部门出于执法需要征信机构提供帮助时,可以依法查询征信机构的数据库,或要求征信机构提供相应的数据。

通过征信活动,使政府在依法行政过程中存在的信息不对称问题得到有效解决,为政府部门决策提供了重要的依据,这些依据主要通过第三方反映出来,信息的准确性比较强,有效地提高了执法效率。

### (五)有效揭示风险,为市场参与各方提供决策依据

征信机构不仅通过信用报告实现信息共享,而且,会在这些客观数据的基础上加工得出对企业和个人的综合评价,如信用评分等。通过这些评价,可以有效反映企业和个人的实际风险水平,有效降低授信市场参与各方的信息不对称,从而得到市场的广泛认可,有利于做出更好的决策。

根据学者的研究,这些综合评价主要有两个作用:一是信号传递作用,通过这些综合评价,将新信息或现有的信息加以综合,提供给市场,市场根据这些综合评价所处的信用区间,对受信方的信用状况做出一个整体的评价;二是证明作用,满足一定门槛的信用评分,往往成为监管者规定取得授信的条件之一。

### (六)提高社会信用意识,维护社会稳定

在现代市场经济中,培养企业和个人具有良好的社会信用意识,有利于提升宏观经济运行效率。但是,良好的社会信用意识并不仅仅依靠教育和道德的约束就能够建立,必须在制度建设上有完备的约束机制。以美国为例,美国国民的社会信用意识和遵纪守法意识比较强,主要是靠完善的制度约束形成的,当制度约束缺失时,国民的社会信用意识和遵纪守法意识也会面临严峻的挑战。

征信在维护社会稳定方面也发挥着重要的作用。实践经验表明,不少企业和个人具有过度负债的冲动,如果不加约束,可能会造成企业和个人债务负担过重,影响企业和个人的正常经营和活动,甚至引发社会问题。有的国家就曾发生过信用卡过度发展,几乎酿成全民债务危机。一些西方国家建立公共征信机构的目的之一就是防止企业、个人过度负债,维护社会稳定。在我国,征信活动有助于金融机构全面了解企业和个人的整体负债状况,从制度上防止企业和个人过度负债,有助于政府部门及时了解社会的信用状况变动,防范突发事件对国计民生造成的重大影响,维护社会稳定。

**基于征信数据，邮储银行直击小微企业融资痛点**

邮储银行面向工程行业小微企业推出的一款纯线上信用产品——"工程企信贷"，是"小微易贷"品牌系列产品之一。这款产品是基于工程类企业的中标项目及企业的征信状况、大数据信息等，为其匹配纯信用的贷款额度，专款用于其最新工程项目的贷款产品。从企业发起贷款申请、授信审批到贷款发放，全流程线上化操作，最快能够实现贷款资金两天内到账。对于哪些客户能够获得"工程企信贷"资金支持，邮储银行客户经理介绍到：工程行业企业近一年要获得过政府机关、事业单位等中标通知，且与其合作年限达到一年及以上。

工程行业是经济的重要产业，在拉动固定资产投资、推进新型城镇化建设、吸纳就业等方面都发挥着重要作用。长期以来，工程建设行业企业的融资难问题一直是制约企业经营发展的因素之一，有项目、无资金或是少资金一直是困扰企业家的"大难题"。邮储银行"工程企信贷"产品直击企业融资痛点，依托企业征信信息，纯信用、纯线上，有项目就能贷。

（资料来源：阜阳新闻网。）

# 任务8.2　大数据征信

**大数据征信案例——"芝麻信用"**

阿里巴巴的"芝麻信用"作为蚂蚁金服的第三方独立征信体系，其将理财、社交、公共信息等内容融合在一起，属于私营模式，同时也是中国人民银行首批放开个人征信业务的试点单位。花呗用户是通过区块链收集和存储个人信用，如果用户存在违约行为，造成不良信用记录，那么便会被固定下来无法变更，所以能够较好地提升客户的还款自觉性，同时促使用户提高了对个人征信重要性的认知。蚂蚁金服是通过客户的社交、消费或者支付获取数据，从而进行算法测试获得征信评级，在收集支付平台、理财平台、保险平台和融资平台的信息后，依靠大数据处理，并结合从公共机构获取的数据参考FICO评分系统对用户进行分数评定。

芝麻信用分通过5C准则来获得信用评分，5C准则是指银行在发放贷款过程中，以品质、能力、资本、抵押担保、条件这五个方面来评估贷款人信用状况的一种方法，芝麻信用从阿里巴巴集团旗下各公司获得客户信用信息数据，以人工智能、云计算等技术分析数据，从而总结出利用评级、偏好、人际、身份、履约等五个指标，对客户的信用进行评价。芝麻信用对不同的数据予以区分，并且给不同数据相应的权重，对数据予以综合分析，从而获得相应的芝麻信用评级,以文字形式呈现的传统征信报告,芝麻信用分是数据化的结果。

(资料来源:许凌锋:《我国互联网征信体系分析探讨——以芝麻信用为例》。)

## 一、大数据征信的含义

随着科技的不断发展,征信业务开始出现并且积极借助大数据的相关技术来提高业务效率。大数据征信是指利用大数据分析技术和模型,围绕授信者周围与授信者高相关的用户行为数据,对授信者的还款能力、还款意愿和欺诈风险等进行更全面详细的风险评估,利用数据实施科学的风险防控。

大数据征信体系通过收集和积累获得上游数据生产者产生的海量、多样化、多维度的信用数据,由中游征信机构处理和加工征信大数据,形成具有利用价值的结构化数据,下游信息使用者对信用数据判断、评价、分析后,评估可能发生的风险隐患,形成最终决策。

大数据技术使征信数据规模越来越大,应用范围越来越广,从以银行业为信息主体向互联网金融企业、电商平台、日常生活、便捷出行等方面拓展,从应用模式上催生出了市场征信机构等信用行业新业态,实现与政府监管部门的资源共享和监管协同,弥补了传统征信体系存在的不足,使得传统数据缺失情况下的信用评分成为可能。大数据征信的发展对于金融风险的防范和化解,推动社会信用体系的健康发展和普惠金融的实现都有着重要意义。

## 二、大数据征信的来源

大数据征信在传统征信仅仅采用银行部门数据即用户身份信息、职业情况、银行卡消费等信息的基础上,通过技术手段从用户日常行为中获取、积累涉及范围更为全面的数据信息,不仅包括来自法院、税务局、社会保险、公积金管理中心等政府公开信息,来自运营商、物业公司、医院等第三方服务机构的数据,还包括来自互联网企业、电商平台从用户的商品服务交易行为活动中获取的数据。

1.金融机构产生的信用数据

产生信用数据的金融机构可以划分为涵盖商业银行、证券公司、保险公司的金融机构,以小额贷款公司、融资租赁公司等金融派生机构组成的类金融机构和随着互联网金融的发展正在占有重要位置的互联网金融机构。以商业银行为代表的金融机构在开展业务的过程中积累了包括客户个人信息、资产负债情况、资金交易记录等多年的信用数据,形成了比较完善的信用信息数据库,这些数据规范性强、特征明显、可利用价值高,是判断授信者信用情况的主要数据来源。

2.公共单位部门产生的信用数据

这一部分信用数据主要包括各级政府部门、公共事业单位掌握的工商注册信息、执法纳税情况、公积金缴纳信息、车辆违章信息等。这些数据同样具有较强的挖掘分析价值,但由于数据来源较为分散,私密性较强,信用数据不能大量地被征信体系获取,其使用价值未能被充分利用。

### 3.第三方服务机构产生的信用数据

以水电公司、物业公司、电信运营商、医院等为主的第三方服务机构在提供服务的同时,利用自身的网络系统和数据平台积累了大量的客户收缴费记录和行为信息,这一类机构之间常常伴有竞争关系,具有较强的垄断性,因而这类信息数据也大多仅能为第三方服务机构提供自身服务。

### 4.互联网平台产生的信用数据

随着互联网技术在电子商务、网络社交等领域的广泛应用,很多用户开始选择网上理财、网上购物、网上交友,由此也产生了大量的用户信用信息。互联网平台产生的数据主要包括系统内部产生的用户信息数据,如天猫、京东系统中存有大量的用户购物行为信息,蚂蚁金服、京东白条掌握用户大量资金信息,以及外部合作平台共享数据,如支付宝平台通过代缴代收水电费、电话费等获取用户在公共服务机构产生的信用数据。除此之外,互联网平台还能通过用户的行为及社交圈获得其 IP 地址、终端设备信息、地理位置、亲友信息等,部分互联网公司利用自身拥有的大量信息数据开始涉足征信领域。

## 三、大数据征信的优势和特点

### 1.多维度的数据来源

征信就是将分散在不同领域、碎片化的信用信息进行收集利用,成为有价值的全局信息,从而有效防范信贷风险。传统的征信体系过于依赖消费者的银行卡历史消费记录,信用数据来源比较单一,涉及范围较小,大数据征信通过更多平台及技术手段使获得的信用数据来源更加全面,维度更加丰富,覆盖的领域更加广泛,用多维度的信息来刻画受信者。相比已经相对成熟被各大金融机构所使用的传统信用数据,在大数据征信中占有更大比例的创新数据才处于起步阶段,具有更广阔的研究前景。

### 2.具有较强的时效性

传统的征信体系倾向于通过获取能够清晰反映客户还款能力的强相关数据,以此来判断客户的信用情况,收集的信用数据大多是客户至少六个月以上的银行卡消费情况和信贷记录,这些数据不能及时反映受信者的当前信用情况,信用数据存在一定的滞后性。大数据征信则通过建立实时风险监控模型,重视对信用主体实时、动态、交互信息的分析计算,尽可能覆盖如消费偏好、资金动态、人际交往等与受信者信用相关的各类动态数据,这些通过互联网和大数据技术实时获取评估的信息保证了信用数据的新鲜度,使对受信者的信用评价不再是一成不变的,在持续更新中保障征信评价体系的时效性和准确性。

### 3.强大的数据处理能力

相比传统征信体系数据覆盖范围小、数据分析技术相对滞后,信用数据体系的建立仍然需要采用抽样分析等保守方式,大数据征信运用大数据技术,在综合传统建模技术的基础上采用机器学习建模技术,注重对创新数据的分析应用,利用网络爬虫技术采集、清洗用户数据,利用 hadoop 技术分析用户行为,利用 Spark 快速处理海量数据,实现实时计算与处理数据流,利用 SPSS 分析预测用户历史数据与行为之间的关联性并加以利用,通过形成的结构化信息数据,对客户进行包含个人信息、文化程度、收入水平、信贷情况、消费能力、风险厌恶等方面的多维画像,对用户的行为进行预测,及时发现异常及风险情况,有效提高了信用评估效率。

4.丰富的信息服务产品

传统的征信体系仅用于银行等金融机构根据信用评价情况发放贷款等特定领域。大数据征信体系打破数据界限,通过对客户信息的关联分析,将应用范围扩大到涉及房屋中介、旅游、求职、婚恋、保险办理等日常生活的方方面面,以阿里巴巴为主的互联网公司结合蚂蚁金服信用评分体系,充分发展个人信用消费、信用酒店、信用用车业务,覆盖了交通、通信、生活缴费等多个需要信用履约的生活场景,在营销支持、反欺诈、贷后风险监测与预警、账款催收等方面具有良好的应用表现。

## 四、大数据征信与传统征信的区别和联系

传统金融征信的基础数据是征信主体的信贷数据,主要来自中国人民银行,以结构化数据为主,数据源单一,影响了对征信主体信用度的客观评估,容易造成信用评价失真。

互联网金融征信可以使用评级模型和方法,依托互联网大数据,结合人工智能、机器学习等技术对征信主体进行信用评级。在用户授权的情况下,国内的互联网金融征信一般通过用户信用历史、行为偏好、履约能力、身份特质、人脉关系等各个维度客观体现个人信用状况的综合分值,对用户进行信用评价。大数据征信提供大量用户数据通过创新的交易方式,彻底改变金融服务。

传统征信与大数据征信的差异对比如表 8-1 所示。

表 8-1　传统征信与大数据征信的差异对比

| 项　　目 | 传统征信 | 大数据征信 |
|---|---|---|
| 征信主体 | 央行征信系统 | 市场化的征信机构 |
| 目标群体 | 央行内拥有信贷记录的人群 | 覆盖人群更广泛、应用场景更丰富 |
| 技术手段 | 模型相对固定、变量较少 | 依托互联网大数据,结合人工智能、机器学习等技术,实现信用评估 |
| 数据来源 | 个人及企业基本信息、信贷信息、非银信息等 | 既包含结构化数据,也包含非结构化数据 |
| 应用场景 | 信贷领域 | 信贷领域、共享经济、普惠金融等 |

随着征信市场产业的扩大,传统征信无法避免如数据封闭性、人工误操作、实时性和后续性较差等问题,相较于传统征信业,大数据征信模型维度更广、量化更加全面精确、覆盖面更大、评价结果更贴近个人生活。随着大数据和互联网金融时代的发展,大数据征信企业数量亦呈爆发式增长,不断开发新的应用场景,并在各垂直领域不断深入,大数据征信市场创造了较大的发展空间。

大数据征信在应用场景上对传统征信业做了补充,通过技术范式弥补了传统征信的不足,优化了数据处理的准确率及效率。

### 五、大数据征信的基本流程

#### (一)制定数据采集计划

能够反映被征信人信用状况的信息范围广泛,为提高效率、节省成本,征信机构应事先制定数据采集计划,做到有的放矢。这是征信基本流程中一个重要的环节,一份好的计划能够有效减轻后面环节的工作负担。一般来说,数据采集计划包括以下内容。

1. 采集数据项

客户使用征信产品的目的都不尽相同,有的希望了解被征信人短期的信用状况,有的则是作为中长期商业决策的参考,客户的不同需求决定了数据采集重点的迥异。征信机构要本着重点突出、不重不漏的原则,从客户的实际需求出发,进而确定所需采集数据的种类。例如,A 银行决定是否对 B 企业发放一笔短期贷款时,应重点关注该企业的历史信贷记录、资金周转情况,需采集的数据项为企业基本概况、历史信贷记录、财务状况等。

2. 采集方式

确定科学合理的采集方式是采集计划的另一主要内容。不论主动调查,还是授信机构或其他机构批量报送数据,征信机构都应制定最经济便捷的采集方式,做好时间、空间各项准备工作。对于批量报送数据的方式,由于所提供的数据项种类多、信息量大,征信机构应事先制定一个规范的数据报送格式,让授信机构或其他机构按照格式报送数据。

3. 其他事项

在实际征信过程中,如果存在各种特殊情况或发生突发状况,征信机构应在数据采集计划中加以说明,以便顺利开展后续的工作。

#### (二)采集数据

数据采集计划完成后,征信机构应依照计划开展采集数据工作。数据一般来源于已公开信息、征信机构内部存档资料、授信机构等专业机构提供的信息、被征信人主动提供的信息、征信机构正面或侧面了解到的信息。出于采集数据真实性和全面性的考虑,征信机构可通过多种途径采集信息。但要注意,这并不意味着数据越多越好,要兼顾数据的可用性和规模,在适度的范围内采集合适的数据。

#### (三)数据分析

征信机构收集到的原始数据,只有经过一系列的科学分析后,才能成为具有参考价值的征信数据。

1. 数据查证

数据查证是保证征信产品真实性的关键步骤。一查数据的真实性。对于存疑的数据,征信机构可以通过比较不同采集渠道的数据,来确认正确的数据。当数据来源唯一时,可通过二次调查或实地调查,进一步确定数据的真实性。二查数据来源的可信度。某些被征信人为达到不正当目的,可能向征信机构提供虚假信息。如果发现这种情况,征信机构除及时修改数据外,还应记录该被征信人的"不诚信行为",作为以后业务的参考依据。三查缺失的数据。如果发现采集信息不完整,征信机构可以依据其他信息进行合理推断,从而将缺失部分补充完整。比如利用某企业连续几年的财务报表推算出某几个数据缺失项。最后是被征信人自查,即异议处理程序。当被征信人发现自己的信用信息有误时,可向征信机构提出申请,修正错误的信息或添加异议声明。特别是批量报送数据时,征信机构无法对数据进行一一查证,一般常用异议处理方式。

2.信用评分

信用评分是个人征信活动中最核心的数据分析手段,它运用先进的数据挖掘技术和统计分析方法,通过对个人的基本概况、信用历史记录、行为记录、交易记录等大量数据进行系统分析,挖掘数据中蕴含的行为模式和信用特征,捕捉历史信息和未来信息表现之间的关系,以信用评分的形式对个人未来的某种信用表现做出综合评估。信用评分模型有各种类型,能够预测未来不同的信用表现。常见的有信用局风险评分、信用局破产评分、征信局收益评分、申请风险评分、交易欺诈评分、申请欺诈评分等。

3.其他数据分析方法

在对征信数据进行分析时,还有其他许多的方法,主要是借助统计分析方法对征信数据进行全方位分析,并将分析获得的综合信息用于不同的目的,如市场营销、决策支持、宏观分析、行业分析等领域。使用的统计方法主要有关联分析、分类分析、预测分析、时间序列分析、神经网络分析等。

**(四)形成信用报告**

征信机构完成数据采集后,根据收集到的数据和分析结果,加以综合整理,最终形成信用报告。信用报告是征信机构前期工作的智慧结晶,体现了征信机构的业务水平,同时也是客户了解被征信人信用状况、制定商业决策的重要参考。因此,征信机构在生成信用报告时,务必要贯彻客观性、全面性、隐私和商业秘密保护的科学原则。所谓客观性,指的是信用报告的内容完全是真实客观的,没有掺杂征信机构的任何主观判断。基于全面性原则,征信报告应充分披露任何能够体现被征信人信用状况的信息。但这并不等于长篇大论,一份高质量的信用报告应言简意赅、重点突出,使客户能够一目了然。征信机构在撰写信用报告过程中,一定要严格遵守隐私和商业秘密保护原则,避免泄露相关信息,致使客户和被征信人权益受到损害。信用报告是征信机构最基本的终端产品,随着征信技术的不断发展,征信机构在信用报告的基础上衍生出越来越多的征信增值产品,如信用评分等。不论形式如何变化,这些基本原则是始终不变的。

# 任务8.3 国内外大数据征信企业

## 一、国内大数据征信企业

### (一)国内征信机构概述

目前,我国征信市场前景不断扩大。在企业征信业务方面,有鹏元征信、中诚信征信等传统征信公司,但是,仅靠传统征信并不能解决小微企业的征信和借贷问题,因此,芝麻信用、考拉征信等大数据征信机构逐渐在小微企业征信市场中占据优势地位。未来,征信机构会越来越多,这对资源的整合、业务发展的规范、国家法律法规的完善等都将有不小挑战。征信行业步入成熟期依然任重道远。

**（二）国内主流征信机构**

1.中诚信征信有限公司

中诚信征信有限公司（以下简称"中诚信征信"），前身为中国诚信（简称"中诚信"）集团的征信与商账管理事业部，于2005年3月在北京市工商行政管理局正式注册，注册资本5 000万元。

中诚信征信于2014年6月首批获得企业征信业务经营备案（备案号10001），并于2015年1月成为首批获准开展个人征信业务准备工作的八家机构之一。目前，公司的主要产品与服务涵盖个人征信、企业征信、社会信用体系建设、市场调研咨询等多领域。

中诚信征信的总部位于北京，有近300名正式员工。中诚信征信的管理团队主要由征信行业内最早的一批从业精英构成，具备多年的从业经验和优秀的专业能力。

中诚信征信的服务领域广泛，包括传统金融机构、政府机构、互联网金融公司、互联网保险公司、行业协会、学术单位、事务所等。

2.考拉征信服务有限公司

考拉征信作为中国互联网征信业的先行者、领导者和践行者，2015年获得央行许可开展企业征信，同时获得央行授权进行个人征信业务准备工作的独立第三方征信机构。

考拉征信创建了国内首个专注于征信模型研究的专业实验室，成为国内首家征信产品被银行接入的征信机构，推出了首个职业雇佣征信平台、商户画像和价值挖掘云平台。

考拉征信已覆盖个人征信、职业征信、商户征信、科技金融等多个征信业务平台及企业征信服务平台，成功推出个人信用分、商户信用分、个人职业诚信分及企业诚信分等评分类系列产品，并为商业银行、科技金融、小微金融、职场招聘、个人信用等多元场景提供征信服务。

考拉征信秉承信用创造价值之理念，致力于联合中国最有代表性的大数据处理公司共同发展，打造中国最权威的公共征信评估体系，为构建诚信社会提供权威、专业、高效的征信服务。同时，在开展征信业务上，考拉征信注重对个人隐私信息的保护，确保各项业务合规发展，坚守行业纪律，致力于为国家信用体系建设贡献力量。

3.北京宜信致诚信用管理有限公司

北京宜信致诚信用管理有限公司（简称"致诚信用"）成立于2010年，是从事信用信息征集与咨询、信用数据整合、信用风险评估与管理的专业征信服务机构。致诚信用基于最先进的信用风险管理解决方案及大数据理念，矢志构建现代化新型信用体系，提供公正、客观、全面的信用信息，以及专业、精准的信用产品和服务，帮助用户建立和管理信用，防控金融风险，释放信用价值。

致诚信用旗下拥有"企福""阿福""咨询服务"三大业务项目，为企业、机构、政府、协会等提供征信报告、信用风险评估与管理、信用数据整合、信用信息平台和风险管理系统建设等服务。公司拥有高素质的专业团队，在征信系统设计开发、区域信用体系建设、征信及信用风险管理咨询等方面积累了丰富经验，在专业数据挖掘和风险模型建设方面也有深入研究和丰富的实践。

### 二、国外大数据征信企业

#### (一)国外征信机构概述

美国征信体系分为机构征信和个人征信,其中机构征信又分为资本市场信用和普通企业信用。资本市场三大信用机构有标普、穆迪、惠誉等,普通企业信用机构包括邓白氏等。而个人征信体系中,三大征信机构包括益百利、艾可菲、全联等。

目前日本共有三大个人信用信息中心(CIC 信用信息中心、JIC 全国信用信息中心联合会、KSC 全国银行个人信用信息中心)和两大企业征信机构(帝国数据银行、东京商工)。

印度于 2000 年成立印度信用信息有限公司(CIBIL),设置消费者信用局和商业信用局两套独立的数据库,并由央行强制授信机构向该公司报送信用信息。

在韩国,代表性的征信公司是 NICE 信用评价(mycredit)和 Korea Credit Bureau (allcredit)等民间信用评价公司。评价信用等级的征信公司或金融公司得先从金融委员会获得许可。

国际征信行业的发展经历了快速发展阶段、法律完善阶段、并购整合阶段以及成熟拓展阶段四大发展时期,逐渐形成了较完整的征信体系,在社会经济的生活中发挥着非常重要的作用。以美国为代表的国际征信行业经历了近百年的不断进化,已经形成了完整而成熟的发展产业链。

#### (二)国外主流征信机构

目前美国的三大个人征信机构为 Experian(益百利)、Equifax(艾可菲)和 TransUnion(全联),他们都出现在 20 世纪,反映了大众消费对信贷的需求和全社会对个人信用关注度的上升。这三大个人征信机构促进了美国的征信市场走向成熟,并对国内征信市场的成长颇具借鉴意义。

Experian(益百利)总部位于都柏林,1996 年被 GUS 收购,2006 年作为独立公司在伦敦证券交易所上市,Experian 拥有信用服务、决策分析、市场营销服务和消费者服务四条业务线。信用服务主要指的是向放贷机构提供信用报告,具体来说,是向放贷机构提供消费者和企业历史还款和以往信用申请记录等数据,以帮助放贷机构做出其提供的信用产品对消费者和企业来说是否适当、是否应提高授信额度等决策。Experian 信用服务的费用是以交易为基础的,按照信用报告的购买数量分层收取。决策分析主要指的是向客户提供评分、检查、决策软件和系统。其中,评分和检查的费用是以交易为基础的,按照客户购买量分层收取;软件和系统的收费类型包括安装费、经常性软件授权费和交易手续费。市场营销服务能对消费者进行画像,从而帮助客户识别潜在买家、获取新用户、提高客户留存率、开发更符合消费者需求的产品,以最符合消费者习惯的方式联系消费者。Experian 认为其在市场营销服务的数据、数据质量和交叉销售的营销能力上处于市场领先地位。Experian 市场营销服务的费用是以交易为基础的、根据客户购买量分层收取的数据授权费和订购费。消费者服务使消费者能在线查看自己的信用报告和信用评分、理解和改善自己的信用状况、防止欺诈和身份被盗用。

Equifax(艾可菲)于 1898 年创立,是三家中历史最悠久的。按照地域,Equifax 的业务线分为美国本土和海外两种,后者包括加拿大、欧洲和拉丁美洲。Equifax 在加拿大提供的产品和服务与美国本土基本一样,而在欧洲和拉丁美洲,Equifax 还为放贷人催收提供信息和技术服务。按照客户类型,Equifax 的业务线分为企业业务和个人业务两种。和 Experian 以及 TransUnion 有所不同的是,Equifax 向企业提供人力资源外包业务。Equifax 服务的企业客户主要分布在以下行业:金融服务、抵押贷款、零售、通信、公用事业、汽车、经纪、医疗、保险和政府机关。按照收费依据,Equifax 的业务线分为按交易收费和按订购收费两种。前者指的是产品提供给客户时即收费;后者指的是在客户使用产品之前即先收取一部分前期费用,订阅时间通常是一年。

TransUnion(全联)致力于向机构和个人用户提供全球风险信息解决方案。在美国,TransUnion 客户覆盖全美前十大银行、前五大信用卡发行方、前二十五家汽车商、前十五家汽车保险公司的十四家、数以千计的医疗服务商和联邦、州、地方政府机构。TransUnion 拥有信贷信息、身份信息、破产、司法抵押、司法裁决、保险索赔、车辆等来自约 90 000 个数据源的数据,TransUnion 的数据采集方法包括由银行等会员向其提交和自行采购等方式,另外,成为 TransUnion 会员是自愿的。地域上,TransUnion 已经在 30 多个国家开展业务。TransUnion 自身业务分成三部分:面向企业的美国信息服务(U.S. Information Services,USIS)业务、面向个人的消费者业务、在国际市场开展上述两项业务的国际业务。根据客户类型的不同,实际上 TransUnion 的业务可以简单分为机构业务和个人业务两类。TransUnion 的机构业务 USIS 的功能包括为客户分析消费者信用状况、在前者基础上为客户提供精准营销和催收方案、反欺诈等。从业务来看,TransUnion 的企业业务占总体业务的 66% 左右,消费者业务仅占 7%,国际业务占比在 27% 左右。

这三大征信巨头的成功当然也离不开美国对征信的法律保障,美国通过《公平信用报告法》《公平债务催收法》《金融服务现代化法》《银行保密法》《信息自由法》《金融隐私权法》《平等信用机会法》《诚实借贷法》《公平信用账单法》《信用卡发行法》《公平信用和借记卡披露法》《房屋抵押披露法》等近 20 部法律,共同形成了较全面的征信法律体系,为美国征信行业的发展保驾护航。除三大个人征信机构外,国际上最著名、历史最悠久的企业征信机构还有美国邓白氏公司,其规模堪称国际企业征信和信用管理行业的巨人。

## ◼ 案例拓展

### 美国企业征信机构——邓白氏公司

dun&bradstreet(邓白氏)作为世界上最著名的商业信息服务机构,dun&bradstreet 成立于 1841 年,其征信服务主要针对商业市场,以企业为主,可实时查询企业的融资情况以及信用记录等。

目前,dun&bradstreet 在全球 37 个国家设有分公司或办事处,在全球范围内向客户提供 12 种信用产品、11 种征信服务以及各种信用管理用途的软件,还在 50 个国家和地区替客户开展追账业务。

1994 年,dun&bradstreet 正式进入中国,在上海设立邓白氏国际信息(上海)公司,

1996 年,在北京设立分公司,并于广州等地设办事处。按照与国际商业标准和惯例接轨的要求,dun&bradstreet 重点在市场开拓、信用管理、应收账款管理和商务培训等方面为中国企业提供信用咨询服务。通过引入邓白氏中国信用风险指数和邓白氏中国风险指数行业标准等,dun&bradstreet 向企业提供商业资信调查报告,帮助企业通过专业渠道达到国际商业标准、熟悉国际商业实务。除企业信息,更引入先进的风险管理工具:包括邓白氏风险指数和风险评估管理系统(RAM),旨在使公司成为企业的商业战略伙伴而不仅是商业信息供应商。

### (三)国际征信机构的业务模式及盈利能力

在国际上,征信行业的业务收入主要由基础征信服务收入和信用衍生服务收入两大部分构成。

(1)基础征信服务收入:是指行业征信机构向企业和个人出售信用报告并为其提供信用评分取得的收入,这样的应用场景主要集中在金融领域;

(2)信用衍生服务收入:是指征信机构在为用户提供信用评估的同时对外提供分析决策的服务、精准营销服务以及针对消费者客户服务等取得的收入。

基础征信服务收入与信用衍生服务收入的比例与该服务地区的征信行业发展水平息息相关。当征信行业发展水平越高、信用体系越完善时,信用衍生服务就会越发达。以美国征信业的发展经验来看,在成熟市场的征信机构中,基础征信服务和信用衍生服务收入基本持平,以美国的 Experian 为例,其收入结构中,基础征信服务收入占 48%,信用衍生服务收入占 52%。

**参考文献**

[1]李佳卉.浅谈大数据时代新型征信体系[J].青海金融,2019(4):6.

[2]顾乃景,马晓丽.我国大数据征信发展现状探析[J].中国集体经济.2020(34):161-162.

[3]何平平.大数据金融与征信[M].北京:清华大学出版社,2017.

[4]黄卓.互联网金融时代中国个人征信体系建设研究[M].北京:中国社会科学出版社,2019.

[5]黄文礼,等.国内外征信系统发展经验以及启示[EB/OL].(2017-12-12)[2020-12-31].https://mp.weixin.qq.com/s/wN_WvZ-ZkXFZax5HaUsn_Q.

[6]大数据猎人.国内外最全征信机构主打产品及简介[EB/OL].(2017-10-15)[2020-12-31].https://mp.weixin.qq.com/s/-kqXxsLzfqvNomdDcgOEQw.

# 项目九　大数据与金融安全

🔍 知识脉络图

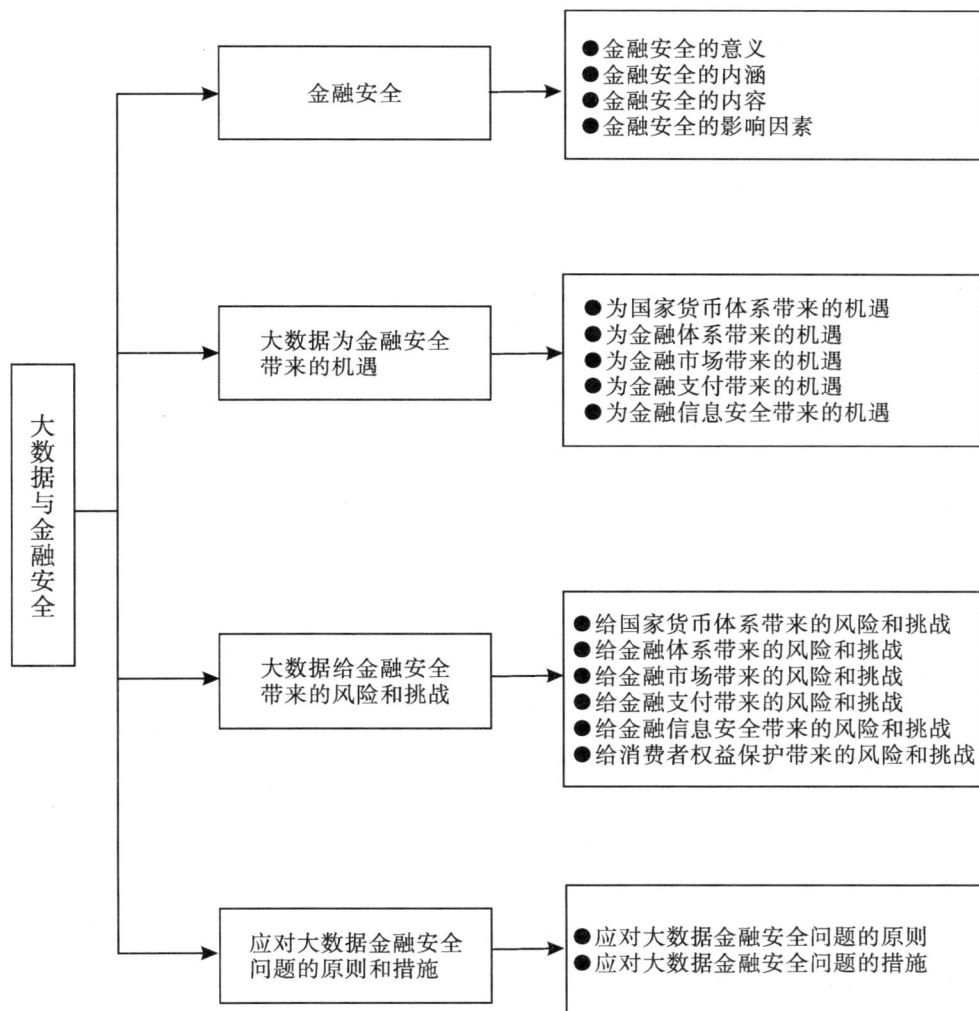

## 学习目标

通过本项目的学习,学生能够了解金融安全的含义、意义和相关的影响因素;了解大数据与金融安全结合创新的趋势,掌握大数据在金融安全中创新的应用,让学生对大数据助力金融安全各个方面有较全面的了解;了解大数据给金融安全带来的风险和挑战,培养学生的大数据金融安全防护意识,增强金融安全保障能力;了解大数据金融安全问题的应对原则和措施,让学生辩证地看待大数据和金融安全的关系。

# 任务 9.1　金融安全

## 案例导入

### 包商银行破产重组

2020 年 11 月 23 日,银保监会公布《关于包商银行股份有限公司破产的批复》称,原则上同意包商银行进入破产程序。包商银行应严格按照有关法律法规要求开展后续工作,如遇重大情况及时向银保监会报告。

包商银行风险由来已久,"明天系"持有包商银行 89% 的股权,通过违规关联交易等方式,占用包商银行资金高达 1 560 亿元,均已形成逾期,难以归还。同时,该行还存在无序发展同业业务、内部管理混乱、数据造假等诸多问题。相关风险无法继续掩盖,管理部门接管势在必行。银保监会同意其破产的公告或将为这家成立了近 22 年的银行画上"句号"。

2019 年 5 月 24 日,央行、银保监会宣布,包商银行出现严重信用风险,决定自 2019 年 5 月 24 日起对包商银行实行接管,接管期限一年。2020 年 4 月 30 日,银保监会官方网站发布《关于包商银行股份有限公司转让相关业务、资产及负债的公告》。公告指出,包商银行总行及内蒙古自治区内各分支机构的相关业务由蒙商银行承接,内蒙古自治区外各分支机构的相关业务由徽商银行承接。随后,2020 年 5 月 23 日银保监会办公厅发布公告,实施接管以来,接管组稳步推进包商银行清产核资、改革重组等工作。蒙商银行设立并顺利开业,运行平稳。蒙商银行、徽商银行有序收购承接包商银行资产及负债相关业务。因疫情影响,包商银行后续依法处置的工作进度需适当延后。根据《中华人民共和国商业银行法》第六十七条,经银保监会批准,包商银行接管期限延长 6 个月,自 2020 年 5 月 24 日起至 2020 年 11 月 23 日止。

2019 年 5 月 24 日接管当日,包商银行的个人客户为 466.77 万户,企业及同业机构客户为 6.36 万户。企业客户与交易对手遍布全国各地,一旦债务无法及时兑付,极易引发银行挤兑、金融市场波动等连锁反应。面对包商银行可能引发的系统性金融风险,金融管理部门经过深入研究论证,决定由存款保险基金吸收损失,中国人民银行提供流动性支持,先行对个人存款和绝大多数机构债权予以保障。同时,为严肃市场纪律、逐步打破刚性兑付,兼顾市场主体可承受性,对大额机构债权提供了 75%～90% 的保障。

这一次包商银行的破产清算和央行的应对方式可以说向市场释放了一个信号:今后银行的破产程序将向市场化的方向转变,未来银行的破产程序中,可能就没有央行的兜底了,这就需要债权人更为谨慎地选择存款机构。

包商银行的风险处置没有走行政性清理的老路,而是始终坚持市场化、法治化原则。接管后为摸清包商银行"家底",接管组以市场化方式聘请中介机构,对包商银行实施清产核资,印证了包商银行严重资不抵债的事实。据了解,接管组、相关部门最初也希望引入战略投资者,在政府部门不提供公共资金分担损失的前提下,仅通过收购股权溢价款,抵补包商银行的资金缺口。但由于包商银行的损失缺口巨大,在公共资金承担损失缺口之前,没有战略投资者愿意参与包商银行重组。

最终,金融管理部门采取了"收购承接＋破产清算"的方式处置包商银行风险。具体而言,一方面,新设蒙商银行,并联合徽商银行承接包商银行的相关业务,确保基本金融服务不中断,储户及大多数债权人的合法权益得到保障。存款保险基金发挥了风险处置平台的重要作用,为两家银行提供资金支持并承担损失,促成收购承接。另一方面,鉴于包商银行严重资不抵债,相关部门根据《企业破产法》,果断推动包商银行破产清算。

整个包商银行接管过程严格依据法律法规,按照市场化原则推进。通过对问题银行严格市场退出,有助于纠正部分金融机构盲目扩张、粗放经营的倾向,重申了市场纪律,为重塑金融业态强化了基础。

（资料来源:和讯网。）

金融安全(financial security)指货币资金融通的安全和整个金融体系的稳定。金融安全是金融经济学研究的基本问题。

## 一、金融安全的意义

金融安全是国家安全的重要组成部分。从国家安全宏观角度来看,金融安全是经济安全、政治安全、国土安全等国家安全体系有效支撑和保障。因此,金融安全对国家安全的意义并不单单是金融安全字面上的含义。金融安全既是国家安全的重要组成部分,也是国家安全的前提条件和重要保障。

金融安全是经济健康快速发展的重要基础。习近平总书记指出:经济是肌体,金融是血脉,两者共生共荣。为经济服务是金融的职责,也是保证金融安全的根本举措。金融安全的意义,是为经济发展创造良好健康的金融环境,促进经济稳健发展。

## 💡 知识拓展

### 小牛资本的暴雷

小牛资本管理集团有限公司（下称"小牛资本"）于 2013 年 8 月 8 日注册成立,控股股东、实际控制人、法定代表人均为犯罪嫌疑人彭铁。侦查机关认定,小牛资本自 2013 年开始,通过公开宣传、承诺保本付息向社会不特定人非法集资,累计非法吸收公众存款达

1 000 余亿元。经初步审计查明,截至立案,小牛在线共吸收投资人充值金额约 740 亿元,投资人总数达 104 万人,实际损失人数超过 15 万人,实际损失金额 89 亿元。"能否回款主要取决于底层资产质量。"2021 年 8 月 27 日,金融科技资深评论员苏筱芮告诉时代周报记者,如有大量企业贷造假项目,则不容易回款;如有大量小额分散的真实消费贷项目,则后续回款有较高概率,此外还牵扯公司原有资产情况及变现能力。小牛资本涉嫌通过小牛在线、钱罐子等 P2P 平台开展线上非法募集资金业务,通过小牛新财富、小牛基金销售等公司名义对外发售私募基金产品非法募集资金。小牛在线 2013 年上线运营,不久后成为广东规模最大的 P2P 平台之一。8 月 27 日,北京看懂研究院研究员李凤文向时代周报记者表示,P2P 本属金融中介机构,但许多 P2P 平台偏离中介经营范围,涉足非法吸收公众存款、非法放贷,从事非法金融业务,不仅扰乱金融秩序,还给投资人造成重大损失,严重破坏金融秩序,危害国家经济金融安全。警方查明,自 2017 年 9 月开始,小牛资本资金出现流动性困难,资金无法按时兑付。彭铁等人明知公司经营模式难以为继,开始大量发行虚假标的进行非法集资,所募资金大部分未用于能实际产生收益的生产经营,对资金使用极不负责任甚至直接非法占为己有,肆意挥霍,涉嫌集资诈骗罪。2018 年,小牛在线开始爆发大规模逾期。小牛在线暴雷 9 个月后,小牛新财富也于 2019 年 3 月开始出现逾期。2021 年 1 月 13 日,深圳市公安局南山分局先后发布通报称,小牛资本涉嫌非法吸收公众存款,已被依法立案侦查,并对彭铁、彭钢等 63 名犯罪嫌疑人依法采取刑事强制措施并冻结相关账户。5 月 6 日,深圳南山警方再次通报称,警方加大对小牛资本彭某等人涉嫌集资诈骗、非法吸收公众存款案的侦办和追赃挽损力度,累计冻结涉案账户 663 个,追缴资金 1.4 亿余元,查封涉案房产 1 056 套(合计 24 037.5 平方米),冻结涉案公司股权 9 991 万股。

(资料来源:金融界。)

## 二、金融安全的内涵

金融安全应当是动态发展的平衡状态。经济运转态势是一种连续性变化过程,因为金融服务经济,所以往往会处于受压状态或惯性之中。在经济飞速增长时期,银行会不断提高放贷额度,结果有可能使不良资产增长;在经济衰落萧条时期,银行基于大环境经济恶化为确保安全迫使收缩信贷,从而又使经济加速衰落。这种现象适用于现代金融体系脆弱性的长波理论。因此,金融安全是基于信息完全、信息对称、反馈机制良好运转基础上的动态平衡,保证金融安全是在反复不断地调整中实现的。

金融安全是特定意义上的金融稳定。由于金融安全是一种动态平衡状态,金融安全往往在社会上表现为金融稳定。但是金融稳定和金融安全在核心上又是不同的:金融稳定侧重于静态平稳,不产生较大金融动荡;而金融安全侧重于动态平衡。

🏛 想一想

为什么金融安全会是动态平衡状态?日常生活中你了解哪些金融安全保障措施?

## 🔆 知识拓展

### 金融开放与金融安全

"开放"是近两年来中国金融改革中的热门词汇之一。2018 年以来,金融监管部门推出了一系列扩大金融开放的措施,共批准外资银行和保险公司来华设立了近 100 家各类机构。持续的开放政策明确了外资银行"国民待遇＋负面清单"的原则,进一步降低了外资金融机构在华经营的准入门槛和业务限制,也为外资银行在华发展创造了更好的投资和经营环境。

各大主要的监管机构都加大了各项对外开放的政策力度,加上中国人民币资产从估值和利差的角度看,目前非常有吸引力。这些因素就加快促进了国际投资者进入中国金融市场,也在一定程度上发挥了人民币国际化和人民币作为国际储蓄货币的作用。同时,投资者加入国内市场的便利度大大提升了,包括很多投资者,纷纷开始在国内落地成立分支机构。

日前发布的《在华外资银行发展报告(2019)》显示,共有来自 55 个国家和地区的银行在华设立了机构,全球六大洲都有银行在华设立营业性机构。外资银行营业性机构总数已经达到 975 家。从经营指标看,2019 年末,外资银行在华资产总额 3.48 万亿元,同比增长 4.13%,占中国银行业总资产的 1.20%;全年实现净利润 216.13 亿元,占中国银行业当年利润总量的 1.08%。

从利润等的占比数据上看,外资银行占到中国银行业市场的比重并不高。不过,对于中国金融市场来说,其所能起到的推动市场多元发展的作用是巨大的,在今后跨境金融服务、市场化的定价能力、风险控制能力等方面,具有独特的优势,从而使中国金融市场更加丰富,产品更加多元化。

外资银行在中国的发展不能只是简单地看其在国内市场的份额。外资银行其实在海外帮助了中国企业走出去,帮助中国的居民在海外享受银行服务。

我国在推进金融开放的同时必须紧紧抓住金融安全的主导权。一是加快中国银行业的改革,加快其市场化、数字化转型,成为可以自负盈亏、自负其责、高效运转的商业银行;二是持续监测关注在中国设置分支机构的外资银行母行的经营态势,防止海外金融风险传导到中国;三是严格限制国外战略投资者的短期投资行为,及时评估国外战略投资者对中国金融带来的作用;四是严格把控外资持股中资银行的比例上限。

(资料来源:根据"央广网"相关报道整理。)

## 三、金融安全的内容

金融安全是由六部分组成的。

(1)国家货币体系安全,即货币稳定、币值稳定、汇率稳定。国家货币体系安全是金融安全机制构建的制度基础,国际货币体系安全与金融安全网构建具有内在的逻辑关联。国际货币体系安全使得金融稳定和安全具有了基础保障。

(2)金融体系安全,即金融机构避免产生金融风险,减少金融纠纷和金融诈骗。国际货币基金组织在 2012 年 4 月份发布的《全球金融稳定报告》中,就以醒目的专题名称提出"安全资产是国际金融体系的基石"。在经济学文献中,安全资产主要是指无风险资产或对坏消息不敏感的债权工具。它们兼具风险规避与价值储藏功能,是经济主体实现跨期消费与投资平衡决策的必要选择,也是资产定价的参照基准。缺乏安全资产通常会导致经济增长的动态无效性,滋生资产市场泡沫甚至发生金融危机等严重后果。

(3)金融市场安全,即金融市场要有效。包括金融定价功能,为不同金融产品提供不同金融服务价格,同时也为不同金融投资者提供不同金融服务和金融产品;融资便利,金融市场主体可以在金融市场中得到资金支持;激励和约束机制的建立,采用优胜劣汰的模式。

(4)金融支付安全,即银行卡(账户)安全、密码安全、ATM 交易安全、POS 交易安全、网络交易安全、移动快捷支付畅通安全。

(5)金融信息安全,即保护金融客户信息、金融系统信息等,不被不法分子利用进行电信网络诈骗等违法犯罪活动。

(6)消费者权益保护,即消费者在消费金融服务和金融产品时,金融机构需维护公平,履行金融机构的职责。

### 💡 知识拓展

#### 银行 App 违规收集个人客户信息

工信部正公开征求对《移动互联网应用程序个人信息保护管理暂行规定(征求意见稿)》的意见。意见明确"知情同意""最小必要"两项重要原则。在广东省通信管理局近日通报存在问题的应用软件名单里,包括广州农商行、广东南粤银行和前海微众银行在内的金融机构被点名。金融信息安全问题成了公众的一大"心病"。2021 年 4 月 26 日,工信部公开征求对《移动互联网应用程序个人信息保护管理暂行规定(征求意见稿)》的意见,明确 App 个人信息处理活动应当采用合法、正当的方式,遵循诚信原则,不得通过欺骗、误导等方式处理个人信息,切实保障用户同意权、知情权、选择权和个人信息安全,对个人信息处理活动负责。并且,违规情节严重的 App 将被直接下架。近年来,我国个人信息保护力度不断加大,但 App 个人信息收集使用规则、目的、方式和范围仍有存在不明确的地方,部分环节仍存漏洞,个人信息保护面临诸多问题和挑战。依据《网络安全法》《电信条例》《电信和互联网用户个人信息保护规定》等法律法规,工信部近期组织第三方检测机构对手机应用软件进行检查,重点督促游戏类、工具类存在问题的企业进行整改。截至 4 月 23 日,尚有 93 款 App 未完成整改。各通信管理局按工信部 App 整治行动部署,积极开展手机应用软件监督检查,广东省通信管理局检查发现仍有 45 款 App 未完成整改。其中,广州农商行推出的珠江直销银行 App 违规收集个人信息;广东南粤银行的 App 违规收集个人信息,App 强制、频繁、过度索取信息收集权限;深圳前海微众银行的微众企业爱普违规收集个人信息、超范围收集个人信息。通报要求上述 App 应在 4 月 29 日前完成整改落实工作,逾期不整改的,工信部将依法依规组织开展相关处置工作。

(资料来源:根据"国际金融报"报道资料整理。)

🎙 **想一想**

金融信息安全问题主要导致因素有哪些?

### 四、金融安全的影响因素

金融安全的影响因素可以区分为内在因素和外在因素。

内在因素指经济体系本身的原因引起的金融形势恶化,包括实体经济和金融体系本身。

(1)国家实体经济实力。国际经验表明,当国家发生金融危机,政府当局通常都是通过动用大量的经济资源来控制局势、摆脱危机。

(2)金融体系的完善程度。金融体系与国家宏观经济环境是否协调,即金融体系是否有良好经济运行环境;金融体系自身制度是否完善,如金融机构产权制度、治理结构制度、内部控制制度等。

外在因素指经济体系外部的原因引起的金融形势恶化,包括对外经济和对外金融体系本身。

(1)国际金融体系地位,即在国际金融体系中维护金融安全的能力。如该国的货币是否是主要国际储备货币,该国是否拥有制定国际金融规则的主导权。

(2)国际游资的冲击,即国际游资将已经出现明显内部缺陷的国家或地区作为冲击的首选目标,特别是那些短期外债过多、本币汇率严重偏离实际汇率的国家或地区。通常采用的手法是:同时冲击外汇市场和资本市场,造成市场短期内的剧烈波动,实现其投机盈利。在国际游资的冲击下,市场的剧烈波动必然影响投资者的市场预期和投资信心,这样就有可能出现市场恐慌,出现资本大量外逃,其结果导致汇率和股票价格的全面大幅下跌。

💡 **知识拓展**

**浑水做空安踏**

安踏体育 2019 年经历了各种大风大浪,上半年完成对亚玛芬体育的收购,后又在一个月内五次被机构做空,而安踏体育的股价不仅没受影响,反而一路飙升,市值突破 2 000 亿大关。2019 年至 2020 年一间,安踏股价上涨了 122.2%,总市值增至 2 083.2 亿港元,共上涨约 1 145.7 亿港元。

2019 年 4 月,以安踏为首的财团完成对始祖鸟母公司亚玛芬体育的要约收购程序,交易总金额约 46 亿欧元,被收购股份占比达 98.11%。安踏体育负债率提升至 22.8%,银行贷款金额增长至 75.68 亿港元。为缓解负债压力,安踏 11 月宣布出售亚玛芬体育 5.25% 的股权,剥离亚玛芬体育旗下的健身器材品牌 Precor,作价约 5 亿美元,以换取现金流。

7 月,浑水沽空机构接连发布五份针对安踏体育的沽空报告,指控安踏秘密控制分销商、供应商等,称安踏体育的财务状况不可信。浑水已不是第一次做空中概股了,此前部分上市公司甚至出现股价大跌和停牌现象,不过安踏在连发澄清公告和盈利预喜之后,其股价没受到做空影响,一直处于上涨态势。有分析指出,浑水指控的立脚点在安踏与经销商的暧昧关系上,但这是中国鞋服公司的普遍现象。可看出市场对安踏的信任度较高,高盛、摩通等券商机构均未受指控影响,维持正面评级。安踏10月发布第三季度财报,期内各个品牌零售金额均呈现双位数增长,股价上涨,市值首次突破2 000亿港元。

安踏体育在加紧国际化步伐,2019年收购亚玛芬体育是中国运动鞋服行业迄今最大的一笔收购。随着一系列布局的深入,预计安踏体育未来在国际上的地位将越来越重要,不过同时也将面临国际运动品牌的激烈竞争,尤其是运动鞋方面,Nike、Adidas两大品牌在年轻人群体中拥有"垄断性"的优势。目前安踏体育的竞争力与盈利能力,主要来自旗下的安踏与FILA两个品牌,而这两个品牌主要是在中国市场发力,能否凭借最新收购的亚玛芬体育在国际上打开局面,将成安踏未来几年的最大挑战。

(资料来源:新京报。)

# 任务9.2　大数据为金融安全带来的机遇

📑 案例导入

### 天眼查的大数据征信

2020年12月5日,天眼查作为大数据征信行业代表参加2020年第五届中国新金融高峰论坛。本次论坛由新华社瞭望智库主办,关注非常时期的金融责任与担当,如双循环新发展格局、金控2.0时代、新金融与新基建等话题。天眼查副总裁孙健出席论坛并分享了主题演讲"助力护航双循环、构建诚信新基建"。一同与会参加圆桌讨论的还有来自中国人民银行、中国银保监会、中国证券投资基金业协会等监管和金融机构的嘉宾。

党的十九届五中全会以来,"加快构建以国内大循环为主体、国内国际双循环相互促进的新发展格局"成为经济领域重要议题。而作为双循环的主力军,贡献了50%以上税收、60%以上GDP、70%以上技术创新、80%以上城镇劳动就业的中小企业,却长期面临着融资难的问题。究其原因,就是很多中小微企业存在着制度不规范、风险控制能力差、财务规范性差等现象。如果社会信用体系不够完善,他们就很难符合金融机构提出的风控安全要求,融资问题就无从谈起。

作为商业查询领导品牌,天眼查在金融领域有着广泛的应用场景。基于公开信息,使用大数据人工智能分析,天眼查可以将百种数据维度的商业信息呈现在平台上。截至2020年,天眼查平台已收录全国超过2.2亿家社会实体信息,300多种维度信息及时更新,月户数已累计突破3亿,在行业中遥遥领先。任何个人或机构都可以在平台上查询到丰富的企业信息,从而有效地消除了信息不对等,降低了建立信任的成本。因此,金融机构在天眼查的帮助下,可以更好地实施普惠金融,服务好中小微企业;各级政府通过天眼查平台也可以更加高效率地找到优秀企业,进行定点帮扶。

天眼查副总裁孙健在2020年第五届中国新金融高峰论坛上提出：在商业社会中，信用体系是如同道路、桥梁一样的基础设施，因此可以将大数据企业征信这种低成本、高效率的模式称作"诚信新基建"。因为和道路、桥梁等基础设施一样，天眼查对使用者没有任何门槛，人人都能用、人人都会用，而且人人都在用，为此央行也称其为"普惠型浅度尽调工具"。

基于自主知识产权的"可追溯社会实体关系网络"技术，天眼查构建了"真实商业世界的数字双胞胎"。真实世界中的商业实体，从成立、变更直至注销，其对应的数字化网络投影都会实时同步更新；同样地，商业实体在真实世界中发生的股权投资、诉讼等各种关系，在网络投影中也可以一目了然。在此类大数据企业征信技术的推动之下，距离"让每个人公平地看清这个世界"的理想可谓触手可及。

2019年4月，天眼查在行业内率先获得央行企业征信备案，同年又获得公安部颁发的国家信息系统安全等级保护三级备案，这标志着天眼查在信息安全方面已经达到非银行机构中的高级别认证。2020年，天眼查成为某国有银行总行层级"第三方商业调查工具"，对该行中小微企业客户进行数据挖掘分析，用于贷前审核、贷中管理、贷后监控，降低风险发生率。此外，天眼查也已与金融监管部门，以及各大交易所、券商、基金公司、银行、保险公司、金融科技公司建立了广泛的合作。

双循环新发展格局下，进一步激发中小企业创新和活力成为重要任务之一。而以天眼查为代表的大数据征信行业，将会助力建设"诚信新基建"，在各级主管部门的领导和金融机构支持下，为中小企业的成长保驾护航。

（资料来源：金融界。）

## 一、为国家货币体系带来的机遇

货币体系，指的是两种或更多的货币组成的有规律的货币整体，也是政府给国家经济运转提供货币的一套机制，它包括铸币厂、中央银行和商业银行。货币体系是商品经济发展的产物，其内部结构因各种因素的变化而变动。

随着数字货币的产生，大数据可以追踪洗钱、诈骗等违法犯罪行为，更好地维护国家货币体系安全。数字货币（Digital Currency），按照央行数字货币研究所的定义来看，狭义的数字货币主要指纯数字化、不需要物理载体的货币；而广义的数字货币等同于电子货币，泛指一切以电子形式存在的货币，包括电子货币、虚拟货币和数字货币。

根据发行者不同，数字货币可以分为央行发行的法定数字货币和个人或企业发行的数字货币。其中，中央银行发行的数字货币，是指中央银行发行具有具体金额价值以加密数字串作为表现形式的法定货币，数字货币无物理实体，也不以物理实体为载体，可用于线上投资、交易和存储；个人或企业发行的数字货币，也称虚拟货币，是由开发者通过特定算法生产发行、去中心化、可以在支持同样货币体系中流通的数字货币，如比特币（Bitcoin）等。

广义数字货币可以分为三类：一是全封闭的、无法对实体经济产生作用且只能在特定范围内使用的货币，如电子游戏中的游戏币；二是半封闭的、可用法定货币单向购买虚拟商品和服务，如Facebook推出的Libra；三是全开放的、可以按照约定比率与法定货币进行兑换,同时具备购买虚拟商品服务和真实商品服务的作用,如中央银行发行的法定数字货币。

## 📋 资料传真

### 大数据与数字货币

2021年6月21日,兴业银行(601166)发布《关于禁止使用我行账户参与虚拟货币交易的声明》称,将进一步加强业务管理,持续做好客户身份识别与客户风险分类工作,运用大数据等创新技术手段,加强对虚拟货币的交易资金监测,强化对虚拟货币相关交易的打击力度。

为贯彻落实国务院金融委会议精神,落实《关于防范比特币风险的通知》《关于防范代币发行融资风险的公告》等规定,按照近日人民银行有关部门约谈指导要求,兴业银行表示:"将进一步加强虚拟货币交易资金监测和处置工作。"

兴业银行指出,该行将坚决落实监管部门要求,禁止直接或间接为客户提供与虚拟货币相关的服务。任何机构与个人不得将在该行开立的账户用于虚拟货币的交易资金充值及提现、购买及销售相关交易充值码等活动,不得通过该行账户划转相关交易资金。

兴业银行强调称,将进一步加强业务管理,持续做好客户身份识别与客户风险分类工作,运用大数据等创新技术手段,加强对虚拟货币的交易资金监测,强化对虚拟货币相关交易的打击力度。一旦发现相关交易的违法违规线索,将及时按照相关程序采取限制、暂停或终止相关账户的交易、服务等措施,并向有关部门报告。

(资料来源:北京商报。)

### 二、为金融体系带来的机遇

大数据对金融体系的重要利好在于金融量化,因为大数据的核心理念在于万物皆可量化、用数据说话,大数据技术在运用时不追求数据结果的精确而是在繁杂海量数据的条件下追求高效、高速,大数据技术根本应用在于通过历史数据预测未来。这一理念对于金融体系的构建具有重要的现实意义。

金融体系稳定是建立在一些重要因素动态平衡基础上的,包括货币供求、资本市场和国际收支等的平衡。其中一个方面的平衡被打破,其他几个方面也会因之变动,导致大小规模不同、损失程度不同的金融危机。所以利用大数据技术构建金融体系,应将这几个方面的平衡考虑在内。利用大数据对金融体系进行金融量化,应打破表内表外业务的边界,在严格的金融监管下,将宽泛的金融业务加以量化,纳入金融监管的大数据体系;同时整个金融体系与社会经济运行相关联的业务也要量化,构建相互关联的大数据金融系统。这个系统可分为货币供需、资金融通、资本市场和国际收支四个部分,汇总中央银行、国家外汇管理局、金融机构等的结构化和非结构化数据进行处理,搭建宏观货币供需、微观资金融通、资本市场交易、国际收支体系,动态反映金融体系与实体经济的现状,及时发现金融危机的征兆并制定相应方案予以化解。这种基于大数据的金融体系是经济金融数字化的重要基础设施。

## 💡 知识拓展

### 大数据与金融体系

党的十八届三中全会通过的《中共中央关于全面深化改革若干重大问题的决定》指出,加强金融基础设施建设,保障金融市场安全高效运行和整体稳定。贯彻落实这一要求,加强金融监管、防止发生系统性风险,需要借助大数据理念与技术的支持,构建稳定均衡的大金融体系。

由美国住房按揭信贷市场的次贷危机引发的国际金融危机发生发展的过程说明,构建稳定均衡的大金融体系,离不开大数据理念与技术的支持。危机前的美国金融体系,受制于信息化理念与技术的不足以及监管理念的画地为牢,金融机构的数据采集范围狭窄、机制僵化。金融机构通过衍生品创新规避监管,微观衍生品的运行使观察货币政策效果的中间指标失灵,也使金融监管部门缺乏连续完整的关键数据,无法在系统风险的形成阶段及时发现问题,危机爆发后又因缺乏正确的预测而不能采取正确的行动。监管当局没有足够的金融市场数据,缺乏各金融机构间的交易信息,相关数据碎片化,难以评估各金融机构的风险暴露规模及其对结构性产品价格的敏感程度,无法准确评估整个金融体系的稳定性。金融机构也因缺乏全面准确的数据,很难估计交易对手的风险暴露程度。金融机构间错综复杂、相互关联的信息缺失成为预测与治理危机的主要障碍,政府未能识别金融机构间、金融市场间以及机构和市场间的风险传导途径,于是,流动性危机很快演变成全面的信用危机,直至全球金融危机。

大数据技术与理论的出现为大金融体系的构建带来了切实可行的机遇。2012年联合国发布的《大数据促发展:挑战与机遇》白皮书指出,大数据对于各国政府来说是一个历史性的机遇,可以使用极为丰富的数据资源对社会经济进行前所未有的实时分析,帮助政府更好地预测经济运行。

（资料来源:人民日报。）

## 三、为金融市场带来的机遇

在大数据金融科技领域,智能化风险定价已经逐渐推广开来。互联网金融公司利用网络上海量数据作为变量,对传统金融长尾客户进行风险定价并提供金融服务,即互联网金融公司在生产经营过程中使优质长尾客户能优惠价格获得金融服务,非优质客户需要以风险溢价进行补充。消费金融、互联网金融公司等主要进行小额分散贷款,经营传统金融标准评定的高风险客群,即次级贷;在线上实时贷款场景下进行差异化风险定价,通过用户个人信息和实际交易数据搭建出对应客群的风险定价模型。消费金融、互联网金融公司通过低成本和精准风险定价来不断获得市场份额,低成本和精准风险定价就是大数据风控在贷前、贷中、贷后的实践运用,互联网金融机构优势是不仅拥有海量的数据还有高效的数据处理技术,对庞大客户群体给予更为精准的风险定价。

## 💡 知识拓展

### 大数据与金融产品风险定价

中派家具官方旗舰店是"京小贷"扶持的典型案例。中派家具需要大量资金用于原材料和产品的备货。因此，尽管旗下拥有众多品牌，"由于资金问题，公司每次只能先掌控那些易操作、利润高的品牌和店铺，这造成了新品牌和新店铺的数量跟不上来，极大影响了我们的发展布局。"中派家具官方旗舰店相关负责人说，公司以前尝试过银行贷款，但贷款周期长、额度小，动不动就是1～2个月的审批周期，利率也偏高，还不能随时还款。接触了京东金融"京小贷"产品后，公司旗下店铺信用额度累积近500万元，完全符合入驻"京小贷"的资质。"更难能可贵的是，申请'京小贷'成功后，贷款资金1秒之内就到账了。即使借款期限是半年，但如果只用10天就还了，也只算10天利息，极大提高了资金利用率。"

"京小贷"的出现，使得中派家具官方旗舰店再也没为短期资金不足而烦恼了，只需把全部精力花在运营与产品上。充裕的资金让公司的新品牌与店铺有了发展机会，自2016年起，店铺销售额已提升约2倍。

从"白条"到动产融资，从京东众筹到农村金融，京东金融的业务基础越来越稳固。2017年年初，中国银联与京东金融进行战略合作，越来越多金融机构愿意与京东金融携手。

京东金融的部分业务依托并服务于京东商城。其中，包括针对有融资需求的供应商而设计的动产融资类产品，以及针对有消费金融需求的网购消费者而设计的白条产品等。

（资料来源：中国网。）

## 四、为金融支付带来的机遇

快捷支付的广泛应用对金融支付风险防控体系提出了更高的要求，防控体系要具备高时效性、广防控范围、多防控方式等特征。高时效性上，要从传统事后风控逐渐前移到事中甚至事前的准实时、实时方向发展，既要提升风险防控效率也要注重优化用户的体验；广防控范围上，要通过连通数据孤岛、多种业务数据开放共享与多种业务联防联控，实现从单一业务风控逐步向全渠道大数据中央风控转变；多防控手段上，要从静态专家规则向动态风控模型转变，通过机器学习，人工智能持续优化风控模型，提升金融风险识别能力。基于海量数据的大数据技术能够为金融支付风险防控提供更强大、更精准的决策支持，大数据中央风控是风控体系发展的必经之路。《中国人民银行办公厅关于强化银行卡磁条交易安全管理的通知》（银办发[2017]120号）也明确提出，各商业银行要建立基于大数据技术的风险防控机制。

## 知识拓展

### 苏宁金融大数据风控体系

作为一家 29 年的零售服务企业，苏宁的业务积累丰富，覆盖了零售、金融、投资、地产、文创、体育等领域，拥有多元化、多层次、长跨度的海量数据，获取数据成本相对较低，这些都为苏宁金融布阵大数据风控平台提供了天然优势。

苏宁金融的风控部门依托大数据，不断优化风控布防，独创风控安全大脑 CSI 系统，负责风险的监测、分析和处置，不断进行迭代更新，基于近万台专用高性能服务器的风控阵列，实现"设备、位置、行为、关系、习惯"五个维度，且覆盖事前、事中、事后的全方位实时风险监控。外部的每一次点击、每一笔交易，欺诈分子的每一次尝试，都为风控安全大脑提供数据样本；交易越活跃，CSI 风控大脑会越聪明。比如，2017 年出现以"贷款提额"为诱饵的欺诈事件，CSI 系统每天成功阻断数万次欺诈分子的攻击，保护了数千万用户的资金安全。

苏宁金融也一直致力于引领风控科技创新，先后上线了"黑产舆情监控系统"，基于循环神经网络模型（RNN）的自然语言处理技术对苏宁客群进行智能关联，实现对黑产从业人员的实时动态追踪；基于 spark 平台使用随机森林等机器学习算法建立了异常账户预警系统，累计评估风险用户及行为超过 10 亿次，精准识别多重类型的账户异常波动；基于苏宁生态圈海量数据，上线了"幻识"反欺诈关系图谱、"寻迹"位置画像模型、"识器"欺诈设备识别模型、"幻辰"盗卡盗账户模型，对各类营销活动以及反欺诈场景进行全维度的评估和监测，累计有效拦截 40 多万次盗卡盗账户攻击。

其中，"寻迹"位置画像模型通过对 IP 打上不同的标签，如：代理、基站、IDC、企业网、教育网、住宅区、商场、公共设施等，并建立黑白灰特征库，为各种风险预测项目及甄别黑产机器账户提供基础。目前已经拥有 10 万个企业 IP 标签，IP 身份识别准确率高达 95.65%。"识器"设备指纹相似性模型，从用户信息、设备信息、购物记录、行为模式四个大类数据出发，采用 GBDT 算法，结合苏宁体系多维度数据，对全量用户的 WAP 端、PC 端设备进行识别，计算两设备间相似性，用于发现群体性金融欺诈团伙，捕获率达 95% 以上。

截至 2019 年，苏宁金融风控体系已完成数千亿次风控侦测，日均扫描上亿笔交易，每笔交易 100 毫秒内完成风险判断和处置决策，异常交易识别率在 99% 以上，成功击退百万余次欺诈攻击，识别欺诈案件十万余笔，保护金额过千万亿，风险资损率低于十万分之五，用户打扰率仅十万分之一左右，做到完全静默监控。实现了既能识别非本人自主自愿的异常登录、支付、转账等高危操作，又能预判虽出于本人意愿但非常规的"强欺诈"属性的风险交易，一旦发现异常，能够即时阻断交易、"封锁保护"账户并多方式向用户示警。

（资料来源：凤凰网商业。）

### 五、为金融信息安全带来的机遇

大数据技术作为金融信息安全的重要支撑，也为金融信息安全的发展带来了机遇。

大数据技术为金融安全分析提供新可能性,对于海量数据的分析有助于金融信息安全服务提供商更好地刻画具备线上金融交易异常行为的客户画像,通过大数据技术挖掘其中的金融信息风险点。对实时金融信息安全和商业数据整合在一起的融合数据进行预防性分析,可用来识别网站钓鱼攻击,防止网络、电信诈骗和阻止黑客入侵。网络攻击行为会在互联网上留下痕迹,这些网络行为痕迹都以数据的形式存在于大数据中,利用大数据技术整合计算和处理多类型数据资源有助于更有针对性地应对金融信息安全威胁,同时有助于追溯网络攻击的源头。

## 🔍 知识拓展

### 云上贵州安全态势

2021 年 9 月 9 日,云上贵州大数据产业发展有限公司总经理杨云勇在接受《环球时报》记者采访时透露,在国内重大节假日或庆典前后,云上贵州承受的海外网络攻击量常常呈现数十倍增长的态势。

云上贵州大数据产业发展有限公司于 2014 年 11 月经贵州省人民政府批准成立,系省管大型企业云上贵州大数据(集团)有限公司注资的全资子公司,作为国内最大省级政务云平台,其网络安全的监测、预警及风险处置能力的重要性毋庸置疑。

9 日,《环球时报》记者在云上贵州大数据中心采访时看到大屏幕展示的"云上贵州安全态势"分析图,在上午 10 时许的今日网络攻击数量已经接近 50 万次。杨云勇表示,这个数字只包含有效攻击,如果把一些端口扫描、暴力注入等攻击尝试算起来,每天的网络攻击数量大约要按千万次计算。

从大屏幕显示的攻击源排行显示,中美俄印占据了榜单前四。杨云勇对《环球时报》记者表示,网络攻击来源以大国为主,毕竟人才最多,攻击的手段和能力更强。至于这些网络攻击的目的,杨云勇认为,国内的攻击者绝大部分是出于"兴趣","云上贵州作为中国电子政务平台的第一堡垒,一些人觉得拿下这个堡垒在黑客界是拿下一个制高点的感觉"。

杨云勇说,在国外的攻击者眼中,云上贵州是怎样的定位并不好说,"在国家重大节假日或庆典前后,我们承受来自海外的攻击量基本上呈现数十倍增长的态势。所以我们都会对此做一些特保工作,增加防御力量"。

面对严峻的网络安全态势,云上贵州如何保障政务云安全?杨云勇介绍称,云上贵州在政务云安全方面大致通过三个梯队、三套体系进行防御,"首先,云上贵州自己有一支队伍,我们专门有一个信息安全部,这是直接防御的第一梯队。第二梯队,我们和启明星辰共同成立一个合资公司,叫'云上广济'。第三梯队是坚实的大后方,网安、网信在给我们做坚实的保障。所以,云上贵州安全体系防御的能力目前在我们国家排第一梯队"。

(资料来源:环球网。)

# 任务 9.3　大数据给金融安全带来的风险和挑战

## 案例导入

### "棱镜计划"与数据安全

　　棱镜计划(PRISM)是一项由美国国家安全局自 2007 年起开始实施的绝密电子监听计划。该计划的正式名号为"US-984XN"。根据报道,泄露的文件中描述 PRISM 计划能够对即时通信和既存资料进行深度的监听。许可的监听对象包括任何在美国以外地区使用参与计划公司服务的客户,或是任何与国外人士通信的美国公民。国家安全局在 PRISM 计划中可以获得的数据包括电子邮件、视频和语音交谈、影片、照片、VoIP 交谈内容、档案传输、登入通知,以及社交网络细节。综合情报文件"总统每日简报"中,2012 年有 1 477 个计划使用了来自 PRISM 计划的资料。

　　PRISM 计划与大数据时代的发展密不可分。表面上看,一个人、一个公司公开的信息并无多大价值,但如果将这些海量数据汇总起来,就具备了分析价值。无所不在的数据、无处不在的网络和大规模分布式的存储和运算能力(云计算),忠实地记录了我们的衣、食、住、行及社交状态。现在,人类一天创造的数据相当于 2000 年一年的数据量。把一个人一生的生理、心理数据等全部记录下来,大约需要 1 000 T 的数据量(1 024 G＝1 T)。面对如此海量而且不规则的"非结构数据",《大数据:一次将改变我们生活、工作和思考方式的革命》一书的作者之一、牛津大学教授维克托·迈尔-舍恩伯格提出的方法是,多进行关联分析而少做因果分析。这与"棱镜"计划的做法不谋而合。随着云计算的发展,人们产生的海量数据会越来越多地存放在网上:邮件、个人档案、信用卡信息、地理位置、个人日程安排、电子书、照片等。Apple 公司的 iCloud 服务使得人们能够很方便地同步音乐、邮件、照片和个人文档等信息。过去,我们相信 Google、Amazon 和 Apple 公司能够为我们的隐私提供足够的保护,也乐于享受云技术的便利,并且期待着更加美好的大数据时代的到来。今天,Edward 为世人敲响了隐私权的警钟! 大数据的获取与分析使得野心家们能够高效、精准地清除异己、控制思想。

　　(资料来源:百度百科。)

## 一、给国家货币体系带来的风险和挑战

　　Libra 是 Facebook 新推出的虚拟加密货币。Libra 是一种不追求对美元汇率稳定,而追求实际购买力相对稳定的加密数字货币。最初以美元、英镑、欧元和日元四种法币计价的一篮子低波动性资产作为抵押物。Libra 对现有货币体系构成了前所未有的挑战:超越国家主权,僭越中央银行,跨越商业银行。超主权数字货币有可能从根本上重构全球的货币体系。

### (一)冲击主权货币地位

货币作为一般等价物的地位本质上取决于公众的信任,经济困难落后国家的主权货币一旦失去国民的信任,就可能被可信任机构数字货币所取代。经济发达的国家或经济联盟体的主权货币可能成为可信任机构数字货币的锚定对象。

### (二)重塑货币霸权地位

数字货币的霸权地位,将由可信任机构数字货币的覆盖范围程度、用户规模大小和实体资产规模大小来决定,因此全球有可能出现多个数字货币系统"群雄逐鹿"的局面。全球流通超主权数字货币无国别标签,只依赖于公众认可的全球性商业信用和数字信任。

### (三)形成跨越商业银行的金融体系

Libra 这类可信任机构数字货币体系,借助互联网可以在全球各个角落形成金融基础设施,以支付清算作为切入点,逐步向存款融资、投资保险、资产交易等领域发展,最终与公众经济生活休戚与共,与现有银行体系分庭抗礼,取而代之。

### (四)影响人民币国际化的进程

如果人民币未能在全球性数字货币体系之中,人民币在未来的国际影响力会被削弱。

## 📇 资料传真

### 超主权数字货币

2021 年 4 月 20 日,据 CNBC 援引一位知情人士报道称,Diem 协会计划在 2021 年开始试点与单一美元挂钩的稳定币项目 Diem。

CNBC 报道称,由于细节尚未公开,此次试点规模较小,主要集中在个人消费者之间的交易。上述人士还表示,用户还可以选择购买商品和物品。不过,目前还没有确定发布日期,因此发布时间可能会有所改变。

Diem 首次提出于 2019 年 6 月,原名为 Libra,最初的设想是成为一种与美元、欧元等一篮子主权货币挂钩的通用数字货币。但在遭到全球监管机构的强烈反对后,该项目失去了包括 Visa 和万事达卡在内的主要支持者。

最终,在 2020 年 4 月发布的 2.0 版本白皮书中,Libra 做出重大修改,将重心从锚定一篮子货币转为锚定单一货币。而根据 2020 年 11 月 27 日金融时报报道,Libra 在最初只会发行锚定美元的单一货币。

2020 年 12 月 1 日晚,Facebook 官网宣布 Libra 已更名为 Diem。路透社对此报道称,这一更改是为了强调该项目的独立性,从而获得监管部门的批准。

路透社援引 Diem 协会(Diem Association)首席执行官 Stuart Levey 的话表示,改名是为了强调更简单、更完善的结构。Diem 在拉丁语中的意思是"日",现在的目标是推出只锚定美元的数字货币。

另据 CNBC 报道,Diem 目前正在与瑞士金融监管机构谈判,以获得支付许可证,这将极大地推进 Diem 的顺利启动。

CNBC 报道称,Digital Assets Group 的首席执行官 Ran Goldi 表示,Diem 技术"在过去的一年半里发生了巨大的变化,从简单的区块链到非常复杂的区块链,它正在试图回答监管机构提出的一些问题"。该公司正在建设基础设施,让商家接受 Diem 作为一种支付方式。

CNBC 还援引区块链分析公司 Chainanalysis 的首席执行官 Michael Gronager 的话说:"我认为今年 Diem 将会突破监管阻力。如果不是,那将是一个错失的机会。"

实际上,在 Diem 做出重大修改后,其受到的监管阻力的确有所减少。

2021 年 1 月 4 日,美国货币监理署发布了一封解释信,阐明了美国联邦注册银行和联邦储蓄协会参与独立节点验证网络(INVN)并使用稳定币从事支付活动等银行准许功能的权限。该部门隶属美国财政部,是美国联邦注册银行的监管机构。

对此,国盛区块链研究团队认为,新文件有利于为相关银行支持 Facebook 发起的Diem 等跨境支付网络铺路,有利于相关银行发行自己的稳定币。

国际清算银行行长卡斯滕斯(Agustín Carstens)在 1 月 27 日胡佛研究所政策研讨会上表示,Diem 的可信度将比比特币更高。但如果私人实体自行发行货币,还需负责维持其资产支持,存在严重的治理隐患。因此,私人的稳定币不能作为健全货币体系的基础,为了保持可信度,它们仍然需要受到严格的监管,建立在现有央行提供的基础与信任之上。

中国央行副行长李波 2021 年 4 月 19 日在博鳌亚洲论坛上表示,当前很多国家包括中国正在研究对比特币、稳定币的监管规则,确保不会造成严重的金融风险。任何稳定币如果希望成为一个能够得到广泛使用的支付工具,必须要接受严格监管,就像银行或者准银行金融机构一样得到严格监管。

(资料来源:澎湃新闻。)

### 二、给金融体系带来的风险和挑战

在大数据时代背景下,非传统金融机构的产生无疑给金融监管带来了挑战。非传统金融机构的介入,其金融业务的跨界性及其金融行为的综合性,使得法律监管主体和对象发生了变化。传统"一行三会"各有各的监管领域,但是面对非传统金融机构介入的金融业务,由什么机构来监管,适用什么法律与法规,如何设定准入门槛,都是现在金融体系法律法规的盲区。蚂蚁金服、微信借助互联网和大数据技术在全球各个角落形成金融基础设施,从快捷支付作为切入点,逐步在平台中添加存款融资、投资保险、资产交易等功能,最终公众的经济生活离不开它们,使其在支付市场与现有金融体系平分秋色。总之,非传统金融机构的兴起和法律的空白会对金融安全构成较大的威胁。

### 💡 知识拓展

#### 科技之名,混业之实

蚂蚁的支付业务收入占比在逐年减少,小微贷款、理财产品和保险产品的收入份额则在逐渐增大。2019 年,微贷收入同比增长达到惊人的 86.81%,在 2020 年 1 月到 6 月疫情期间,微贷收入同比增长也达到 59.48%。

小微贷款一向是银行比较头痛的业务,因为其风险高、不确定性大、利润薄。蚂蚁集团却能在险中求胜,使小微贷款成为其收入的主要来源,秘诀在哪里呢?

首先,与银行个人消费贷款不同的是,蚂蚁利用支付平台把"花呗"变成了一种"支付选项"而不是贷款,用红包/折扣等为饵,诱惑消费者使用"花呗"付款,而这实际是一种类似信用卡的借款行为。虽然花呗的利率也的确和信用卡类似,但是花呗并没有像银行开展信用卡业务那样,让每一个开卡人明白信用卡是一种借贷行为,更没有像银行那样根据消费者的可支配收入水平来放贷,而是根据消费者的消费水平来放贷,并且通过各种诱惑让消费者提高消费。"花呗"这种"诱捕性贷款"对整个金融系统的破坏性,其实我们早就在2008年的美国次贷危机中见识了。如果蚂蚁是金融机构,在相关的信用风险管理监管条例下,花呗和借呗不可能嵌入支付宝,必须与支付服务隔离,而且必须严格按照信用风险评估和管理模式进行管理,贷款能否发放,贷款额度的大小,利率水平和期限的确定都必须依据借款人的还款能力和信用等级,而不是借款人的消费能力。

其次,根据蚂蚁的招股书,蚂蚁拟与其他投资者签署协议,共同设立重庆蚂蚁消费金融有限公司(以下简称"蚂蚁消金"),注册资本为80亿元,也就是说,蚂蚁用80亿元的资本金放出了1.7万亿元的消费贷款,杠杆率超过200倍!

蚂蚁从2016年开始花呗和借呗业务后,通过ABS、助贷和联合贷一步步加杠杆,从而提高资本收益率。蚂蚁通过快速多轮ABS,在2017年总共放出了2 689亿元贷款,杠杆率超过70倍。2017年12月1日,央行牵头与银监会联合下发的《关于规范整顿"现金贷"业务的通知》限定了小贷公司杠杆率,蚂蚁金服向重庆市蚂蚁小微小额贷款有限公司及重庆市蚂蚁商诚小额贷款有限公司增资,将资本由38亿元提高到120亿元。

2018年开始,蚂蚁通过联合贷款、助贷与城市商业银行、农村商业银行合作放贷。在联合贷中,是银行提供90%以上的资金,蚂蚁利用其信息优势提供信用评级、放贷、催收等服务,而蚂蚁往往要求50%以上的收益。换句话说,蚂蚁拿着银行的钱去投资,只享受收益却不承担风险。

这里存在着经济学典型的"道德危机"问题,当决策人不用承担其行为的后果时,他必然会进行风险大收益高的投资,进而增加整个金融系统的风险。当蚂蚁不承担风险后果时,自然会不顾风险地利用"诱捕性"借贷等手段扩大信贷规模。

蚂蚁集团的确利用科技手段服务于小微企业。但蚂蚁2020年上半年的2.1万亿元贷款余额中,小微企业贷款余额仅为4 000亿元,占比19%,其他均为个人消费贷款。同一时期,银行系统对小微企业放贷金额超过13万亿人民币。可见蚂蚁对小微企业的普惠金融与我国的银行系统对于小微企业的扶持并不在一个量级。

蚂蚁是否真的利用金融科技提高了信用风险管理水平?我们通过对比各大银行信用卡和蚂蚁消费贷款逾期30天的违约率发现,从2019年的第四季度到2020年第二季度,蚂蚁促成发放的消费贷款30天逾期率从2.72%上升到2.99%,而同期六大国有商业银行中,建行的信用卡不良率最低,控制在1.2%以下;交行的不良率最高,但也明显低于蚂蚁消费贷款的不良率。同时,需要注意的是,六大行中信贷质量控制最好的建行信用卡余额最高(0.77万亿),而蚂蚁花呗的不良率高于六大行的同时,余额却高达1.7万亿,是建行信用卡余额的两倍多。如果按照相同的风险管理原则,蚂蚁不可能像这样发放大量质量并不高的消费贷款。

综上所述,蚂蚁集团在上市之前是一个不折不扣的金融机构,但却以"科技公司"之名,行"混业金融经营"之实,进行监管套利。利用支付平台形成的数据垄断,以垄断平台进行诱捕放贷,形成信贷资产池;以垄断数据将信贷资产池包装为标准化产品;再以各种金融手段将信贷资产的风险转嫁出去。把风险大的花呗贷款包装为标准化资产包,并通过 ABS 等证券化手段推荐给社会上需要长期低风险理财产品的投资者,这种"诱捕+包装+转嫁"的手法可以反复循环、不断放大,如果没有及时适度的监管,势必对整个金融系统乃至国民经济体系造成不可估量的伤害。

(资料来源:《复旦金融评论》2021 年第 12 期。)

### 三、给金融市场带来的风险和挑战

#### (一)市场数据标准规范

金融市场要实现数据的互联互通,必须包含两个条件,其中互联是技术体系标准,互通是数据体系标准。实现互联可以要求系统使用标准化接口,而实现互通则需要围绕产业链建立跨行业的数据标准结构。目前,各行业的发展长期各施其政,行业间存在较高的壁垒,即使金融行业内部,如银行、证券、保险等行业也采用了不同的标准,遵守不同的行业规范。如何加快元数据、数据交换、数据交易、数据质量、安全保密等重点共性标准的制定是金融市场大数据建设的关键。

### 💡 知识拓展

#### 证券市场数据标准规范

证监会发布了《证券期货业结算参与机构编码》《挂牌公司信息披露电子化规范第 1 部分:公告分类及分类标准框架》《挂牌公司信息披露电子化规范第 2 部分:定期报告》《挂牌公司信息披露电子化规范第 3 部分:临时报告》《证券期货业大数据平台性能测试指引》五项金融行业标准,自公布之日起施行。

证券期货业结算参与机构编码是各结算参与机构开展登记结算业务的基础。当前不同交易市场中,因对结算参与机构有不同的编码体系,同一结算参与机构在不同交易市场中的编码不统一,不利于机构间以及结算参与机构内部的数据共享。《证券期货业结算参与机构编码》标准的实施,通过为证券期货业结算参与机构分配统一的编码,可有效降低编码转换和适配工作成本,便于机构间以及结算参与机构内部进行数据查询、统计、分析、挖掘以及数据共享等工作,进一步促进行业数据标准化,支持行业数据治理工作。

证监会新闻发言人高莉表示,挂牌公司信息披露是证券市场信息的重要组成部分,是证券监管机构、投资者、市场其他参与主体获取挂牌公司经营情况和运作情况的重要渠道,是实施监管和投资决策的重要依据。随着可扩展商业报告语言(简称为 XBRL)技术在国内信息披露领域的持续应用,XBRL 技术的价值已获得广泛认同。为保证使用 XBRL 技术生成的信息披露电子化文档的规范性,需要制定挂牌公司信息披露电子化规范,统一信息披露公告文件格式、规范信息披露数据标准,对高质量采集基础数据提供支持和保证,进一步为大数据监管提供有力支持,提高监管效率。《挂牌公司信息披露电子化规范》行业系列标准的制定实施有利于实现证券业内、挂牌公司之间的信息共享,推动挂牌公司信息披露和证券信息服务业规范、有序地发展。

高莉指出,当前大数据产品在证券期货业的应用越来越多,大数据平台的性能表现是平台建设的重要指标,性能测试的结果能客观反映平台的性能表现,但大数据测试领域的指导性文件仍然缺乏,《证券期货业大数据平台性能测试指引》的制定,从测试流程、测试方法和测试内容等方面规范了大数据平台性能测试,有效指导各证券期货业机构开展性能测试工作,提升测试能力,提高测试效率,并基于测试结果客观评估大数据平台产品性能。

高莉强调,下一步,证监会将继续推进资本市场信息化建设,着力加强基础标准建设,不断提升行业标准化水平。

(资料来源:证券时报。)

### (二)市场数据垄断的挑战

数据垄断是指重要数据被控制在少数人手中,并被不合理地分配与享用。数据垄断是相对数据民主而言的。数据垄断实质上是全息化重构的,背后是宏观和微观数据从生命安全、财产安全到商业机密的信息化结构过程。进入 21 世纪以来,美国、英国、澳大利亚、新西兰等国陆续掀起一场数据民主化运动,强烈要求政府机构及相关部门将有关公共数据上传至其门户网站。之后,英国首相卡梅伦支持这项运动,提出数据权是公民拥有的一项基本权利,逐渐公开相关公共商业数据。

首先,数据的可接近性并不意味着其使用合乎伦理。大数据为监测和预示人们的生活提供了极大的方便,然而个人隐私也随之暴露在无形的"第三只眼"之下。无论是电子商务、搜索引擎还是微博等互联网服务商都对用户行为数据进行了挖掘和分析,以获得商业利益,这一过程中不可避免地威胁到普通人的隐私。以往人们认为网络的匿名化可以避免个人信息的泄露,然而大数据时代里,数据的交叉检验会使得匿名化失效。许多数据在收集时并非具有目的性,但随着技术的快速进步,这些数据最终被开发出新的用途,而个人并不知情。不仅如此,运用大数据还可能预测并控制人类的潜在行为,在缺乏有效伦理机制下有可能造成对公平、自由、尊严等人性价值的践踏。

其次,越大的数据并非总是越好的数据。对数据的盲目依赖会导致思维和决策的僵化。当越来越多的事物被量化,人们也更加容易陷入只看重数据的误区里。关于数据在何时何地有意义的争议,已经不再局限于"标准化考试是否能够衡量学生素质"之类的讨论,而是拓展到更加广阔的领域。另一方面,如果企业甚至政府在决策过程中滥用数据资料或者出现分析失误,将会严重损害民众的安全和利益。如何避免成为数据的奴隶,已经成为迫在眉睫的问题。

最后,大数据的有限接入产生新的垄断和数码沟。面对大数据,谁能接入?为何目的?在何种情境下?受到怎样的限制?数据大量积累的同时,却也出现了数据垄断的困境。一些企业或国家为了维护自己的利益而拒绝信息的流动,这不仅浪费了数据资源,而且会阻碍创新的实现。与互联网时代的数码沟问题一样,大数据的应用同样存在着接入和技能的双重鸿沟。对于数据的挖掘和使用主要限于那些具有计算机开发和使用背景的专业人士,这也就意味着谁将占据优势、谁会败下阵来,以及由此而来的面对"谁更有权力"的拷问。

## 课堂讨论

什么样的企业或者政府部门有数据掌握权？你认为打破数据垄断应该采取什么办法才是行之有效的？

## 资料传真

### Facebook 滥用市场支配地位收集用户数据

2020 年 6 月 23 日,德国联邦法院裁定,关于 Facebook 滥用市场支配地位非法收集用户数据的指控成立,德国反垄断监管机构联邦卡特尔局(Federal Cartel Office,下称 FCO)有权限制其在德国境内的数据收集行为。

值得注意的是,理论上这一案件还需要经过下级法院裁决——如果他们认为 Facebook 应胜诉,仍有权再次向联邦法院提出上诉。不过,多位反垄断专家指出,鉴于联邦法院的强硬表态,下级法院很可能只是走个过场。

据了解,2019 年 2 月,FCO 裁定,Facebook 滥用市场支配地位,在用户不知情的情况下收集、整合多个渠道的用户数据,并责令 Facebook 限制在德国的数据收集行为。但随后双方诉至德国联邦法院,上述临时禁令被暂缓执行。

2020 年 6 月 23 日,德国联邦法院宣布判决结果:支持 FCO 对于 Facebook 滥用市场支配地位的认定,FCO 有权继续实施上述禁令。

"Facebook 在德国社交网络市场上占据市场支配地位,而且在滥用其市场支配地位,这两点都毋庸置疑",法院在声明中写道,"Facebook 肩负着维持社交网络市场竞争的特殊责任"。

据了解,这起针对 Facebook 的反垄断调查始于 2016 年 3 月。经过近三年的调查,FCO 认为,Facebook 整合旗下产品 WhatsApp、Instagram,以及外部网站和第三方关联平台用户数据的行为违反了竞争法,涉嫌滥用其市场支配地位。

FCO 指出,Facebook 在德国社交媒体市场占有 90% 以上的市场份额。在没有更多选择的情况下,用户只能使用 Facebook。基于 Facebook 的市场主导地位,用户无法自愿决定他们来自多种渠道的数据被如何处理。

2019 年 2 月,FCO 责令 Facebook 限制数据收集活动,在 12 个月内采取必要的改革措施,修改数据和 Cookie 政策。不过,Facebook 并不认可这一结论,而是积极寻求上诉,并于当年八月获得地方法院支持,这才诉至德国联邦法院。

法院在补充说明中写道,Facebook 过度收集和分析互联网用户的数据会对人们的个人自治造成负面影响——侵犯了他们的权利,不仅是欧盟数据保护法律所规定的那些,也包括 Facebook 利用其市场支配地位在反垄断领域导致的滥用。

对于上述判决,FCO 办公室负责人安德烈亚斯·蒙特(Andreas Mundt)称:"我感到很高兴。""数据是经济实力的重要因素,也是评估在线市场能力的决定性标准。这份判决对于我们将来应如何处理数据和竞争问题提供了重要依据。每当数据被非法收集和使用时，都一定可以从反垄断法的角度进行干预，避免市场支配地位被滥用。"他说。

对 Facebook 来说，这次的判决无疑是对其商业模式的一次沉重打击——通过收集大量用户数据来提供更具针对性的广告，是他们最主要的收入来源。因此，Facebook 在一份声明中说："我们将继续捍卫我们的立场，即不存在垄断行为。"Facebook 表示，它将继续"战斗"，并且不会立即做出任何更改，毕竟距离判决生效还有好几个月的时间。

无论如何，德国联邦法院的这一判决对于支持对全球科技巨头实施更严格监管的人士来说，是一次重大胜利。有观点认为，这份判决可能进一步推动欧洲各国政府对大型科技企业采取调查行动。

（资料来源：南方都市报。）

### (三)金融市场大数据人才培养的挑战

与信息技术其他细分领域人才相比，大数据发展对人才的复合型能力要求更高，需要掌握计算机软件技术，并具备数学、统计学等方面知识以及应用领域的专业知识。目前金融市场在可承担分析和挖掘的复合型人才、高端数据科学家以及管理人才都存在很大缺口。

## 课堂讨论

金融专业的同学，你认为符合大数据金融市场要求的人才应该具备哪些能力？

## 知识拓展

### 《广东省促进大数据发展行动计划(2016—2020 年)》(节选)

1. 大数据安全保障体系建设工作任务

到 2018 年，大数据环境下的网络安全防护取得积极进展，大数据安全保障体系建设取得初步成效，初步构建省、市两级电子政务网络信息安全保障体系。重要信息系统的基础信息网络安全防护能力进一步提升。到 2020 年，形成较为完善的大数据安全保障体系，构建省、市、县三级电子政务网络信息安全保障体系。信息化装备安全可控水平明显提升，重要信息系统的基础信息网络安全防护能力明显增强。

2. 完善大数据安全支撑体系

提升重大网络安全和风险识别的大数据支撑能力。建立网络安全信息共享机制，推动政府、行业、企业间的网络风险信息共享，通过大数据分析，对网络安全重大事件进行预警、研判和应对指挥。加强大数据环境下防攻击、防泄露、防窃取的监测、预警、控制和应急处置能力建设。推动大数据相关安全技术研发和产品推广。支持大数据安全产业发展，重点推动数据加密、数据脱敏、访问控制、安全审计、数据溯源、基于大数据的网络态势感知等大数据相关安全技术研发和产品推广。完善网络安全保密防护体系，采用安全可信的产品和服务，提升基础设施关键设备安全可靠水平。在全省组织开展"海云协同移动通信系统"项目应用示范。

3. 大数据安全支撑体系建设工作任务

到 2018 年，网络安全保密防护体系建设取得初步成效，对网络安全重大事件的预警、研判和应对指挥能力进一步增强,初步形成国家、省、市三级联动的电子政务网络信息安全监测、预警、处置和反馈体系。"海云协同移动通信系统"项目应用示范取得初步成效。到 2020 年,形成较为完善的网络安全保密防护体系,对网络安全重大事件的安全预警、研判和应对指挥能力显著提升,形成国家、省、市、县四级联动的电子政务网络信息安全监测、预警、处置和反馈体系。自主可控的大数据相关安全技术和产品广泛应用。

(资料来源:广东省人民政府办公厅:《广东省促进大数据发展行动计划(2016—2020年)》。)

### 四、给金融支付带来的风险和挑战

电信网络诈骗总体呈现多场景化、高技术化、多产业化等特征,严重危害人民公众财产安全。电信网络诈骗往往利用人性弱点作为切入点,设计各种场景将诈骗犯罪行为隐藏得十分隐蔽,言语更具诱惑性,通过电子支付渠道进行诈骗,摒弃传统面对面诈骗场景,之后会导致公安办案取证产生较大难度。大数据新兴技术的飞速发展在推动金融业转型优化升级的同时,同样也助推了点对点的"精准诈骗"。从数据上游非法获取公民个人相关信息,中游利用电子支付渠道实施诈骗,到下游洗钱、销赃,形成一条完整的多环节协作黑色产业链,因此电信网络诈骗也逐渐呈现组织化、集团化、跨国化等趋势。

💡 **知识拓展**

**电信网络诈骗**

2021 年 9 月 5 日 18 时许海拉尔区居民吴某报案称:其在 9 月 3 日接到自称"光大银行"客服人员的来电,对方称其办理的信用卡严重透支,并将电话转至"北京市公安局"赵警官处报案处理,随后"赵警官"反馈其涉嫌一起洗钱案件,需要配合"警方"调查,并诱骗其下载"安全防护"和"飞书"两款手机 app,之后又将案件转至"张检察长"处,"张检察长"又以证实信用度后可以帮助其撤销拘捕令为手段,诱导受害人将资金全部转入其本人银行卡,最终银行卡内资金被全部转走,合计被骗 167 万元。

案件发生后,呼伦贝尔市区两级领导高度重视,辛曙光副市长当即指示立即启动重大电诈案件侦办机制,全力展开案件侦办工作。海拉尔公安分局与市局反诈中心同步上案成立"9·05"专案组,由公安分局局长滕立山任专案组组长,副局长曹奇牵头指挥部署侦办工作,同时,在市局刑侦支队指挥下,市局反诈中心、技侦、网安的全力支援下,分局第一时间抽调刑侦、情指、警支等精干警力,全面分析研判案件资金流和涉案人员情况,全力做好抓捕准备工作。

经过专案组进一步工作发现,案件涉及十几个一级卡,近百个二级卡,且银行卡卡主分布在全国各地,工作难度巨大,与此同时,专案组研判出该案件极有可能涉及多个电诈团伙和洗钱团伙,抓捕工作也存在重重困难。案件发生时,正值海拉尔全警开展反诈App 宣传安装"百人"攻坚大会战的关键时期,电诈案件发案率也在持续下降,面对犯罪分子的嚣张气焰,分局领导和参战民警迎难而上,下定决心,坚决克服种种困难与电信诈骗犯罪分子斗争到底,不破案决不收兵。

9 月 6 日，由刑警大队教导员苏骏带领专案组迅速行动，同时奔赴浙江、湖北、江西、上海展开实地调查取证工作。在接下来近半个多月时间里，根据案件线索，专案民警缜密侦查、昼夜奋战，长途跋涉数万公里，远赴浙江、江西、广西、湖北、安徽、重庆等 10 省 16 市开展案件侦查。

为了案件尽早侦破，专案民警在侦办过程中，本着"不放弃任何一条可疑线索，不放过任何一个涉案嫌疑人"的原则，在市局和分局各警种研判支持下，一鼓作气、深挖到底，通过对每条线索逐一摸排、对涉案人员关系网展开细致调查，相继锁定犯罪嫌疑人活动轨迹，并在当地警方协助下，适时展开抓捕。

经过精密部署、果断出击、攻坚克难，海拉尔警方仅用 15 天的时间，核实全部涉案一级卡 18 张，核查涉案开卡人员 40 名，并根据一级卡顺线深挖，逐一端掉 4 个涉案诈骗犯罪窝点，成功抓获犯罪嫌疑人 30 名，扣押涉案银行卡 30 张、手机 35 部，冻结涉案账户 29 个，冻结扣押涉案资金共计 70 余万元。经审讯，涉案犯罪嫌疑人均对犯罪事实供认不讳，至此，"9·05"特大电信网络诈骗案被成功破获。

（资料来源：中国长安网。）

### 五、给金融信息安全带来的风险和挑战

#### (一)金融数据库的安全挑战

金融大数据具有数据规模大、复杂程度高、敏感性强等特点，由于集群数据库的集中性，更容易成为潜在攻击者的攻击目标，攻击者一旦得手，将会一次性获得巨量的价值数据。随着金融信息化程度的逐步提高，金融信息资产也呈现较大规模，一旦遭到攻击将产生巨大损失，这就对我们业务系统的安全性提出了更高的要求。但由于目前我国金融信息安全保障体系尚不完善，现在金融信息化程度很高，信息系统的规模也越来越大，数据高度集中，金融信息资产量大，因此对业务系统运行的可靠性和安全性有着更高的要求。但是，目前金融信息安全保障体系并不完善，甚至有些网络技术、通信设备和应用系统都要依赖国外技术，如现阶段国内商业银行基本都采用 IBM 系列设备进行数据的交换以及硬件系统的存储备，核心和骨干路由器基本上是思科和 IBM 各半，而数据库系统也主要采用的是 IBM、甲骨文（Oracle）等大型数据库系统。金融信息服务系统也主要由普华永道、毕马威和德勤等机构进行开发和规划。这都使得我国金融业在大数据时代下的金融信息安全的风险系数变高了。

### 💡 知识拓展

#### 信诚人寿的信息安全漏洞

2016 年，保监会通报信诚人寿存在包括客户信息等多方面的内控缺陷，要求其进行整改。信诚人寿此前被曝出存在严重信息安全漏洞。据《经济参考报》报道，有相关信息安全平台提交了信诚人寿保险漏洞信息，按照监测报告显示，信诚人寿保险公司面临泄漏数以万计的客户银行卡号、密码、开户行地址、身份证等敏感信息的风险。值得注意的是，除客户信息存在严重泄露风险外，涉及公司内部的私密信息也"中招"。根据提交的漏洞

信息显示,信诚人寿保险公司与其他一些大型保险公司数以亿计的发生金额、开户公司、开户行地址一目了然,内部业务人员的账号密码也遭破解,包括了从直销市场总监、运营主管到直销柜员等多个层级的账号密码。更为严重的是,该保险公司竟然存在管理员账号通用情况,数十个服务器几乎成为不设防的"裸机"。

国家信息技术安全研究中心专家曹岳曾对媒体表示,由于平台本身交易量巨大、往来客户数量多,对试图非法获取客户敏感信息的不法分子来说,一旦成功,其获益是巨大的。由此,像保险企业这样涉及大量客户个人信息和商业机构信息存储的企业,须对公众信息保护承担义务,更应加强信息安全构建,防止公众的合法权益受到侵害。

(资料来源:中国经济网。)

### (二)智能终端的安全挑战

我国目前已经成为在全球范围内最大的智能终端市场,2017年大数据市场规模逾百亿,而智能终端又恰恰是数据安全的关键所在。用户在使用智能终端设备时会产生大量的个人信息,一旦个人终端设备遭到攻击将会造成个人金融信息的泄露。而在金融网络化的大背景下,用户会更多地采用智能终端设备参与金融信息系统的采集、储备、传输以及处理中,伴随着连接次数的增多,无疑会增加被入侵和攻击的概率,因此智能终端的数据安全威胁也不容忽视。

### 想一想

为什么智能终端会是大数据金融安全的重要威胁?你使用智能终端进行金融活动的频率高吗?你采取了哪些安全保障措施?

### 知识拓展

#### 快捷支付的信息安全问题

根据央行2017年3月15日公布的数据显示,截至2016年年末,全国银行卡在用发卡数量61.25亿张,同比增长12.54%,增速上升2.28个百分点。其中,借记卡在用发卡数量56.60亿张,同比增长12.96%;信用卡和借贷合一卡在用发卡数量共计4.65亿张,同比增长7.60%。在全国银行卡发卡数量迅猛增长的同时,银行卡被盗刷的案例却也层出不穷,而所涉及的盗刷金额更是一例高过一例。

"3·15"期间,21CN聚投诉发布了《2016年国内银行卡盗刷大数据报告》(以下简称报告)。该报告指出,2016年,全网统计银行卡盗刷共7 095次,累计造成客户损失1.83亿元。特别是在线上支付风靡的当下,快捷支付取代传统的伪卡成为盗刷重灾区,而消费者依然普遍面临着遭遇盗刷后理赔困难的现状。过去几年中,最令公众熟知的银行卡盗刷方式是伪卡盗刷。在这种情况下,用户往往是在刷卡等环节中被不法分子做手脚,从而被盗取了银行卡磁条及密码等用户个人信息,不法分子再通过伪造银行卡的方式盗走资金。然而随着社会的发展,伪卡盗刷虽然仍然为数不少,但相较于快捷支付,却已不再是盗刷渠道中的主要部分。在统计到的7 059次投诉信息中,根据对已知渠道的2 362次投诉的统计,可知快捷支付已成为第一盗刷通道,其便捷度最高而安全性最低,占盗刷渠道比例的 65%;网银支付安全性相对较高,占比为 23%;传统的伪卡盗刷占比最小,仅为 12%。在快捷支付盗刷的投诉中,97%是通过第三方支付盗刷。其中,支付宝涉及的银行卡盗刷投诉最多,全年共 562 次,位列行业第一;京东钱包次之,278 次;财付通(含微信支付)245 次,位列第三。快捷支付因其便捷性越来越受到消费者青睐,但是由于追求支付的便捷、迅速、高效,就不得不在一定程度上让度出一部分安全性,相对简易的交易验证方式使快捷支付面临很大的盗刷风险。

(资料来源:根据《法治周末》相关报道整理。)

### (三)数据服务商的安全挑战

数据服务商拥有信息特权,即通过信息的集中化管理和量化分析技术,数据服务商可以获取用户大量私密信息。在这个前提下,数据服务商主观或者客观上的信息安全事故都将对社会或者个人造成重大的信息安全隐患。

## 知识拓展

### 知名连锁酒店信息泄露

漏洞盒子平台的安全报告指出,知名连锁酒店桔子、锦江之星、速八、布丁,高端酒店万豪酒店集团(万豪、丽思卡尔顿等)、喜达屋集团(喜来登、艾美、W 酒店等)、洲际酒店集团(假日等)存在严重安全漏洞,房客开房信息一览无余,还可对酒店订单进行修改和取消。报告指出,喜达屋酒店集团的漏洞位于喜达屋集团官网,通过这一漏洞黑客可进行详细订单查询,获取大量订单信息,订单详情包括姓名、入住日期、客房费用、信用卡后四位、信用卡有效期、邮件、地址等,并可对订单进行修改、取消等操作;而万豪国际集团旗下的多个酒店品牌均存在严重漏洞,该漏洞可导致黑客任意查看酒店订单,订单信息包括姓名、电话、信用卡、地址、入住/退房时间、房型、住宿费用等敏感信息;洲际集团官网的高危安全漏洞则可导致黑客获取酒店用户订单,包含姓名、住址、邮箱、入住/退房时间、住宿费用等敏感信息。对于国内知名连锁酒店品牌,漏洞盒子白帽子提交出了锦江之星的一枚漏洞,表示该漏洞出现在其微信接口上,可导致黑客直接访问其订单,涉及 2013—2015 年的千万级订单,包含姓名、电话、住宿费用、入住时间、房型等敏感信息,并可任意查询、取消订单;而速 8 酒店被曝出的漏洞则可导致黑客轻松对酒店的订单进行取消操作,且无任何身份验证过程。值得一提的是,报告指出布丁酒店和桔子酒店的漏洞极其严重:布丁酒店,黑客可以利用漏洞获取大量酒店顾客的订单信息(包含个人信息),并且可以在完全不需要验证的情况下修改用户密码;而桔子酒店官网漏洞问题则更恐怖——2008—2015 年的所有酒店订单、开房信息可一览无余,包括顾客姓名、身份证、手机号、开房时间、退房时间、家庭住址……除可能泄漏大量订单、开房信息的漏洞外,桔子后台也被曝出了安全问题。攻击者可使用最高权限查看酒店管理系统,系统内容丰富,包括桔子各分店管理、部门组织架构等。在要求实名制入住的酒店业,随着当下越来越多的用户用酒店官网及手机 App 订房,这些漏洞无疑对用户隐私信息的保护形成巨大威胁。

(资料来源:根据"中国网"报道资料整理。)

## 想一想

数据服务商信息安全问题的主要导致因素是哪些？黑客攻击与自身漏洞你觉得哪个因素更重要？

### 六、给消费者权益保护带来的风险和挑战

大数据杀熟,其技术基础是大数据,也就是海量的用户数据,通过你的基础属性数据判断你所在用户群体、人群特征(如消费能力等),通过你的行为数据判断你的偏好、消费水平和消费意愿强烈程度。然后通过精准的用户画像,推送不同的商品价格,产生于同一个平台的同一款产品,每个账户看到的价格是不一样的,老用户的购买价格比刚注册的新用户价格高。

## 知识拓展

### 滴滴大数据杀熟

2020 年,复旦大学管理学院副教授孙金云带领研究团队在五座城市打了 800 多趟车,搜集到滴滴、曹操、首汽、T3、美团、高德和扬招打车 7 个渠道的数据。通过数据分析,最终形成"2020 打车报告",其中,通过数据分析得到的一些结论,都指向了打车平台存在"大数据杀熟"的事实。比如:相对于非苹果手机用户,苹果手机用户更容易被舒适型车辆(比如专车、优享等,价格也更高一些)司机接单,这一比例是非苹果手机用户的 3 倍;上海是打车软件(美团、首汽、滴滴)价格被低估最厉害的城市,实付与预估差异的比值为11.8%。另外报告指出这些打车平台还存在故意减少预估等待时间等问题。

用的手机越贵,越有可能被"优待",在用滴滴等平台打车时,都有一个提供选择车辆类型的选项。按理来说,如果选择一键呼叫经济型＋舒适型两档,平台应该按照车辆所处位置,选择离用户最近的车辆,毕竟相比于舒适,大家更在意的是等待时间。这么看来,在同一个地区,不同用户的订单被舒适型车辆接走的比例应该是一致的,但是根据孙金云教授团队的实验,结果却不是这样。数据表明,与非苹果手机用户相比,苹果手机用户的确更容易"被舒适"车辆(比如专车、优享等)司机接单,这一比例是非苹果手机用户的 3 倍。

也就是说,平台很有可能将苹果用户标注为更愿意"被舒适"的用户,毕竟苹果手机的均价相对更贵一些,那么不是苹果手机,会不会因为手机比较贵就被舒适了呢?孙金云教授团队将手机品牌(是否为苹果手机)与手机价位作为自变量,以是否"被舒适"接单作为因变量,进行回归,发现苹果手机和非苹果手机高价位都对用户"被舒适"订单产生了正向显著影响。手机越贵越会"被舒适",可以说是被孙教授实锤了。

此外,苹果用户被"优待"还体现在苹果用户比非苹果用户享受到的打车优惠更少。数据统计发现,苹果手机用户平均只能获得 2.07 元的优惠,而非苹果用户平均可以获得4.12 元的优惠。除了价格方面,孙金云教授团队还发现,平台往往会向乘客呈现比实际更短的等待时长,让乘客保持更高的耐心,从而达到留住乘客的目的。

孙金云教授团队根据"(实际等车时间－预估等待时间)/预估等待时间"来测算打车

时间延误比例,发现调研的 5 个城市中打车时间延误比例均在 20% 以上,一线城市(北京、上海和深圳)的时间延误比例高于二线城市(成都、重庆)。其中,深圳的时间延误比例高达 27.5%(这可能是深圳的绝对值比较低导致的),比时间延误比例最低的成都高 6.9%。有趣的是,在这 5 个城市中,深圳的实际平均等待时间最短,只有 4.9 分钟,而作为二线城市的重庆则长达 10.2 分钟。

从平台的角度来看,预估等待时间少于实际等待时间的现象在大部分平台都成立,其中,滴滴最为严重,时间延误比例高达 33.3%,远高于其他平台。有意思的是,对于等待时间,平台再一次对苹果用户进行了"优待"。数据显示,三大平台的苹果手机用户延误时长比例均高于非苹果手机用户。其中,滴滴和首汽的结果极为夸张——二者的非苹果手机用户的时间延误比例为 25.6% 和 12%,远低于苹果手机用户的 52.8% 和 41.6%。即便是差距最小的高德,两类用户的时间延误比例差异仍然达到了 10.3%。

在报告中,孙金云教授团队指出:各大平台均参与了"时间游戏",这和 2017 年小规模的打车调研结果是一致的。其中,该现象在一线城市的早、晚高峰期尤为明显。滴滴时间延误比例高企或许反映出其作为行业龙头所面临的运力压力和算法优化空间。此外,调研数据反驳了苹果手机用户在预期和实际等待时长的差异上受到照顾的观点,相反,苹果手机用户群体往往为了坐上车而付出更多的时间成本。

(资料来源:大数据文摘。)

# 任务 9.4　应对大数据金融安全问题的原则和措施

## 案例导入

### 中国首部大数据地方法规出台

2016 年 1 月 15 日,贵州省通过了《贵州省大数据发展应用促进条例》,这是中国首部大数据地方法规,将大数据产业纳入法治轨道,以立法引领和推动大数据产业蓬勃发展。

"条例的出台不仅是贵州作为大数据综合试验区迈出的坚实一步,对大数据产业的健康发展具有很大的促进作用,更为重要的是,条例填补了中国大数据立法的空白。"中关村大数据产业联盟秘书长、北京大数据研究院副院长赵国栋表示。大数据一直处在"灰色地带",其使用权属一直以来缺乏明确界定,通过立法确定大数据的使用权属推动数据的开放利用,有利于保证大数据产业的健康发展。

近年来,中国大数据产业发展突飞猛进,各级政府、传统工业企业及新兴互联网公司,都将触角延伸至大数据领域。

在国家扶持政策的助推下,贵州省把发展大数据作为经济社会发展的战略性选择,一边进行大数据产业规划布局,一边设计制定相关发展支撑政策,取得了明显成效。

自 2014 年 3 月正式宣告发展大数据产业以来,贵州率先建设了首个统筹省级政府数据的"云上贵州"系统平台；率先创建国家级贵阳大数据产业技术创新试验区；率先建立贵阳大数据交易所和众筹金融交易所，探索数据货币化交易和众筹金融等。然而，尽管发展势头迅猛，但中国大数据产业却面临法律法规缺位等因素下的"野蛮生长"困境。

国家信息中心专家委员会主任宁家骏表示，相关法律法规和政策环境的不够完善导致政府和有关部门信息共享和开放程度不够，众多"信息孤岛"造成大数据产业的数据资源不够丰富，企业拥有的大数据技术和计算能力无用武之地。在贵州省经历政府数据开放、探索数据货币化交易之后，数据安全和数据市场规范的重要性凸显出来。"制定条例是必要的。"贵州省人大常委会秘书长刘一民说，依法推进大数据发展应用，对于培育壮大战略性新兴产业，促进传统产业的转型升级，打造贵州经济社会发展升级版意义重大。

据悉，3 年内，贵州省、市、县三级政府应用系统和主要数据将全部迁往"云上贵州"，实现公共系统互联互通、公共数据共享开放。

通读条例不难发现，条例对"云上贵州"相关内容做出了具体规定，此外，还从加快基础设施建设、设立专项资金、融资支持、用地保障、税收优惠等方面，对政府部门的职责做出规定；对数据共享开放的原则、措施以及大数据的采集、存储、开发、应用、交易等做出规定，同时实行公共数据开放负面清单制度，明确违反数据发展和应用相关主体的法律责任等。

中国互联网、移动互联网用户规模全球第一，拥有丰富的数据资源和应用市场优势。业内人士认为，随着法律法规及政策环境的逐步完善，中国的大数据产业将会迎来更加蓬勃发展的新局面。

（资料来源：新华网。）

## 一、应对大数据金融安全问题的原则

发展性原则和自主性原则是我国在应对大数据金融安全问题应该坚持的原则。大数据发展具有两面性，虽然对我国金融安全存在一定程度的威胁，但发展是主旋律；自主性原则要求我国的大数据发展应该立足于我国国情，依靠本国企业和技术实现大数据金融的健康发展。

## 二、应对大数据金融安全问题的措施

### （一）完善法规制度建设

《网络安全法》是我国网络安全领域第一部基础性法律，是我国网络安全基本法，也是当前大数据安全防护领域最权威和全面的上位法。在《网络安全法》的基础上，进一步研究完善个人信息保护、数据共享安全、跨境数据传输安全、大数据安全等级保护等领域的法律法规，以及金融行业相关制度规范，加强对行业重点信息、个人敏感信息和关键基础设施的保护，建立问责机制，联合司法部门加大对各类违法违规行为的打击力度。

### （二）加强大数据产业支撑力度

当前大数据技术以开源为主，尚未有任何国家形成绝对垄断，这对于我国而言，既是机遇也是挑战。在国家战略层面，应支持国内科研机构和企业加强对大数据技术的研究，实现产品的自主可控，培养专业人才。在产业发展层面，在完善技术标准的基础上，建立配套的检测认证机制,保障产品质量。在金融行业内部,稳步推进大数据、云计算等新技术和新产品的行业应用,发现问题及时反馈至产业部门予以改进,使新技术更加安全地服务于金融科技和监管科技,为社会经济发展创造良好条件。

### (三)加强与国际标准化组织的沟通

国际标准化组织(ISO)和国际电工委员会第一联合技术委员会(ISO/IEC JTC 1)、美国国家标准与技术研究院(NIST)、欧盟数据保护和隐私工作组(CEN/ISSS WS-DPP)等标准化组织在数据安全与隐私保护方面已取得了一定成果。国内标准化组织应加强与国际组织的交流协作,借鉴其中的成功经验和先进理念,在跨境数据传输安全、大数据技术安全等方面开展风险联防联控,增加国际标准制定的话语权。

### (四)强化金融消费者安全防护意识

通过教育、培训、宣传等手段,普及网络安全防护知识,同时鼓励社会公众对国家网络安全防护的参与和监督。对广大金融消费者而言,应该加强对信息安全法律法规、标准规范的学习,选择在社会上具有一定认可度、使用较为广泛的社交和支付工具,尽量避免在网络上留下身份证、银行卡等敏感信息,在遇到信息泄露事件时及时用法律手段维护自身合法权益。

## 💡 知识拓展训练

案例分析

中信银行信用卡中心是国内银行业为数不多的几家分行级信用卡专营机构之一,也是国内最具竞争力的股份制商业银行信用卡中心之一。近年来,中信银行信用卡中心的发卡量迅速增长。

2013 年 11 月,在中信银行与腾讯联合发布"中信银行 QQ 彩贝联名信用卡"仪式上,中信银行信用卡中心总裁陈劲表示,该行信用卡发卡量已突破 2 000 万张,未来将充分利用互联网基因和大数据技术挖掘客户需求。过去,中信银行信用卡中心无论在数据存储、系统维护等方面,还是在有效地利用客户数据方面,都面临巨大的压力。同时,为了应对激烈的市场竞争,中信银行信用卡中心迫切需要一个可扩展、高性能的数据仓库解决方案,支持其数据分析战略,提升业务的敏捷性。

中信银行信用卡中心实施了 EMC Greenplum 数据仓库解决方案。Greenplum 数据仓库解决方案为中信银行信用卡中心提供了统一的客户视图,借助客户统一视图,中信银行信用卡中心可以更清楚地了解其客户价值体系,从而能够为客户提供更有针对性和相关性的营销活动。

基于数据仓库,中信银行信用卡中心现在可以从交易、服务、风险、权益等多个层面分析数据。通过提供全面的客户数据,营销团队可以将客户按照低、中、高价值进行分类,根据银行整体经营策略积极地提供相应的个性化服务。基于 Greenplum 解决方案在系统维护方面的便捷简单,中信银行信用卡中心每年减少了大约 500 万元的数据库维护成本,这有助于减少解决方案的总成本。

请根据案例资料回答问题:

该公司的信用卡营销新思路是否存在金融信息方面的安全威胁？如有，请陈述可能的安全隐患，并简述解决方案。

### 案例实践

互联网金融产品是当下大学生使用率较高的金融产品，诸如：支付宝、微信支付等。这些产品的普及使用给我们的生活带来了极大便利，但是，与此同时，使用的安全和隐私问题也层出不穷。根据这个现状，请进行下述实践：

（1）互联网金融产品在使用过程中会产生大数据吗？大数据能否更好地指导互联网金融产品？请根据你的实际使用情况和所学知识回答这个问题。

（2）你认为哪些做法可以显著提升互联网金融产品的金融信息安全？

（3）从数据安全的角度看，你对今后互联网金融产品的使用有什么建议吗？

**参考文献**

[1]佚名.关于促进互联网金融健康发展的指导意见[J].中国银行业,2016(7):45.

[2]李勇,许荣.大数据金融[M].北京:电子工业出版社,2016.

[3]赵国栋,易欢欢,糜万军,等.大数据时代的历史机遇:产业变革与数据科学[M].北京:清华大学出版社,2013.

[4]贵州省人民代表大会常务委员会.贵州省大数据发展应用促进条例[N].贵州日报,2016-01-16(3).

[5]广东省人民政府办公厅.广东省促进大数据发展行动计划(2016—2020年)[M]//郭耀,徐明福.广东经济年鉴.广州:广东旅游出版社,2017:189-198.

[6]石建勋.深刻认识维护金融安全的重大意义[N].人民日报,2017-08-04(7).

[7]张健华.金融安全重点包括六大方面[EB/OL].(2019-11-18)[2020-12-30].https://baijiahao.baidu.com/s? id=1650523763432201769&wfr=spider&for=pc.

[8]李礼辉.数字货币可能会重构全球的金融模式和货币体系[EB/OL].(2020-11-26)[2020-12-30].https://finance.sina.com.cn/roll/2020-11-26/doc-iiznezxs3760163.shtml.

[9]陈耕.用大数据思维构建支付风险防控体系[J].中国金融家,2017(9):2.

[10]陈爽.互联网金融对现有金融体系提出三个挑战[EB/OL].(2014-08-29)[2020-12-30].https://m.hexun.com/news/2014-08-29/168011817.html.

[11]胡坤,刘镝,刘明辉.大数据的安全理解及应对策略研究[J].电信科学,2014,30(2):112-117+122.

[12]赵娴.开放经济中的金融安全问题及其保障对策[J].现代财经:天津财经大学学报,2006,26(2):13-16.

[13]张亦春,许文彬.金融全球化、金融安全与金融演进:一个基于新兴古典范式的理论分析[J].管理世界,2002(8):4-10+23-154.

[14]谢婷婷.经济全球化的中国金融安全的思考[J].特区经济,2007(1):64-65.

[15]王元龙.关于金融安全的若干理论问题[J].国际金融研究,2004(5):11-18.

[16]黄萍,赵明霄.人民币升值预期下的金融安全问题研究[J].甘肃科技纵横,2005(2):47-48.

[17]史忠良.经济全球化条件下的中国金融安全问题[J].江西社会科学,2002(4):149-153.

[18]范云朋,尹振涛.数字货币的缘起、演进与监管进展[J].征信,2020,38(4):6-12.

[19]封思贤,杨靖.法定数字货币运行的国际实践及启示[J].改革,2020(5):68-79.

[20]姚前.法定数字货币的经济效应分析:理论与实证[J].国际金融研究,2019(1):16-27.

[21]李建军,朱烨辰.数字货币理论与实践研究进展[J].经济学动态,2017(10):115-127.

[22]姚前,汤莹玮.关于央行法定数字货币的若干思考[J].金融研究,2017(7):78-85.

[23]邱勋.中国央行发行数字货币:路径、问题及其应对策略[J].西南金融,2017(3):14-20.

[24]戴金平,黎艳.货币会消亡吗?——兼论数字货币的未来[J].南开学报(哲学社会科学版),2016(4):141-149.

[25]焦瑾璞,孙天琦,黄亭亭,等.数字货币与普惠金融发展:理论框架、国际实践与监管体系[J].金融监管研究,2015(7):19-35.

[26]戴稳胜.构建基于大数据理念的大金融体系[N].人民日报,2013-11-29(7).

[27]BONUS_F.大数据风控:风险量化和风险定价[EB/OL].(2019-08-28)[2020-12-30].https://blog.csdn.net/qq_32123787/article/details/99293718.

[28]袁增霆.金融体系的安全基石[J].中国金融,2016(20):104.